복 있는 사람
오직 여호와의 율법을 즐거워하여 그 율법을 주야로 묵상하는 자로다.
저는 시냇가에 심은 나무가 시절을 좇아 과실을 맺으며 그 잎사귀가
마르지 아니함 같으니 그 행사가 다 형통하리로다.   (시편 1:2-3)

내 양을 먹이라

James Montgomery Boice · Joel R. Beeke · John MacArthur · John Piper
Feed My Sheep

내 양을 먹이라

제임스 보이스·조엘 비키·존 맥아더·존 파이퍼 외 지음 | 장호준 옮김

복 있는 사람

내 양을 먹이라

2010년 6월 30일 초판 1쇄 인쇄
2010년 7월 7일 초판 1쇄 발행
지은이 제임스 보이스·조엘 비키·존 맥아더·존 파이퍼 외
옮긴이 장호준
펴낸이 박종현
도서출판 복 있는 사람
서울특별시 종로구 안국동 163 걸스카웃빌딩 801호
Tel 723-7183 | Fax 723-7184
blesspjh@hanmail.net
영업 723-7734
등록 1998년 1월 19일 제1-2280호

ISBN 978-89-6360-021-5

Feed My Sheep
by James Montgomery Boice · Joel R. Beeke · John MacArthur · John Piper
Copyright ⓒ 2008 by Reformation Trust Publishing
Originally published in English under the title *Feed My Sheep: A Passionate Plea for Preaching*
Published by Reformation Trust Publishing
a division of Ligonier Ministries, 400 Technology Park, Lake Mary, FL 32746, U.S.A.
First edition published 2002 by Soli Deo Gloria Publications.
All rights reserved.
Translated and used by the permission of Reformation Trust Publishing.
Korean Copyright ⓒ 2010 by The Blessed People Publishing Co., Seoul, Korea.

이 책의 한국어판 저작권은 Reformation Trust Publishing과 독점 계약한 복 있는 사람이 소유합니다.
저작권법에 의하여 한국 내에서 보호를 받는 저작물이므로 무단 전재와 복제를 금합니다.

차례

서문	9
제2판 서문	15
1장 설교의 우선성 앨버트 몰러	17
2장 설교의 어리석음 제임스 몽고메리 보이스	47
3장 강해설교 데렉 토머스	75
4장 체험적 설교 조엘 비키	99
5장 가르치는 설교자 R. C. 스프라울	131
6장 지성에 호소하는 설교 R. C. 스프라울 Jr.	163
7장 마음에 하는 설교 싱클레어 퍼거슨	181
8장 권위 있는 설교 돈 키슬러	205
9장 전도설교 에릭 알렉산더	217
10장 고난 중에 있는 사람들을 향한 설교 존 파이퍼	231
11장 목사에게 부치는 말 존 맥아더	259
주	277
지은이 소개	287

서문

이 책을 보고 설교에 관한 또 다른 책이 필요할까 의아해 할 사람들이 있을 것 같아 설명을 좀 해야겠다. 표지에 언급된 사람들의 면면으로도 이런 의구심이 풀리지 않는다면 다음 사실을 생각해 보기를 바란다. 오늘날 영어권 세계―복음주의와 개혁주의 진영에서조차―에서는 설교 역시 전도와 제자도를 위한 한 방편으로 여기며, 여기서 발생하는 부정적인 영향에서 자유롭지 못하다. "설교의 미련한 것foolishness of preaching"에 전념하는 목사에게, 교육을 어렵게 만드는 영상 문화와 이 시대의 지배적인 커뮤니케이션 이론들에 열중하는 교회는 그 자체로 큰 도전이 아닐 수 없다. 짧고 부담스럽지 않고 재미있게 설교하라는 심각한 요구에 직면할 뿐 아니라, 심지어 역사적인 선포 방식을 포기하고 여러 가지 대안 미디어를 알아볼 것을 요구받기도 한다. 오직 자신의 부르심에 신실하고자 하는 설교자(젊든 나이가 많든, 이제 갓 설교를 시작했든 오랫동안 숙련되어 왔든 간에)에게 이런 분위기는 낙심천만한 일이 아닐 수 없다. 이 상황에서 설교자들에게는 모든 격려가 의미 있다. 옛부터 이어져 내려온 설교라는 이 드럼을 계속 두드려서 끝까지 신실하게 남아 있고자 하는 사람들에게, 그것은 미련한 짓이 아니라는 사실을 알려 주고 "계속 그렇게 해가라, 포기하지 말라, 당신은 혼자가 아니다"라고 말해 주는 것이 얼마나 도움이 되는지 모른다. 이런 이유 하나만으로, 이 책은 말씀의 종들에게 참된 위로와 격려가 될 것이다.

이 책의 주제와 저자들의 강조점을 볼 때, 목사와 신학생들뿐 아니라 진정한 설교가 무엇인지 알고 싶고 자신이 속한 교회와 목회자가 그런 설교를 하기를 바라는 교인들에게도 이 책을 권한다.

앨버트 몰러R. Albert Mohler Jr.는 동시에 여러 가지 일을 할 수 있는 최신 기술자와 영적인 치료사가 되어야 하는 "목사"들에게, 말씀을 설교하는 일에 사역의 우선순위를 두고 그 외 어떤 일도 이 일보다 앞서지 못하게 할 것을 호소한다. 이는 아주 시의적절한 권고로, 회중의 기대와 설교 이외의 다양한 목회적 의무들에 대한 부당한 요구와 관련해 귀담아 들어야 할 점을 균형 있게 강조하고 있다.

제임스 몽고메리 보이스James Montgomery Boice는 성경의 권위가 무시되고 회중의 마음과 생각이 도전과 교훈을 받기보다는 듣기 좋은 소리를 기대하는 시대에 "설교의 미련한 것"에 착념하기로 한 설교자들의 결심을 지지하고 격려한다.

강해설교에 대한 데렉 토머스Derek W. H. Thomas의 글은 일품이다. 읽어 보면, 설교란 주제를 간략하면서도 정말 탁월하게 다루었다는 것을 알게 될 것이다. 오늘날 사람들이 감히 비판할 엄두도 내지 못하고 받아들이는 것들을 대담하게 뒤엎고, 연속 강해설교 방식(성경의 각 책들을 한 절씩 풀어 설교하는 방식)을 훌륭하게 대변하고 있는데, 오늘날 연속 강해설교의 필요성은 누구도 부정할 수 없다.

조엘 비키 Joel R. Beeke는 목회적 경건과 체험적 설교(experiential preaching, 이는 오늘날의 개혁주의 사상의 흐름과는 확연히 다른 견해라는 것을 밝혀 둔다)에 관한 전통적 개혁주의 관점을 강하게 주장한다. 이 장을 기도하는 마음으로 읽다 보면, 우리 조상들의 오랜 지혜와 경륜으로 일깨움을 받는 것은 물론, 오늘날 신학적 환경에 나타난 반反체험적 경향을 바로잡는 데도 도움이 될 것이다.

R. C. 스프라울 Sproul은 설교자는 진리를 알고 그 진리를 가르쳐야 한다는 사실을 열정적으로 촉구한다. 시종일관 말씀을 가르치는 일에 대한 마르틴 루터의 권고를 인용하면서, 그 가능성과 문제를 논의해 간다.

R. C. 스프라울 Jr. Sproul Jr.는 말씀을 설교하기로 뜻을 정하되 회중의 마음 hearts과 지성 minds 모두에 설교해야 한다고 촉구한다. 또한 우리가 하는 설교는(하나님의 주권 아래서 하나님이 정하신 방편을 따라) 회중의 마음과 삶을 변화시키는 것을 목적으로 하지만, 사실 이런 변화는 변화된 생각으로부터 비롯되는 열매라고 주장한다. 19세기의 위대한 프린스턴 신학자들이 회복한 우리의 생각과 삶의 관계는 말씀 설교자들이 지성을 무시하고 바로 감정적인 호소로 넘어가는 것이 아니라, 회중의 지성과 양심 모두에 설교해야 하는 이유를 잘 보여준다. 감정적 체험은 영혼에 깊이 역사한 진리의 산물이지만, 삶은 마음으로부터(성경에서 마음이라 할 때는 지성과 의지를 모두 포함한다) 뿜어져 나오기 때문에, 우리의 삶이 항상 바르고

서문 11

자 한다면 생각과 의지가 진리로 하나되어야 한다.

싱클레어 퍼거슨Sinclair B. Ferguson은 마음에 설교하는 일을 아주 잘 다루고 있다. 이런 설교는 오늘날 개혁주의 설교자들에게는 생소하지만 실제로는 개혁주의 전통의 오랜 특징이었고, 싱클레어는 이 일에 대가라고 할 수 있다. 이 책의 의도와는 달리 퍼거슨이 주장하는 것은, 설교가 지식이나 정보의 무미건조한 전달이라는 인상을 갖지 않도록 하는 데 도움이 될 것이다(물론, 마음에 하는 설교는 이 책 전반에 걸쳐 강조되고 있다).

돈 키슬러Don Kistler는 가장 위대한 설교자였던 예수님을 포함해 성경의 설교자들을 예로 들면서, 권위를 가지고 설교할 것을 촉구한다. 만담과 같은 대화체로 불확실하고 모호한 말을 격의 없이 늘어놓는 것을 설교로 알고 있는 오늘날의 설교에 대해, 키슬러의 주장은 균형을 잡아 주는 아주 중요한 지적이라 할 수 있다.

에릭 알렉산더Eric J. Alexander는 오늘날 개혁주의 설교자의 전형이라고 할 수 있는데, 전도설교에 대한 바울의 관점을 제시한다. (개혁주의 전도설교라는 말 자체를 모순이라고 여기는 사람들에게 도움이 될 것이다!)

존 파이퍼John Piper는 고난의 신학교를 다니고 있는 사람들(사실 우리 모두가 그렇다!)을 위한 설교를 다루는데, 그의 글은 시의적절할 뿐 아니라 아주 훌륭하다. 그의 설교가 그렇듯이, 파이퍼는 하나님 중심의 은혜로운 방식으로 복음 사역의 핵심적인 주제를 다룬다. 우리가 설교할 때 항상 회중 가운데는 마음이 상한 자들이 있기 마련인데, 설교자는 그들을 위해 성경적 틀을 가지고 있어야 한다.

파이퍼는 우리에게 이 성경적인 틀을 제공해 줄 뿐 아니라, 우리가 우리 자신의 고통을 바르게 대면할 수 있도록 도와준다.

존 맥아더 John MacArthur는 이 책을 결론지으면서, 우리의 관심을 메시지를 전하는 자에서 메시지 그 자체로 옮겨 간다. 성공 중심적이고 자기중심적인 문화를 살아가는 우리에게 정말 중요한 영적 조언이 아닐 수 없다. 복음이 역사하는 것은 메시지를 전하는 자 때문이 아니다. 복음이 역사하는 유일한 이유는, 복음이 복음이기 때문이다.

이 책은 설교에 관한 아주 훌륭한 책이다. 영적으로 도전이 될 뿐 아니라 아주 적합한 주제들을 다룬다. 신뢰할 수 있는 복음주의 거장들의 글을 모아 놓은 것으로, 이들은 하나같이 강해설교(아무리 도움이 되더라도 설교자 자신의 이야기를 하기 위해 성경 본문을 이용하는 것이 아니라 본문이 중심이 되는 성경에 충실한 해설과 적용)에 매진할 뿐 아니라, 강해설교에 탁월한 능력이 있는 설교자들이다. 각 저자들의 시의적절하고 지혜로운 조언은 항상 배우기를 힘쓰는 독자들에게 값진 보답이 될 것이다.

미시시피 주 잭슨 제일장로교회
리건 덩컨 3세 J. Ligon Duncan III

제2판 서문

1990년대 후반, 돈 키슬러는 "설교"라는 핵심 주제에 대해 각자의 마음을 쏟아 놓을 탁월한 팀을 꾸렸고, 그 결과로 나온 책이 바로 이 책 「내 양을 먹이라 *Feed My Sheep*」이다. 이 책은 오늘날 진정한 복음주의 설교가 무엇인지를 소개하는 훌륭한 입문서다.

이 책은 돈 키슬러가 이끄는 솔리 데오 글로리아 출판사의 베스트셀러 가운데 하나가 되었다. 이는 전적으로 이 책을 위해 각 장을 기꺼이 맡아서 써 준 저자들과, 개혁주의 신자들의 관심을 이 중요한 주제로 불러일으킨 돈의 혜안 덕분이다.

솔리 데오 글로리아 출판사는 2004년에 '리고니어 미니스트리 Ligonier Ministries'의 일부가 되었다. 당시 이 책에 대한 수효가 계속해서 크게 늘어나고 있었고 이 주제에 대한 관심이 계속 고조되고 있었다. 보급판이 거의 소진되었기 때문에, 이에 걸맞는 고급스런 양장으로 새롭게 찍어 내기로 결정하는 것은 그리 어렵지 않았다.

이 책의 저자들은 대부분 목회자들이기 때문에 동료 목회자들과 만나 자주 이야기를 나눈다. 물론, 이 책에 기록된 그들의 대화는 목회자들만이 관심을 갖는 "그들만의 대화"는 아니다. 말씀에 탁월한 은사를 가진 이 책의 저자들이 이 중요한 주제를 가지고 논의하는 것을 듣는 것만으로도 교인들은 큰 유익을 얻을 수 있다.

이 책이, 하나님의 말씀을 선포할 새로운 세대의 설교자들을 세우고, 매 주일 회중이 어떤 말씀을 기대해야 하는지를 이해하도록 새로운 믿음의 세대를 가르치는 데 일조하기를 기대한다.

Reformation Trust 발행인

1장 설교의 우선성

앨버트 몰러

말씀을 전하는 것은 그 모든 것 가운데 가장 중심적이고, 타협의 여지가 없으며, 흔들릴 수 없는 가장 중요한 일이다. 바울은 자신이 부름 받은 목적을 서술하는 대목에서 이 사실을 분명히 드러낸다. "하나님의 말씀을 남김없이 전파하라고 맡기신 사명을 따라."

복음주의 목회자들은 대개 자신이 성경대로 설교하기 위해 부르심을 받았다고 말한다. 그러나 현실을 주의 깊게 살펴보면 이내 전혀 다른 결론을 내릴 수밖에 없다. 상당히 많은 설교자들이 설교에 우선순위를 두고 있지 않다.

교회의 가장 우선되고 본질적인 표지는 "말씀을 설교하는 것"이라는 마르틴 루터Martin Luther의 말은 전적으로 옳다. 설교의 중심성을 강하게 확신했던 루터는 이렇게 말했다. "지금 이 말씀을 설교하고 믿고 고백하고 살아가는 모습을 보거나 그런 곳에 대한 소문을 듣는다면, 어디가 되었든지 그곳에 거룩한 백성인 참된 그리스도인이 있다는 것을 의심치 말라.……다른 표지 없이 그것만으로도 거룩한 백성이 그곳에 있다는 증거가 된다. 하나님의 백성 없이 하나님의 말씀이 있을 수 없고, 하나님의 말씀 없이 하나님의 백성 또한 있을 수 없기 때문이다."[1]

말씀의 종

설교자를 "말씀의 종"이라 부른다. "말씀의 종"이라는 표현은 교회사에서 아주 자랑스럽고 영광스러운 계보를 가지고 있다. 이 표현은 1941년, H. H. 파머Farmer가 설교에 관해 연속 강연한 후 그 내용을 「말씀의 종 The Servant of the Word」이라는 책으로 출판하면서 설교자들 사이에 널리 알려지게 되었다.[2]

파머는 신정통주의neoorthodox 설교의 회복을 이끈 대표적인 인물이다. 신학과 설교학의 발전이 미미했던 시기가 지난 후에, 영국의 파머, 스위스의 칼 바르트Karl Barth를 비롯해 영어권 국가와 유럽 지역의 몇몇 사람들은 설교의 위상을 회복하기 위해 애쓰고 있었다. 「말씀의 종」이라는 책에서 파머는, 설교에 대해 상당히 많은 것을 말하고 있다. 그는 기독교의 메시지를 확증하기 위해서는 교회에서 설교가 끊이지 않고 계속되어야 한다고 주장했다. 그러나 제목과는 달리, 그 책에서 파머는 정작 말씀에 대해서는 별로 이야기하지 않았다. 결과적으로, 설교에 대한 신정통주의 주장은 모래 위에 지은 집과 같이 신학적 기초가 튼튼하지 않아서 그리 오래 지속되지 못했다.

당시 파머가 설교를 강조해야 했던 이유는, 기독교 신앙을 전달하는 데 있어서 설교는 시대에 뒤쳐진 방식이라는 생각이 만연해 있었기 때문이다. 설교는 더 이상 교회에서 필요 없는 것처럼 보였다. 그러나 파머는 기독교 신앙에서 설교는 반드시 필요한 것이라고 주장했다.

파머의 다음 주장들은 옳았다. 첫째, 그는 기독교 신앙에서 설교가 가진 독특한 능력과 탁월성을 주장했다. 당시는 종교사적 history-of-religion 접근이 득세하던 때였다. 이 학파는, 설교란 사실상 모든 종교에서 이런저런 모습으로 나타나는 요소라고 주장했다. 그러나 파머는 그런 주장은 전혀 정직하지 못하다고 단언했다. 설교는 그리스도인들 사이에서만 우선성을 가질 뿐, 다른 종교 전통에서는 전혀 그렇지 않다는 것이다. 설교야말로 복음의 본질이기 때문이다.

둘째, 파머는 기독교 설교의 독특한 권위는 계시의 권위에서 비롯되며, 특히 성경에서 비롯된다고 주장했다. 기본적으로 계시가 내적이고 정적이며 상호적이라고 주장하는 사람들에 반대해, 파머는 계시가 외적이고 역사적이며 일방적이라고 주장했다. 그는 이렇게 말한다.

> 기독교는 계시의 종교다. 기독교의 중심 메시지는 하나님께서 인간 영혼의 어둠을 구원의 빛과 진리로 밝게 하셨음을 선포하는 것이다. 더구나 계시는 역사적이다. 다시 말해, 계시는 대부분 우선적으로 확증할 수 있는 객관적인 사건들을 통해 주어진다는 말이다. 이미 언급한 것처럼, 내적인 묵상 internal reflection만으로는 결코 역사적인 사건에 이를 수 없다. 구원을 받으려는 사람은 계속해서 그리스도가 이 땅에 오신 사건과 맞닥뜨려야 한다.[3]

흥미로운 주장이다. 파머는 기독교의 설교는 계시에 그 근거를 두고 있기 때문에 독특성을 갖는다고 주장한 것이다. 기독교의 설교는 인간의 메시지가 아니라, 하나님이 주신 말씀을 선포하는 것이다(벧후 1:16).

물론 나의 관심사는, 설교자를 말씀의 종이라고 본 파머의 가르침이 아니다. 성령의 영감을 받아 사도적 권위를 가진 위대한 사도 바울이 설교에 대해 무엇이라고 말하는지, 그가 어떻게 자신을 말씀의 종으로 이해하고 있는지를 발견하는 것이다. 이를 위해 나는 바울이 쓴 골로새서 일부를 살펴보려고 한다.

내가 교회의 일꾼 된 것은 하나님이 너희를 위하여 내게 주신 직분을 따라 하나님의 말씀을 이루려 함이니라. 이 비밀은 만세와 만대로부터 감추어졌던 것인데 이제는 그의 성도들에게 나타났고 하나님이 그들로 하여금 이 비밀의 영광이 이방인 가운데 얼마나 풍성한지를 알게 하려 하심이라. 이 비밀은 너희 안에 계신 그리스도시니 곧 영광의 소망이니라. 우리가 그를 전파하여 각 사람을 권하고 모든 지혜로 각 사람을 가르침은 각 사람을 그리스도 안에서 완전한 자로 세우려 함이니 이를 위하여 나도 내 속에서 능력으로 역사하시는 이의 역사를 따라 힘을 다하여 수고하노라(골 1:25-29).

정말 위대한 말씀이 아닐 수 없다. 여기서 바울은 사도이자 하나님의 비밀을 맡은 청지기로서, 자신이 하나님의 말씀을 선포하는 직무를 어떻게 이해하고 있는지를 기술한다. 자신이 받은 부르심과 자신이 전하는 메시지와 자신이 하는 설교의 목적을 말한다. 본문은 바울 자신의 직분에 대한 선언이다. 그는 자신을 말씀의 종으로 보고 있다.

우리는 이 본문 바로 앞에 나오는 말씀에도 주목해야 한다. "나는 이제 너희를 위하여 받는 괴로움을 기뻐하고 그리스도의 남은 고난을 그의 몸 된 교회를 위하여 내 육체에 채우노라"(24절). 여기서 바울은 자신이 고난을 참을 뿐 아니라, 무엇보다도 고난을 기뻐하고 있다고 말한다. 왜 그런가? 이어지는 본문은 우리의 일반적인 생각을 뛰어넘어 고난을 영광스러운 것으로 설명한다. 그가 고난을 기뻐하는 이유는, 고난을 통해 복음을 선포할 기회를 얻기 때문이다. 바울은 이 말씀을 설교하고 예수 그리스도를 선포하는 것이야말로 자신이 이 땅에 사는 목적이라고 생각한다.

그러므로 이 본문은 피상적인 승리주의가 아닌 참된 복음의 승리를 말하고 있다. 그것은 과장되지 않은 진정한 승리다. 바울 자신이 지금 이 복음으로 인해 당하고 있는 고난을 감사하고 있기 때문이다. 그러나 바울은 또한 그리스도 안에서 분명히 승리할 것을 알고 있다. 이 승리는 바울의 승리가 아니다. 이 승리는 바울 안에 거하시는 영광의 소망이신 그리스도의 승리다.

눈에 보이지 않는 설교의 성과들

반면에, 우리는 오늘날 많은 교회에서 설교가 사라져 가는 것을 목도한다. 무엇보다도 설교가 두드러진 교회를 찾아보기가 어렵게 되었다. 자신이 속한 교회에 대해 사람들이 말하는 것을 들어 보거나 다른 교회와 비교하는 이야기를 들어 보면, 일반적으로 설교 외에 다른 것들에 대해 말하는 것이 다반사다. 교회의 다양한 사역을 말하기도 하고, 노인이나 어린이나 젊은이들을 위해 전문화된 프로그램에 대해 말하기도 한다. 교회에서 사용하는 음악을 말하기도 하고, 때로는 이보다 훨씬 피상적인 것을 말하기도 한다. 아마 가서 제자 삼으라는 그리스도의 지상 명령에 자기 교회가 얼마나 열심히 헌신하고 있는지를 말하는 사람도 있을 것이다. 물론 이 모든 것은 감사한 일이다. 하지만 무엇보다도 교회에서 행해지는 설교의 특징이나 내용, 그 능력에 대해 말하는 것을 듣기란 여간해서는 어렵다. 오늘날 말씀의 참된 종으로 살아가는 설교자가 희박해졌기 때문이다.

우리 목회자들에게는 성과를 내고 싶어 하는 마음이 있다. 우리는 집을 짓거나 자동차를 팔거나 회사를 설립하거나 자동차를 조립하는 사람들을 부러워한다. 왜 그런가? 부품이나 부분들을 서로 조립하여 박스에 담아 포장해서 출고하는 일을 하거나, 유리 자르는 일을 하는 사람들은 하나같이 자신의 노력에 대한 성과를 바로 눈으로 보고 확인할 수 있기 때문이다. 목수나 예술가나 건축가와 마찬가지로 이들은 자신이 이룬 것을 가리켜 보일 수 있다.

하지만 설교자는 어떤가? 설교자는 이런 만족을 누릴 수 없다. 설교자가 이룬 성과는 눈에 보이지 않기 때문에 보고 싶어도 볼 수 없다. 강단에 서서 말을 내뱉고 그 말들이 어떻게 될지 기다릴 뿐이다. 결국 우리가 만들어 내는 것이라고는 말, 말, 말, 더 많은 말들밖에 없다. 때로 우리는 사람들이 우리가 설교를 통해 전달하고자 했던 것을 여전히 기억하고 있을 것이라 생각하며 스스로 위안을 삼기도 한다. 교회 멤버나 동료 신자들에게 주중에도 설교 본문을 기억하라고 요구하고 싶은 충동이 들기도 한다. 왜 그런가? 악의 없이 "은혜로운 설교였습니다. 말씀한 내용이 정확히 기억나지 않지만, 아주 능력 있는 말씀이었던 것은 분명합니다"라는 예상된 반응과 당혹스러워하는 표정을 대면하는 것이 두렵기 때문일 것이다.

골로새서 1:23에서 바울은 적어도 부분적으로 이런 상황에 대해 말하고 있다. "만일 너희가 믿음에 거하고 터 위에 굳게 서서 너희 들은바 복음의 소망에서 흔들리지 아니하면 그리하리라. 이 복음은 천하 만민에게 전파된 바요 나 바울은 이 복음의 일꾼이 되었노라." 바울은 교인들이 설교를 헛되이 들을 수도 있다는 것을 알았고, 적어도 골로새 교인들만큼은 자신의 설교를 듣고 그저 좋은 설교였다고 칭찬하는 것으로 그치지 않기를 바랐다.

우리는 예배를 마치고 우리의 설교로 인해 더욱 성숙해진 그리스도인들이 교회당 문을 무리 지어 나가는 것을 보고 싶지 않은가? 적어도 조금이라도 그들이 자라고 있다는 사실을 볼 수 있기를 바라지 않는가? 아마 통계를 내서라도 설교가 미치는 영향을 가시적으로 표시할 수는 있을 것이다. 그러나 그 영향을 볼 수는 없다. 강단을 통해서 전하는 설교 사역은 사람들 마음에서 이루어지기 때문에 대개는 드러나지 않는다. 설교를 통해 선한 열매가 열리겠지만, 그 열매를 보기까지는 시간이 필요하다.

주께서 그분의 교회를 세우신 이래로 많은 설교자들이 있었다. 훌륭한 설교자도 있었고, 그렇지 못한 설교자도 있었다. 신실한 설교자도 있었고, 그렇지 못한 설교자도 있었다. 유창한 설교자가 있는 반면에, 무슨 말인지 알아들을 수 없는 말을 하는 설교자도 있었다. 강단에서 우스갯소리를 하는 설교자도 있었고, 강단에만 서면 고래고래 소리를 지르는 설교자도 있었다. 강해설교를 하는 설교자, 이야기식 설교를 하는 설교자, 주제설교를 하는 설교자, 전도설교를 하는 설교자, 문학적인 설교자, 대중적인 설교자, 포스트모던 스타일의 설교자, 구도자들을 위한 설교자, 유명한 설교자, 수치를 당한 설교자 등, 실로 무수히 많은 설교자들이 있었다. 이들의 설교를 다 들으려면 수백만 시간을 들여도 모자랄 것이다.

지금까지 무수한 책과 회의와 논쟁은 물론, 엄청난 양의 시간과 에너지와 관심이 설교를 준비하는 데 드려졌다. 그러나 정작 설교자는, 주일 아침에 루터처럼 설교해도 월요일 아침이면 "헛되고 헛되니 모든 것이 헛되도다"라고 외치는 전도서 기자와 같은 마음에 젖어 든다. 설교라는 것이 마치 바람을 잡으려는 것처럼 허탈한 노력으로 다가온다. "구부러진 것도 곧게 할 수 없고 모자란 것도 셀 수 없도다"라고 탄식하는 전도서 기자의 외침에 공감한다(전 1:15). 설교로 부름 받은 사람들의 삶은 공허하다. 수고하고 애쓰지만, 그 성과를 눈으로 확인할 수는 없다.

더구나, 설교라는 것이 제대로 하면 할수록 어려움에 빠질 때가 많다. 일관되고 신실하게 설교하면 할수록, 더 많은 어려움에 봉착하는 것이 사실이다. 왜 이렇게 되는 것일까? 말씀은 설교자가 만들어 낸 것이 아니기 때문이다. 말씀은 설교자의 의견이 아니다. 설교는 사람들의 감정을 상하게 할 의도로 말하는 것이 아니다. 설교자는 단지 말씀을 설교할 뿐이다. 이것이 설교자의 일이다. 이렇게 힘들여 진리를 설교하고 나면, 어느새 자신이 사람들의 입에 오르내리고 있는 것을 보게 된다. 집사들과 그 아내들의 이야깃거리가 된다. 심지어 젊은이들까지 설교한 내용에 대해 강한 의구심을 표현한다. 갈등과 논란의 한가운데 있기란 견디기 어려운 일이다. 대부분 이런 심각한 갈등과 논란은 충실한 설교에서 비롯되는 경우가 많다. 설교에 매진할수록 더 큰 위험이 따른다.

말씀을 설교한 후에 종종 극한 반감과 저항에 직면하는 때가 종종 있다. 그도 그럴 것이 "하나님의 말씀은 살아 있고 활력이 있어 좌우에 날 선 어떤 검보다도 예리하여 혼과 영과 및 관절과 골수를 찔러 쪼개기까지" 하기 때문이다(히 4:12). 그래서 하나님께서는 이사야 선지자에게 이렇게 말씀하셨다. "내 입에서 나가는 말도 이와 같이 헛되이 내게로 되돌아오지 아니하고 나의 기뻐하는 뜻을 이루며"(사 55:11). 때로 이 말씀은, 하나님께서 자기 백성들을 책망하고 바르게 하기 위해 말씀을 사용하신다는 의미가 되기도 한다. 말씀을 전하고 그 말씀에 대한 반응을 거두어들이는 이는 설교자다. 때로 설교자가 쫓겨나기도 하고 해고를 당하기도 하는 이유도 바로 이 때문이다. 이는 설교 사역의 엄연한 현실이다.

설교자가 겪는 것은 갈등과 논란만이 아니다. 어떤 때는 핍박을 당하기도 하고, 심지어 순교를 당하기도 한다. 골로새 교인들에게 편지를 쓴 바울은 믿음 때문에 순교자가 되었다. 디모데에게 주는 마지막 당부에서 그는 자신이 관제로 드려지는 것에 대해 말한다. 기꺼이 믿음의 제물로 드려지기를 자청하고 있다. 골로새서 1:24에서 그가 말하는 고난은, 장차 그가 맞이할 순교를 통해서 실현될 것이었다. 교회사를 보면 수많은 순교자들이 있었다. 그들이 흘린 순교의 피가 교회의 씨앗이 되었고 교회를 자라게 했다.

핍박당하는 때일수록 설교의 우선성이 더욱 분명해지지 않는가? 카타콤과 같은 지하동굴에서 회중을 만날 수밖에 없는 상황이라면, 설교하다 언제고 체포될 위험에 처해 있다면, 한 마디 한 마디를 그냥 내뱉을 수 없을 것이다. 강단에서 경박한 말을 할 겨를이 없을 것이다. 다음 세대의 청년들을 위한 프로그램 같은 것은 꿈도 꾸지 못할 것이다. 설교할 때만큼, 영원한 하나님 말씀의 실체와 절박하게 씨름할 수밖에 없는 상황도 없을 것이기 때문이다.

하물며, 세상과 타협하고 별 문제 없이 살아가는 설교자는 자신의 부르심을 내팽개친 것이나 마찬가지다. 아무리 겉으로는 별 문제 없어 보여도, 이런 사람은 이 땅의 것을 누리기 위해 설교자가 된 것이다. 좀 더 직접적으로 말해, 그는 세상에 매수당한 것이다! 당신의 목회로 인해 별 논란이 일어나지 않는다면, 당신이 전하는 메시지에 별 내용이 없기 때문일 가능성이 크다. 하나님의 말씀은 살아 있고 운동력이 있을 뿐 아니라 좌우에 날 선 어떤 검보다 예리하다. 말씀은 일종의 수술과 같다. 환부를 절개하고 도려내면 피를 흘릴 수밖에 없다. 그 후에 하나님의 은혜가 환부를 아물게 할 것이다. 그러나 이런 말씀 사역은 언제나 논란을 불러온다.

바울은 이 같은 말씀의 역동성을 너무나 잘 알았다. 설교의 실체가 무엇인지 잘 이해하고 있었다. 설교자의 좌절이 무엇인지 알았던 그는, 종종 자신의 서신에서 그 심정을 토로한다. 그의 편지들을 읽어 보라. 그는 애써 논란을 피해 가지 않는 것처럼 보인다. 고린도전서 1:14에서 그는 이렇게까지 말한다. "나는 그리스보와 가이오 외에는 너희 중 아무에게도 내가 세례를 베풀지 아니한 것을 감사하노니." 이 말에는 보다 강한 질책이 담겨 있다. 이 본문은 우리에게 필요한 부분을 건드리고 있다. 바울은 이 모든 논란을 감내하고 있을 뿐 아니라, 그것을 즐기고 축하하는 것으로까지 보이기 때문이다. 바울은 설교가 초래하는 모든 좌절, 갈등, 논란, 어려움을 알고 있다. 그럼에도 불구하고 그는 마치 이렇게 말하는 것 같다. "그러든 말든 상관없다. 나의 설교 때문에 그런 것이라면 그것은 내가 감당해야 할 몫이다. 그 또한 나의 부르심의 일부다. 내가 여기서 이렇게 말씀을 전하는 것도 바로 그 때문이다. 그러니 그대로 받겠다!"

골로새서 1:24에서 바울은, 그리스도의 영광과 그리스도의 몸인 교회를 위해 당하는 고난을 즐거워하기까지 한다. 바울은 말한다. "나는 그리스도의 몸 된 교회를 위해서 목사가 되었습니다. 나는 문제도 없고 논란도 없는 가상의 교회를 위해 목사가 된 것이 아닙니다. 이 땅에 있는 주 예수 그리스도의 몸 된 교회, 택함을 받아 죄와 사망과 흑암과 악의 권세를 대적하여 싸우는 그리스도께서 피로 값 주고 사신 그분의 소유된 거룩한 교회를 위해 목사가 되었습니다."

목회에서 가장 우선적인 일

골로새서 1:25에서 바울은, 말씀을 설교하는 것이 목회에서 가장 중심되는 일이라고 말한다. 결국 목회의 모든 일이 이 일로 귀결된다는 것이다. "나는 하나님께서 여러분을 위하여 하나님의 말씀을 남김없이 전파하라고 맡기신 사명 the preaching of the Word of God을 따라 교회의 일꾼이 되었습니다"(새번역). 원문에는 "전파하라고 맡기신 사명"이라는 말이 없지만, 몇몇 번역본에는 이 말이 삽입되었다. 이 말을 삽입한 것은 일리가 있다. 바울이 의미하는 것을 볼 때, 하나님의 말씀을 맡은 직분은, 곧 하나님의 말씀을 선포하고 전하고 가르치는 일을 통해 이루어지기 때문이다.

여기서 바울은 강한 어조로 자신이 목사가 "되었다"고 말한다. 다메섹 도상에서 스스로 거꾸러져서 자의로 구원을 받은 것이 아닌 것처럼, 목사가 된 것도 마찬가지라는 것이다. 그는 목사로 부르심을 받았고, 바로 그 부르심을 따라 목사가 되었다. 바울은 주 예수 그리스도를 통해 사도가 된 자신의 처지를 잘 알고 있었다. 고린도전서 15:8에서 바울은, 그리스도께서 "만삭되지 못하여 난 자"와 같은 자신에게 나타나셨다고 말한다. 9절에서는 스스로를 "사도 중에 가장 작은 자"라고 부른다. 자신이 교회를 박해했기 때문이다. 그러나 교회를 으뜸으로 박해하던 자를 불러 이방인의 사도로 부르신 하나님이야말로 위대한 승리자요, 바울의 사도됨 자체가 하나님의 위대한 승리의 표지였다.

하나님께서 그에게 주신 직분을 따라 골로새 교회를 유익하게 하기 위해 목사가 되었다고 바울은 계속해서 말한다. 이 사실은 목사가 자신의 부르심과 책무를 이해하는 데 아주 중요하다. 하나님께서 우리를 부르셔서 우리에게 이 일을 맡기신 것은, 우리 자신의 유익이 아닌 교회의 유익을 위해서다. 우리는 이 책무를 감당할 자격이 없을 뿐 아니라 감당할 능력도 없지만, 하나님께 부르심을 받고 임명되어 이 일을 하는 것이다. 하나님께서는 그런 자들을 일꾼으로 택하신다. 고린도전서에서 바울은 이렇게 적고 있다.

> 지혜 있는 자가 어디 있느냐. 선비가 어디 있느냐. 이 세대에 변론가가 어디 있느냐. 하나님께서 이 세상의 지혜를 미련하게 하신 것이 아니냐.……그러나 하나님께서 세상의 미련한 것들을 택하사 지혜 있는 자들을 부끄럽게 하려 하시고 세상의 약한 것들을 택하사 강한 것들을 부끄럽게 하려 하시며 하나님께서 세상의 천한 것들과 멸시받는 것들과 없는 것들을 택하사 있는 것들을 폐하려 하시나니(고전 1:20, 27-28).

왜 하나님께서는 이렇게 하시는 것일까? 이는 오직 하나님만 자랑하게 하기 위함이다.

하나님께로부터 "교회를 유익하게 하는" 직분을 받은 "우리는 하나님의 비밀을 맡은 자"라고 바울은 말한다. 왜 그런가? 이 말이 진실로 뜻하는 것은 무엇인가? 골로새서 1:25의 목적절에서 잘 드러나는 것처럼, 그 요지는 "하나님의 말씀을 남김없이 전파"하기 위한 것이다. 지금 바울은 설교에 대해 몇 마디 해보려고 하는 것이 아니다. 다른 일은 물론 설교도 잘하는 다재다능한 사역자라고 자신을 소개하기 위한 것도 아니다. 또한 설교를 여러 목회적 책무 가운데 하나로 말하는 것도 아니다. 결코 그렇지 않다. 그는 지금 "나를 목사로 부르신 하나님의 이 부르심은, 말씀을 전파하는 책무를 온전히 이행할 때에 비로소 이루어진다"라고 말하고 있는 것이다.

복음 사역자는 재판장이신 여호와 하나님 앞에 설 때 많은 질문을 받을 것이다. 그 자리에서 우리는 얼마나 책임 있고 성실하게 목회적 책무를 감당했는지를 판단하는 많은 기준을 보게 될 것이다. 그러나 하나님께서 목사들을 판단하는 가장 핵심적이고 중요한 기준은, "말씀을 설교했는가? 말씀을 전하는 책무를 온전히 이행했는가? 때를 얻든지 못 얻든지 말씀을 증거하는 것을 최우선으로 삼았는가?" 하는 것이 될 것이다.

이 말이 곧 목사들에게는 말씀을 전하는 것 외에 다른 책무가 없다거나, 혹은 다른 책무가 중요하지 않다는 의미는 아니다. 그러나 말씀을 전하는 것은 그 모든 것 가운데 가장 중심적이고, 타협의 여지가 없으며, 흔들릴 수 없는 가장 중요한 일이다. 바울은 자신이 부름 받은 목적을 서술하는 대목에서 이 사실을 분명히 드러낸다. "하나님의 말씀을 남김없이 전파하라고 맡기신 사명을 따라."

바울이 목회 사역에서 말씀 전파에 절대적인 우선성을 둔 반면, 오늘날 회중은 이 부분에서 큰 혼란을 겪는다. 자신들이 속한 교회에서 강단의 말씀 선포가 도외시되는 경우를 자주 보기 때문이다. 이렇게 말하는 사람들도 있다. "설교도 물론 중요하다. 그렇다고 설교가 사람들의 관심을 끌고 교제를 도와주는 음악에 방해가 되어서는 안된다." 또는 "먼저 경배와 찬양 시간을 갖고 나서 설교를 듣겠습니다"라고 말하는 교회를 찾기란 이제 그리 어려운 일이 아니다. 심지어 버젓이 광고에 그렇게 적어 놓기도 한다. 우리에게 설교란 무엇인가? 설교는 기독교 예배의 중심이다! 사실, 다른 모든 순서들은 설교를 중심에 두고 자리 잡는다. 왜냐하면 설교는 우리의 기도와 찬양을 받으시는 하나님께서, 그분의 영원하고 완전한 말씀을 통해 우리에게 말씀하시는 시간이기 때문이다.

목회자들을 위한 안내서나 책이나 잡지나 세미나나 간담회를 보면, 설교를 다루는 경우도 드물지만 다룬다 해도 우선적으로 다루지는 않는다. 어떻게 하면 교회가 성장하고 많은 회중이 모이는 교회를 만들어 갈 것인지에 대해 말하는 사람들의 소리는 들을 수 있어도, 말씀 설교를 그 핵심으로 이야기하는 경우는 극히 드물다. 왜 그렇게 하는지 우리는 안다. 말씀 설교를 통한 성장은 잘 알 수 없을 만큼 더디 이루어지기 때문이다. 심지어 눈에 잘 띄지도 않는다. 그렇다면 우리는 앞에서 언급한 문제들로 다시 돌아간다. 서둘러 결과를 보고자 한다면, 말씀 설교는 답이 아니다. 통계나 숫자, 눈에 보이는 회중의 반응으로 결과를 따지자면, 속성으로 결과를 낼 수 있는 다른 방법이나 프로그램, 시스템이 답이다. 문제는 이런 방법들로 그리스도인을 낳을 수 있느냐 하는 것이다.

당연히 이런 방법들로는 주 예수 그리스도를 믿는 성숙하고 신실한 신자를 만들어 낼 수 없다. 오직 말씀 설교를 통해서만 그런 열매를 낼 수 있다. 설교는 일요일에 일하는 목사가 만들어 낸 교제와 소통을 위한 수단이 아니다. 설교는 예배의 시작과 축도 사이를 메우기 위해 1세기 교회에서 차용한 사회학적이고 기술적인 수단이 아니다. 예배의 중심인 설교는 당시 회중이 예배와 교회를 이해하는 틀을 형성했고, 오늘날도 물론 그렇게 해야 한다.

초대교회의 핵심적 표지를 이해하려 했던 루터가 1세기 교회로 돌아가 발견한 것은 설교였다. 말씀이 권위 있게 선포되는 곳에 교회가 있다고 그는 말했다. 반대로, 권위 있는 말씀 선포가 없는 곳에는 교회도 없다. 첨탑이 아무리 높고, 예산이 아무리 많이 집행되고, 목사가 얼마나 인상적이든지 간에 말씀이 권위 있게 선포되지 않으면 그것은 교회가 아니다.

바울은 하나님의 말씀을 선포하는 자신의 책무를 제대로 이행하겠다고 결심했다. 눈에 보이는 실용적이고 즉각적인 결과를 좇는 시류에 맞서서 그는 정말로 말씀을 설교했다. 그는 하나님의 말씀의 능력을 믿었기 때문이다.

설교의 내용

복음의 비밀을 전파하는 것이 기독교 설교의 핵심 내용이라고 바울은 말한다. 바울에 의하면, 하나님의 말씀을 설교하는 것은 "만세와 만대로부터 감추어졌다가 이제 그의 성도들에게 나타난 비밀"을 선포하는 것이다(골 1:26). 왜 비밀이라고 하는가? 당시 소아시아 주변과 고대 세계에는 신비 종교들과 밀교 의식들이 만연해 있었다. 당시 사람들, 특히 로마인들에게 기독교는 이런 신비 종교들 가운데 하나일 뿐이었다. 기독교 역시 기독교만의 신비가 있었다. 바울은 자신이 범죄한 자처럼 정죄를 당했다고 말한다. 하지만 기독교가 가진 신비는 밀교적 지식이 아니었다. 또한 이 지식은 당시의 엘리트 지성인들에게 만연했던 영지주의와도 근본적으로 달랐다. 오직 예수 그리스도의 성육신과 죽음과 장사됨과 부활을 통해서 천하에 드러나기까지 하나님께서 감추어 두신 것, 이것이 곧 신비다!

전달 방식과 그 내용 모두에 있어서 기독교 설교는 아주 신비로운 것이다. 한마디로, 우리가 설교하는 것은 세상이 듣고 싶어 하는 것도 아니고 세상 어디서나 들을 수 있는 메시지도 아니다. 그것은 인간의 지혜나 철학을 초월하는 것으로, 세일즈맨이나 자신의 CD를 팔려고 혈안이 된 TV 강연자라 할지라도, 그들 스스로는 도무지 생각해 낼 수 없는 것이다. 서점에서 어떤 책이 팔리고, 어떤 강연회가 인기가 있는지 한번 살펴보라. 부동산에 투자해서 돈을 벌 수 있는 비결, 체중을 감량할 수 있는 비결, 멋있고 똑똑한 사람이 되는 비결, 자녀를 예의바르게 키우는 비결, 애완동물과 친해지는 비결을 말해 줄 수 있다면, 당신은 아마도 가장 유명한 강사가 될 수 있을 것이다. 자신의 메시지가 담긴 DVD와 CD를 책과 함께 묶어 서점에도 내놓고 텔레비전을 통해서도 팔 수 있을 것이다.

하지만 당신이 복음을 설교하면, 사람들에게 환영받지 못할 것이다. 그러나 설교는 능력 있고 신비하다. 왜 그런가? 복음은 하나님께서 지난 세대에는 감추어 두었다가 예수 그리스도의 때에 밝히 드러내신 하나님의 비밀이기 때문이다.

골로새서 1:26-27에 나오는 바울의 말을 살펴보자. "이 비밀은 만세와 만대로부터 감추어졌던 것인데 이제는 그의 성도들에게 나타났고 하나님이 그들로 하여금 이 비밀의 영광이 이방인 가운데 얼마나 풍성한지를 알게 하려 하심이라. 이 비밀은 너희 안에 계신 그리스도시니 곧 영광의 소망이니라." 바울이 몸소 경험한 것처럼, 진정한 설교는 종종 소요를 불러일으킨다. 하지만 복음을 참되게 선포하는 것이야말로 하나님의 비밀을 설교하는 것이다. 이 비밀은 이전에는 감추어져 있었지만, 지금은 이방인들에게 온전히 드러났다. 이제까지 이방인들은 하나님의 뜻을 아는 것을 점판 위에서 점을 치는 것과 같은 방식으로 이해해 왔다. 그러나 이 어둠과 혼란과 죄악된 타락과 퇴보와 무지를 뚫고, 광명한 복음의 빛이 비추었다. 이것은 신비다. 영광의 소망이신 그리스도께서 우리 안에 거하시는 것은 참으로 신비 중의 신비다.

영광이 있다. 이 영광이 심지어 우리에게까지 이르렀다. 그러나 이는 우리의 영광이 아니다. 이는 우리가 추구해야 할 영광이다. 우리의 영광이 아닌, 그리스도의 영광이다. 그리스도를 추상적이고 객관적인 지식으로 전할 때는 분명히 드러나지 않으나, 그리스도가 우리 안에서 영광의 소망이 될 때는 가장 찬란히 빛난다. 바울은 자신의 설교를 듣는 사람들이 복음을 제대로 이해하고 아는 것을 가장 중요하게 생각하지만, 그의 관심은 거기에 그치지 않는다. 그들이 복음을 믿음으로 받아들이고 그들의 삶이 변화되는 데까지 나아간다. 바울은 로마서에서 교향악을 연주하는 것과 같은 놀라운 솜씨로 죄인이 어떻게 성도가 되고, 어떻게 믿음으로 의롭게 되며, 어떻게 지존하신 하나님의 자녀가 되는지를 보여준다.

바울은 이 복음을 신비로 이해했다. 복음이 유대인에게 신비라면, 이방인에게는 더욱더 신비다. 로마서의 중심 본문에서 바울은, 어떻게 돌감람나무가 참감람나무인 이스라엘에 접붙여졌는지 설명한다. 이것이 바로 신비다. 설교자가 이 신비를 설교하면서 흥분하지 못한다면, 과연 무엇에 흥미를 느낄 것인가! 복음이야말로 삶을 변화시키는 가장 큰 힘이며, 가장 능력 있고 가장 폭발력 있는 메시지다. 무엇을 설교해야 할지 고민하고 있는 사람은 분명 복음을 설교하고 있지 않은 것이다.

바울에 따르면, 복음은 우리가 전혀 애쓰지 않고도 편하게 살펴보고 맛볼 수 있도록 접시에 담아 우리 앞에 주어진 것이 아니다. 그것은 화산의 분화구에서 분출되는 이글거리는 용암과 같이 굉장히 위험한 것이다. 우리가 해야 할 일은 이 말씀을 회중에게 설교하고 그 신비를 알게 하는 것이다.

이 신비를 알리기 위해서는 부지런해야 한다. 균형 잡히고 체계적이며 엄밀한 강해설교를 하기 위해 수고를 아끼지 말아야 한다. 왜 그런가? 우리는 캔버스 전체를 채색해야 하는 사람들이기 때문이다. 하나님의 역사라고 하는 위대한 캔버스의 한 귀퉁이만 손대고 마는 설교자가 너무도 많다. 화가로 치면 어떤 설교자들은 특정한 색만 사용한다. 원색만 사용하는 사람도 있고, 무채색을 즐겨 쓰는 사람도 있다. 하지만 전체 그림을 그리기 위해서는 엄밀하고 정확한 강해설교가 요구된다. 하나님께서 역사 속에서 이루신 무수한 점들을 서로 연결해야 하기 때문이다.

하나님의 구원 역사의 전체 그림을 그리기 위해서는 구약과 신약성경으로 들어가야 한다. 성경으로 성경을 해석하고 적용하는 믿음의 유비, 곧 성경의 유비를 사용해야 한다. 성경을 아는 지식 위에 설교의 집을 지어야 하나님의 백성이 성경을 아는 지식에서 계속해서 자라갈 수 있고, 하나님의 말씀이 그들 안에 뿌리를 내리고 자라간다. 그럴 때에야 사람들이 하나님이 역사하시는 전체 그림을 보기 시작한다. 그때 전체 그림을 이루는 각각의 부분들을 이해하기 시작할 것이고, 원색과 무채색을 이해하기 시작할 것이다. 결국 복음을 깨닫고 하나님의 신비에 초점을 맞추게 될 것이다.

이것이 바로 설교의 능력이다. 다른 방편으로는 복음의 신비에 초점을 맞추게 할 수 없다. 그러나 슬프게도, 오늘날 강단에 만연한 교리적 무지 때문에 회중 역시 교리에 무지하고 무관심하며, 전체 그림을 이해하기는커녕 보지도 못하고 있다.

설교의 목적

말씀의 종이 된다는 것은 무엇인가? 그것은 모든 그리스도인을 그리스도 안에서 완전한 자로 세우는 것을 뜻한다. 골로새서 1:28에서 바울은 이렇게 말한다. "우리가 그를 전파하여 각 사람을 권하고 모든 지혜로 각 사람을 가르침은 각 사람을 그리스도 안에서 완전한 자로 세우려 함이니." 목회자의 일을 이렇게 서술해 보는 것은 어떤가? 도전이 아닐 수 없다!

바울의 말에 다시 한 번 주목해 보자. "우리가 그를 전파하여." 우리는 그리스도를 설교한다. 우리는 그분을 전파한다. 우리 메시지의 초점은 그리스도다. 신구약성경에 계시된 온 세대의 신비이신 그리스도를 보여주는 것이다. 기회가 주어질 때마다, 우리는 어떤 본문으로든 그분을 전파한다. 위대한 침례교 목사인 찰스 스펄전Charles Haddon Spurgeon은 그리스도를 설교하는 일과 관련하여 목회자 후

보생들에게 말하면서, 어떤 본문을 설교하든 할 수 있는 한 속히 십자가로 나아가 그리스도 안에서 모든 것이 성취되었음을 보이라고 권면했다.

그리스도를 전파하는 것에 덧붙여 바울은 각 사람을 권면하라고 말한다. 오늘날 사람들은 권면하는 일을 대수롭지 않게 여긴다. 오늘날 우리가 강단에서 경고와 훈계를 거의 들을 수 없다는 것이 이 사실을 반증한다. 그러나 바울은 권면을 믿었다. 사실 바울은 자신의 사역을 다양한 방식으로 이루어지는 일종의 권면으로 묘사했다. 심지어 그는 에베소 교회에서 3년이나 권면하는 일에 힘썼다고 묘사할 정도였다(행 20:31).

어떻게 하는 것이 권면인가? 권면은 사람을 정면으로 대면하는 데서 시작된다. 개인의 자율성과 사생활 존중을 이상으로 삼는 오늘날과 같은 시대에, 우리는 어느 누구도 개인의 생각과 삶의 양식과 행동에 대해 이래라저래라 할 권리가 없다고 여긴다. 우리는 이렇게 주장한다. "결혼 당사자는 우리이니 우리의 결혼에 대해 누구도 이래라저래라 할 수 없다. 우리의 직업은 우리와 고용주 사이의 일이다. 삶은 우리가 사는 것이다. 하나님과는 아무 상관 없다. 그러니 교회는 개인적인 일에 쓸데없이 참견하지 않았으면 좋겠다." 우리가 사는 이 시대는 권면받는 것을 참지 못하고 사생활을 침해받는 것으로 여긴다. 권면을 하면 건방지고 무례하다고 생각한다.

그러나 신약시대에는 그런 태도를 거의 찾아볼 수 없었다. 그때에는 진정한 기독교의 설교를 통해 말씀이 삶에 적용되었다. 물론 이 말은 곧 당시 설교자들이 성경 본문이 상황에 들어맞게 하기 위해 어떤 방식을 찾으려 했다는 뜻은 아니다. 오히려 회중 가운데 있는 개개인에게 성경 본문이 "이것은 너희가 반드시 해야 하는 일이다. 너희의 모습은 이러해야 한다"라고 직접 증거했다고 할 정도로, 말씀이 분명히 받아들여졌다.

위대한 침례교인인 아이작 배커스Isaac Backus는, 설교자가 되기 전에 교회에서 권사로 섬겼다. 미국 혁명기의 교회에서 권사는 인기를 끌 만한 직분은 아니었지만, 아주 특별한 역할을 감당했다. 설교자가 설교를 마치면, 권사는 그 설교를 적용하는 일을 맡았다. 권사는 설교가 끝나면 특정한 사람에게 다가가서 "오늘 설교는 당신에게 이렇게 적용될 수 있고, 당신의 삶도 그렇게 달라져야 합니다"라고 말해 주었다. 배커스는 설교 후에 사람들에게 가서 이렇게 말했다. "존스 부인, 오늘 말씀은 자녀를 양육하는 방식을 바꿔야 한다고 말하고 있습니다." "스미스 씨, 오늘 말씀은 당신이 지금까지 해온 방식대로 장사해서는 안된다고 말하고 있습니다." 우리는 하나님의 말씀 앞에, 그리고 서로에 대해 책임이 있다.

설교자를 통해서건 회중석에 있는 신자들을 통해서건, 오늘날 교회에서는 권면을 찾아보기가 어렵다. 하지만 설교자는 잘못을 잘못으로 지적하고 죄를 죄로 드러나게 해야 한다. 단언하건대, 당신이 하나님의 말씀을 설교하면 하나님의 말씀이 그렇게 하실 것이다. 우리는 생각하고 예배하고 살아가는 방식을 말씀에 따라 고치든지 아니면 거부하든지 선택해야 한다. 말씀 앞에서 다른 선택은 없다.

디모데후서 3:16-17에서 바울은, 말씀을 설교하는 가운데 신자들을 책망하고 바로잡아야 할 것을 디모데에게 말하고 있다. 여기서 바르게 한다는 것은, 누구의 귀에도 거슬리지 않는 말로 하는 것을 말하지 않는다. 왜 그런가? 바로잡기 위해서는 누군가에게 잘못되었다고 말해야 하고, 하나님의 말씀을 잘못 이해하는 사람에게 그 부분에 대해 바른 이해를 가질 것을 촉구할 수밖에 없기 때문이다. 서글프지만, 권징이 사라져 버린 오늘날의 교회는 여느 자원봉사 모임과 별로 다를 게 없는 것처럼 느껴질 때가 많다. 차이가 있다면 교회에는 첨탑이 있다는 정도다.

마지막으로, 바울은 그리스도를 선포하고 각 사람을 권면할 뿐 아니라, 각 사람에게 하나님의 말씀을 가르쳐 그 말씀을 삶에 적용할 수 있도록 해야 한다고 말한다. 이는 주일학교에서 끝나는 일이 아니다. 좋은 주일학교 교육 시스템을 갖추기만 하면 교회의 가르치는 사역이 잘될 것이라고 생각해서는 안된다. 하나님의 말씀을 가르치는 일은 주일학교뿐 아니라, 모든 세대에 걸쳐 이루어져야 한다. 시간이 가면서 가르침을 통해 말씀이 사람들에게 점진적으로 쌓여 갈 때 비로소 그들이 주 예수 그리스도 안에 있는 장성한 분량을 향해 자라갈 수 있다. 더욱이, 하나님의 말씀을 가르치는 일은 주의 백성들을 위로하는 일이다. 그 일은 무엇보다도 강단을 통해서 이루어져야 한다. 교회에서 목사가 하는 많은 일 가운데 가장 중요하고 우선적인 일은 말씀을 가르치는 일이기 때문이다.

설교의 권위

가르친다는 것은 권위를 전제로 한다. 하지만 우리는 먼저 가르쳐야 하는 내용이 무엇인지를 알아야 한다. 너무도 많은 설교자들이 권위를 개인적인 것으로 생각한다. "하나님께서 나를 가르치는 자리로 부르셨기 때문에 이것은 나의 권위다"라고 말하거나, 그렇게 말하지 않더라도 속으로는 그렇게 생각하는 경우가 많다. 또한 이 권위를 자신이 가진 현대 지식에 따라오는 권위라고 생각하거나, 교회에서 가르치기 위해서는 세상이 알아주는 권위가 필요하다고 생각하는 사람들도 있다. 하지만 설교자의 가르침을 뒷받침하는 정당한 권위는 오직 하나, 하나님의 말씀의 권위뿐이다. 이 말씀은 정확 무오하고 권위 있고 믿을 수 있다. 이 말씀은 우리 가르침의 유일한 기초일 뿐 아니라 내용이고 실체다. 강단에서 모호한 소리가 흘러나오고, 기호에 따라 취사선택할 수 있는 교리 교육 과정을 제공하는 교회들이 얼마나 많은지 모른다. 우리는 자기 나름대로 "가치를 명료화"하지만 사도 바울은 그렇게 하지 않았다. 바울은 자신의 직분을 그런 식으로 이해하지 않았다. 그것은 또한 우리가 받은 부르심의 본질도 아니다.

권위 있는 설교의 탁월한 권능은, 하나님께서 성도들을 그리스도 안에서 온전하게 하기 위해 설교를 사용하신다는 데서 찾을 수 있다. 어떻게 그리스도인이 자라가는가? 어떻게 그리스도인이 성숙해지는가? 성령께서 주도하시는 성화가 어떻게 그리스도인에게서 드러나는가? 오직 말씀 설교를 통해서다.

말씀 설교를 통한 결실은 드러날 것이다. 성과를 보고자 하는 열망도 잠시뿐, 우리가 영화롭게 될 때에 우리는 우리 설교의 결실을 보게 될 것이다. 그리스도의 의로 옷 입은 성도들을 보게 될 것이다.

그리스도 안에서 온전하게 된 형제자매들을 보게 될 것이다. 우리의 성공을 가늠하는 유일한 척도는, 성도들이 예수 그리스도 안에 있는 완전을 향해 자라가고 있는가 하는 것이다.

골로새서 1:29에서 바울은, 자신의 힘이 아니라 우리 안에서 강하게 역사하시는 그리스도의 능력을 따라 이 목적을 위해 분투한다고 결론짓는다. 사도는 자신이 아직 완전히 이룬 것이 아니라는 사실을 알았다. 또한 그는 그리스도가 완전하다는 것도 알았다. 바울 자신의 권위는 아무것도 아니었다. 말씀에 계시된 대로 오직 그리스도만으로 충분했다. 이 말은 곧 우리가 설교에 매진하되 다른 여타의 일 가운데 하나로서가 아니라, 우리의 가장 중심적이고 중요한 일로서 매진해야 함을 뜻한다.

신실한 말씀의 종

말씀의 종이 된다는 의미는 무엇인가? 첫째, 말씀의 종이 되고자 한다면 모든 목회 사역이 말씀 설교를 중심으로 자리 잡혀야 한다. 다른 어떤 일도 말씀 사역에 우선해서는 안된다. 목회에 말씀 사역 말고 다른 중요한 사역이 있는가? 물론이다. 말씀 사역 말고 다른 중요한 사역이 교회에 있는가? 물론이다. 하지만 당신의 개인적인 스케줄은, 당신이 설교를 얼마나 중요하게 여기는지를 보여줄 만큼 설교의 우선성을 반영하고 있어야 한다. 예배와 다른 활동들을 포함하는 교회 일정을 보면, 그 교회가 설교에 대해 어떤 생각을 갖고 있는지 금세 알 수 있다. 마찬가지로, 설교자가 시간을 어떻게 사용하는지를 보면 그가 설교에 대해 어떤 생각을 가지고 있는지 알 수 있다. 다른 어떤 일도 말씀 설교보다 우선되어서는 안된다. 그렇게 할 때 다른 모든 일도 균형을 찾고, 모든 일이 각각의 우선순위에 맞게 조화를 이루게 될 것이다. 하나님의 말씀을 중심으로 다른 모든 일의 우선순위가 잡힐 때, 우리는 더 이상 교회 일정이나 예산을 조정하는 문제 등으로 우선순위를 정하는 일을 염려하지 않을 수 있다. 그러면 다른 모든 일도 분명해진다.

둘째, 회중도 말씀 설교의 우선성을 알고 그것을 존중해야 한다. 설교는 단순히 설교자만의 책임이 아니라는 사실을 회중도 이해할 필요가 있다. 말씀으로 잘 양육받을 수 있는 환경을 만드는 것은 회중의 책임이다. 말씀 설교자를 청빙하는 것은 회중의 일이기 때문이다. 회중은 설교자가 다른 모든 일보다 강단 사역에 성실하게 매진하는지를 살피고, 그가 설교 사역을 책임 있게 해 나가도록 해야 한다.

셋째, 우리가 말씀의 종이라면 말씀을 정확하게 강해하는 데 충실해야 한다. 우리가 하는 설교는 성경 본문을 정확히 주석하고 적용하는 것이어야 한다. 하나님의 말씀을 하나님의 백성에게 권면하고 선포하며, 선포된 말씀을 각 성도에게 적용하시는 성령께 모든 것을 맡겨야 한다. 하나님의 말씀을 설교하기 위해서는 엄밀하고 정확한 주석 작업이 선행되어야 한다. 여기서 내가 말하는 설교는, 자신이 좋아하는 본문을 골라 놓고 그 본문이 사람들에게 말한다고 생각하면서 전하는 것이 아니라 있는 본문 그대로를 전하는 것이다. 강해설교는 성경 본문을 한 절씩 풀어 가는 것이어야 한다. 그렇지 않으면 설교하기 난해한 도전적인 본문은 한 번도 다루지 않게 될 것이다. 명심할 것은, 난해한 본문 역시 정확 무오하고 권위 있는 하나님의 말씀이라는 사실이다. 그 본문 역시 설교와 가르침에 유익할 뿐 아니라, 그 본문을 다루면서 우리가 얼마나 성실한 청지기인지를 가늠하게 될 것이다. 앞서 언급한 것처럼, 이런 설교를 통해서 비로소 사람들은 심각한 문제에 직면하게 된다. 설교를 통해 사람들이 문제에 직면하지 않는다면, 이는 설교자의 강단에서 그 같은 강해설교가 선포되지 않고 있다는 표지일 수밖에 없다.

결국, 우리는 영화롭게 된 이후에야 우리가 얼마나 신실하게 말씀을 설교했는지 알게 될 것이다. 영광 가운데 구주를 대면하여 보고 우리가 설교했던 모든 성도들을 볼 때에야 비로소 우리는 자신의 설교가 어떻게 그들을 그리스도 안에 있는 완전을 향해 자라가게 했는지 알게 될 것이다. 바울은 자신이 복음을 전파하는 영광 때문에 힘에 지나도록 수고하고 열심을 냈을 뿐 아니라, 모든 논쟁과 고난과 순교를 감내했다고 말한다. 그가 복음을 전파하는 목적은, 각 사람과 모든 그리스도인이 그리스도 안에서 완전해지고, 주와 구주께 온전히 드려지게 하기 위함이라고 고백한다. 이 설교 사역에 실패하는 것은 생각하기도 싫을 만큼 끔찍할 따름이다.

2장 설교의 어리석음

제임스 몽고메리 보이스

바울의 메시지는 어리석기 짝이 없게 들렸다. 그리스인들에게 바울이 하는 말은 어리석게만 들릴 뿐이었다. 그러나 바울은 모든 미련함의 정점에 있는 것 같은 이 메시지가 바로 하나님의 지혜라고 선포하고 있는 것이다. 설교는 세상 지혜의 어리석음을 드러내는 하나님의 지혜로운 방편이라고 말할 수 있다. 세상 사람들에게 미련하게만 보이는 복음의 어리석음이야말로 참된 지혜를 보여준다.

몇 사람들에게 설교에 대해 생각할 때 떠오르는 구절이 무엇인지 물은 적이 있다. 물론 그전에 나는 이미 영어로 '설교preaching', '설교자preacher', '설교하다preach'는 단어가 나오는 구절을 성구사전으로 찾아보았다. 모두 150개 절이 있었는데, 이마저도 헬라어와 히브리어에서 ('선포하다', '알리다', '말하다'로 번역될 수 있는) 어근을 모두 반영한 것은 아니라는 것을 알게 되었다. 그런데 어찌된 일인지 이 질문을 할 때마다, 사람들은 너나없이 "하나님께서 전도[설교]의 미련한 것으로 믿는 자들을 구원하시기를 기뻐하셨도다"라는 고린도전서 1:21을 떠올렸다.

이는 강단으로부터 나오는 설교에 대한 사람들의 생각이 어떠한지를 단적으로 보여주는 예라고 생각한다. 사람들은 설교를 어리석은 것으로 여긴다. 사람들이 생각하기에, 설교의 내용과 심지어 설교의 전달 방식 자체는 아주 어리석은 일인 것이다.

정말 설교는 어리석은 것인가? 분명히 그런 면이 있다. 바울 역시 설교를 묘사하면서 그렇게 말한다. 실제로 설교자는 세속 문화 한가운데서 살아가는 사람들에게 하나님의 말씀을 전할 때, 자신이 지금 미련한 짓을 하고 있는 것은 아닌가 하고 느낄 때가 있다고 종종 말할 것이다. 하지만 미련한 것이라는 말이 나온 본문을 조금만 살펴보면, 바울이 이 말을 아주 특별한 의미로 사용하고 있다는 것을 분명히 알 수 있다. 그가 본문에서 설교를 어리석은 것이라고 하는 것은, 세상이 보기에 그렇다는 것일 뿐이다. 사실 설교는 구원에 이르게 하는 하나님의 지혜다.

바울은 아주 흥미로운 상황에서 이 말을 하고 있다. 본문에서 바울은 어리석음과 지혜를 말할 뿐 아니라, (이와 병행하는) 능력과 연약함, 표적과 계시 신앙의 초석이라고 할 만한 것을 대비시키고 있다.

바울은 다양한 문화권을 큰 무리 없이 다닐 수 있는 아주 드문 사람 가운데 하나였다. 그는 유대인이었지만, 로마의 도시에서 자라면서 헬라 문화의 영향을 많이 받았다. 유대인, 헬라인, 로마인들의 공동체로 이리저리 옮겨 다닐 수 있었던 것도 그 때문이다. 어딜 가든지 그는 그리스도를 설교했다. 헬라인들에게 설교할 때와 로마인들에게 설교할 때 맞닥뜨리는 문제가 각각 달랐고, 유대인들에게 설교할 때 맞닥뜨리는 문제 또한 다르다는 것을 발견했다. 복음과 관련하여 각각의 문화가 가진 나름의 어려움이 있었다.

로마인들의 문제는 자신들이 누리는 힘 때문에 교만해져 있다는 것이었다. 세계 어느 곳이든 로마 군대가 야만인들의 땅을 점령하고 있었다. 해군은 지중해를 평정했고, 육군은 육로를 열어 강탈을 일삼았다. 로마는 전에 없던 거대한 제국을 이루어 다스리고 있었다. 로마인들은 자신들의 힘에 우쭐대고 있었다. 이런 로마인들에게 바울이 전한 예수(로마 총독 치하에서 십자가에 못 박힌)는 유약함의 전형처럼 보였다. 이처럼 힘에 길들여져 있고 힘을 중요시하는 로마인들에게 복음을 전했던 바울은, 예수님이 어떤 면에서는 하나님의 약함이었을지 몰라도, 실제로 그들을 변화시키는 능력은 바로 이 하나님의 약함이었다는 사실을 보여주어야 했다. 로마서에서 그는 이렇게 말한다. "이 복음은 모든 믿는 자에게 구원을 주시는 하나님의 능력이 됨이라"(롬 1:16).

유대인들의 경우는 로마인과 달랐다. 로마인들의 사고방식이 힘을 가장 중요시하는 군인의 사고방식이었다면, 유대인들의 사고방식은 오늘날 종교 집단들이 가진 의식에 비교해 볼 수 있다. 유대인들은 표적을 원했다. 눈에 보이는 증거를 원했다. 유대인들이 예수께 항상 이적 행할 것을 요구한 것도 이와 무관하지 않다. 그러나 오늘날 성경의 하나님을 좋아하지 않는 사람들이 성경을 싫어하는 것처럼, 그들도 예수님이 달갑지 않았기 때문에 보여주신 표적들을 달가워하지 않았다. 사람들은 "하나님이 말씀하신다고 하는데, 왜 나에게는 말씀하시지 않는가?"라고 힐난한다. 그러나 하나님은 말씀하셨다. 다만 그들이 하나님을 달가워하지 않기 때문에 그 말씀을 받아들이지 않을 뿐이라고 말이다.

같은 방식으로, 유대인들은 표적을 원했다. 유대인들에게 예수님은 걸림돌이었다. 그러나 바울은 그리스도가 걸림돌이기는커녕, 그리스도의 복음만이 반석이라고 주장했다. 사람들이 이 반석에 걸려 넘어지기도 하지만, 그것은 계시 신앙의 실재적인 초석이었다.

바로 이것이 바울이 설교의 어리석음을 말한 당시의 상황이었다. 그러나 그는 고린도 교회에 편지를 쓰면서는 헬라의 사고방식을 따라 썼다. 그리스는 마케도니아의 필립과 알렉산더 치하에서 누렸던 권세를 상실했다. 그리스가 천하를 호령하던 시대는 갔다. 하지만 그리스인들은 (로마인들이 갖지 못한, 적어도 그들보다 나은) 지혜가 있었다. 그리스는 위대한 철학자와 선생들을 배출했다. 로마의 부유한 가정은 대개 자녀들의 교육을 담당할 노예들을 거느렸다. 그 선생들 가운데 열의 아홉은 그리스인이었다. 그리스인들은 자신들의 지혜에 대한 자긍심이 있었다. 초대 복음의 사신들이 전하는 말—하나님께서 인간을 구원하기 위해 인간의 몸을 입고 죽으셨다—은 많은 부분에서 그들이 이해하는 철학과 배치되었다. 그들이 가진 철학의 기본 원리는 정신과 물질, 영과 육의 분리였다. 그러므로 그들의 입장에서 성육신 같은 것은 도무지 받아들일 수 없었다. 바울이 아테네에서 한 설교는 바로 이런 사람들에게 한 것이었다. 그들의 반응이 어떠했는가? 그들은 바울을 비웃었다. 바울의 메시지는 어리석기 짝이 없게 들렸다. 그리스인들에게 바울이 하는 말은 어리석게만 들릴 뿐이었다. 그러나 바울은 모든 미련함의 정점에 있는 것 같은 이 메시지가 바로 하나님의 지혜라고 선포하고 있는 것이다.

고린도전서 1:21을 볼 때, 설교는 세상 지혜의 어리석음을 드러내는 하나님의 지혜로운 방편이라고 말할 수 있다. 세상 사람들에게 미련하게만 보이는 복음의 어리석음이야말로 참된 지혜를 보여 준다고 우리는 말할 수 있다.

회심으로 이끄는 설교

설교는 정말 중요하다. 왜 그런가? 성경의 인물 중에 누가 설교자였는지 보려고 성경을 훑어보면, 성경의 거의 모든 인물이 설교자였다는 사실을 발견하게 될 것이다. 물론 예외가 없는 것은 아니지만, 성경에 나오는 대부분의 인물들은 이 범주에 속한다. 신약성경은 노아를 일컬어 "의를 전파하는" 자라고 말한다(벧후 2:5). 에녹도 설교자로 불린다. 마르틴 루터는 아담을 비롯해 노아의 홍수 이전에 살았던 모든 사람들을 설교자로 생각했다. 선지자들 역시 설교자였다. 왕들 역시 설교자였다. 사도들과 그들의 제자들, 디모데, 디도, 요한 마가, 실라 같은 이들도 역시 설교자였다. 이처럼 성경의 계시에서 설교는 너무나 중요하게 드러난다. 왜 그런가? 왜 설교는 은혜의 방편이 될 만큼 중요한 것인가?

설교가 사람들을 돌이키게 하는 회심의 수단이기 때문이다. 하나님께서는 설교를 통해 사람들의 마음과 삶에 역사하셔서, 사람들로 하여금 죄를 떠나 예수 그리스도께로 돌이키게 하신다. 바울도 로마서 10:14-15에서 이렇게 말한다. "그런즉 저희가 믿지 아니하는 이를 어찌 부르리요. 듣지도 못한 이를 어찌 믿으리요. 전파하는 자가 없이 어찌 들으리요. 보내심을 받지 아니하였으면 어찌 전파하리요."

이 구절은 사도 바울의 위대한 신학적 연결고리들theological chains 가운데 하나다. 가장 유명한 것은 이보다 앞서 언급되는 로마서 8장 말씀이다. "하나님이 미리 아신 자들을 또한 그 아들의 형상을 본받게 하기 위하여 미리 정하셨으니…… 또 미리 정하신 그들을 또한 부르시고 부르신 그들을 또한 의롭다 하시고 의롭다 하신 그들을 또한 영화롭게 하셨느니라"(롬 8:29-30). 여기서 우리는 하나님의 미리 아심으로부터 예정을 통해 유효한 부르심effectual calling, 칭의, 영화에 이르는 점층적인 연결고리를 볼 수 있다. 이것이 바로 바울의 영적 사고방식이었다.

현재 (혹은 과거의 어느 시점에서) 성도의 자리에서 장래의 영광으로의 점층적인 연결고리 구조를 이루고 있는 로마서 8장과 달리, 로마서 10장은 현재 믿음의 자리에서 그 믿음을 갖게 되기까지의 과정을 역추적하고 있다. 바울은 말한다. "여기 신자들이 있다. 그들이 가진 믿음이 어디로부터 와서 어떻게 자리하게 되었는지 살펴보라." 그는 그리스도의 이름을 부르는 것으로부터 시작해, 그리스도의 이름을 믿는 것으로, 그리스도의 이름을 듣는 것으로, 그리스도의 이름을 전파하는 것으로, 하나님께서 그리스도의 이름을 전파하는 설교자들을 보내시는 것으로까지 거슬러 올라가고 있다.

그리스도를 부른다는 것은 "예, 이제 복음이 무엇인지 알겠습니다. 저는 예수께서 구주가 되시기 위해서뿐 아니라, 바로 저의 구주가 되시려고 십자가에서 죽으신 것을 믿습니다. 이제 저는 그분을 저의 구주와 주님으로 믿고 따릅니다"라고 하나님께 기도하고 자신을 드리는 것과 다르지 않다.

바울은 또 이렇게 말한다. "하지만 그전에 믿음이 있어야 한다. 그리스도를 믿지 않는 자는 누구도 그분을 주님이시라고 고백할 수 없다." 복음의 내용과 관련된 말이다. 믿음은 단순히 어떤 사실에 대한 지적인 동의를 말하는 것이 아니다. 그 이상이다. 믿음에는 몇 가지 요소가 있다. 믿음에는 내용 혹은 지식이 따른다. 그리고 뜨거운 마음이 따른다. 믿음에는 의지적인 요소뿐 아니라 헌신도 따른다. 믿음에서 이 모든 것이 중요하지만, 무엇보다도 믿음의 내용이 먼저다. 자신이 누구를 부르고 있는지 알아야 한다. 그리스도가 누구신지, 그분이 이루신 일이 무엇인지도 모르는 사람이 자신의 구원을 위해 그리스도를 부를 리 없다.

그렇다면 그분이 누구신지, 그분이 이루신 일이 무엇인지 어떻게 알 수 있는가? 바울은 "들음으로 안다"고 말한다. 그리스도에 대해 듣지 않고서 어떻게 그 일들을 알 수 있겠는가?

그렇다면 어떻게 들을 수 있는가? 분명, 설교를 통해서 듣는다. 누군가 가서 주 예수 그리스도를 중심으로 하는 구원의 메시지를 알려 주어야 한다. 이것이 바로 회심에 이르게 하는 길이다. 하나님께서는 단순히 사람의 말이 아닌 하나님 자신의 말씀을 전하는 설교를 통해서, 그 설교를 듣는 사람의 마음에 초자연적인 방식으로 영적 생명을 창조하신다. 이것이 바로 중생重生, 곧 거듭남이다.

중생을 통해 일어나는 일을 설명하는 데 가장 도움이 되는 본문은 베드로전서 1:23일 것이다. 여기서 베드로는 우리가 어떻게 거듭나게 되는지 설명하고 있다. "너희가 거듭난 것은 썩어질 씨로 된 것이 아니요 썩지 아니할 씨로 된 것이니 살아 있고 항상 있는 하나님의 말씀으로 되었느니라." 베드로는 우리가 썩지 아니할 씨로 거듭났다고 말하고 있는데, 여기서 그는 땅에 심는 씨앗에 관해 말하는 것이 아니다. 이런 은유는 성경 다른 곳에서도 보이는데, 특히 부활과 관련해서 그렇다. 땅에 심겨진 씨앗은 죽었다가 다시 싹을 틔운다. 본문에서 베드로가 사용하는 씨라는 말은 임신을 가능하게 하는 남성의 정자를 뜻한다. 그는 지금 새로운 출생에 대해 말하되, 물리적 출생을 빌려 영적인 출생에 대해 설명하고 있는 것이다. 물리적인 출생과 비슷한 방식으로 영적으로 거듭나게 된다는 말이다.

새로운 생명이 탄생하기 위해 필요한 것은 무엇인가? 아버지의 정자와 어머니의 난자가 결합되어야 한다. 베드로는 영적인 출생도 마찬가지라고 말하는 것이다. 먼저 하나님께서 구원하는 믿음이라는 난자를 사람의 마음에 심으신다. 믿음조차 우리 자신에게서 나는 것이 아니기 때문이다. 아무도 자랑하지 못하도록, 믿음 역시 우리의 공로가 아닌 하나님의 선물로 주어진다(엡 2:8-9). 영적 생식에서 씨앗이 되는 살아 있는 말씀을 하나님께서 취하시면, 이 말씀이 설교를 통해 귀라고 하는 문을 통해 사람에게로 들어가서 믿음이라는 난자에 자리를 잡는다. 이렇게 해서 영적인 새 생명이 잉태되는 것이다.

이 생명은 속에서부터 자라기 시작한다. 임신했을 때 어느 시점까지는 본인도 임신인지 모르는 것처럼, 영적인 생명도 마찬가지다. 이미 생명이 잉태되었지만, 정작 본인은 자기 속에서 무슨 일이 일어났는지 모른다. 그러나 여러 가지 변화가 나타나기 시작한다. 영적인 일에 관심이 생기기 시작한다. 하나님 말씀에 입맛이 당기게 되고, 말씀을 읽기 시작한다. 말씀을 먹기 시작하는 것이다. 그 와중에(사람에 따라 길 수도 짧을 수도 있다) 누군가 예배 시간에 "예수님을 자신의 구주로 영접하기를 원하는 사람은 손을 들어 보십시오"라고 하면, 이 사람은 손을 들고 앞으로 나아간다. 그러면 인도자가 "자, 이제 당신은 거듭났습니다"라고 말한다. 정말 거듭난 것 같다. 하지만 하나님의 말씀이 속에서 역사하기 시작한 때부터 그에게는 이미 생명이 있었다. 다만 그 생명이 이제 태어난 것이다.

설교가 가슴 설레는 이유가 바로 여기 있다! 내게 있어서 일주일 중 가장 힘든 날은 일요일이다. 동시에 가장 멋진 날이기도 하다. 이날이 가장 멋진 이유는 무슨 일이 일어날지 알 수 없기 때문이다. 비록 내가 회중의 모든 문제를 다 알지 못하지만, 그래도 나는 그들에게 설교한다. 물론 내가 알고 있는 문제에 대해서는, 최대한 그 문제에 민감하게 다가가려고 애쓴다. 그래도 사람이 마음 깊은 곳에서 일어나는 일을 알 수는 없는 법이다. 사람마다 나름대로 인생 여정의 독특한 한 지점에서, 각기 자신의 문제를 안은 채 앉아서 설교를 듣는다. 하나님께서 설교 말씀을 취하셔서 회중의 마음에 말씀하신다. 그러면 나중에 누군가 찾아와 이렇게 말한다. "목사님이 어떻게 제 사정을 아셨는지 모르지만, 오늘 말씀은 제가 꼭 들어야 할 말씀이었습니다. 누가 제 사정에 대해 말씀드렸나요? 누군가 목사님께 말씀드렸군요." 화가 나서 이렇게 말하는 사람도 있다. "아무개가 나에 대해 말한 모양이군요. 목사님은 나 들으라고 그렇게 설교한 거고요." 나는 그들이 누군지도 몰랐다. 성령께서 말씀을 강력하게 적용하신 것이다. 이처럼 성령께서는 사람들을 회심으로 이끄신다.

제10장로교회의 전임자 가운데 한 분인 도널드 반하우스Donald Grey Barnhouse 목사는, 자신이 설교할 때 청중석을 보면 많은 드럼

통이 장의자에 놓여 있는 것 같았다고 했다. 대부분 속이 텅 빈 통이지만, 개중에는 속이 화약으로 채워진 통도 있었다고 했다. 그가 하는 일은 말씀의 성냥불을 붙여 던져 넣음으로써 그 통이 폭발하게 하는 것이었다. 하나님께서 그 통에 미리 화약을 쟁여 놓으신 것이다. 말씀이 전파될 때 영적인 점화 혹은 중생이 일어난다. 바로 이것이 우리가 설교를 소중히 여겨야 하는 이유 가운데 하나다.

설교는 신자와 지역 교회를 세운다

은혜의 수단으로 설교가 중요한 이유는, 단순히 하나님께서 설교를 통해 회심하게 하시기 때문만은 아니다. 한편으로 설교는 거듭난 신자를 거룩함에 자라가게 하는 데 긴요하기 때문이다. 자신의 삶을 돌아보며, 하나님께서 자신을 자라가게 하기 위해 가장 많이 사용하신 수단이 무엇인지 자문해 보라. 대부분의 경우 설교라는 사실을 발견하게 될 것이다. 내 경우도 예외가 아니다. 설교 외에 다른 요소가 없다는 말이 아니다. 성례나 기독교 서적, 다른 사람들의 중보, 성도들과의 교제를 누린 것도 사실이다. 그러나 나의 영적 성장을 위해 하나님께서 가장 빈번하고 영향력 있게 사용하신 것은 하나님의 말씀을 신실하게 주석하는 설교였다. 그런 말씀이 나를 붙들면, 수년이 지난 후에 그것과 다른 잘못된 설교를 듣게 될 때 나는 그 설교를 믿지 못하게 되었다. 그것이 진리가 아니라는 것을 알았기 때문이다. 수년 전에 하나님께서 시작하신 역사를 계속해 가실 때에, 어려서부터 들은 말씀 설교가 나를 붙들고 나를 이끌었다.

또한 설교는 지역 교회를 자라게 하는 주된 방편이다. 오늘날 이것에 대한 논란이 많지만, 말씀 설교는 하나님께서 교회를 양적으로 자라게 하실 뿐 아니라 회중의 이해와 영적인 깊이를 자라게 하시기 위해 주로 사용하시는 방법이다.

설교의 중요성을 말하면, 대개 설교자들은 (겸양을 떨면서) 이렇게 말한다. "글쎄요, 하나님은 무엇을 통해서도 역사하실 수 있습니다." 물론 우리가 이 말을 제대로 이해하고 말한다면 맞는 말이다. 그러나 그렇지 않다면, 이는 정말 잘못된 말이다. 물론 하나님께 우리가 꼭 필요한 것은 아니다. 우리 없이도 하나님은 영광을 받으실 수 있다. 우리가 있어야만 하나님께서 예배를 받으실 수 있는 것은 아니다. 우리가 있어야만 하나님께서 복음을 전하실 수 있는 것도 아니다. 예수께서는 예루살렘으로 입성하실 때 사람들이 외치지 않는다면 돌들이라도 그렇게 했을 것이라고 말씀하셨다. 그러나 하나님이 어떤 상황에서 특정한 사람을 설교자로 부르셨다면, 그 사람은 하나님의 부르심과 성품에 따라 그 상황에 없어서는 안될 사람이다. 만일 그 사람이 하나님의 말씀을 잘 가르치고 선한 지도력을 발휘한다면 그 교회는 자라갈 것이다. 하지만 그러지 못할 경우 교회는 앞으로 더 나아가지 못할 것이다.

오늘날 건강한 교회, 성장하는 교회를 이루기 위해 필요한 많은 것들이 언급된다. 특정한 프로그램이 필요하다고 말하는 사람이 있다. 물론 그것도 중요하다. 우리가 처한 문화는 너무나 다양하기 때문에 사람들은 다양한 문제를 가지고 있다. 가정이 해체되고 있는 상황에서 기독교 신앙고백에 따라서만 가정이 일궈져 가는 것도 아니다. 오늘날의 교회들은 여러 프로그램을 도입해서 이런저런 부분을 다루어 보려고 애쓴다. 그러나 대각성운동이 일어났던 당시를 생각해 보자. 당시의 교회들은 아무런 프로그램도 갖고 있지 않았다. 적어도 오늘날 우리가 프로그램이라고 할 만한 것은 아무것도 없었다. 청년회나 중고등부도 없었다. 볼링 리그나 야구팀도 없었지만 모두 건강한 교회였다. 어떻게 그것이 가능했는가? 신실한 말씀 설교가 있었기 때문이다.

캘리포니아에서 교회 성장을 위해 가장 중요한 요소로 꼽히는 것이 무엇인지 아는가? 얼마나 큰 주차장을 가지고 있는가 하는 것이다! 큰 주차장을 가지고 있으면 성장하는 교회가 될 수 있다. 그렇다면 교회가 해야 할 일은 무엇인가? 할 수 있는 한 빨리 넓은 부지를 매입하는 것이다.

그러나 진정 중요한 것은 무엇인가? 하나님의 말씀을 가르치고 설교하는 것이다. 바른 가르침과 설교가 선포될 때 비로소 성령 하나님께서 말씀을 통해 그리스도인(불신자에게도)의 마음에 말씀하시고, 교회를 양적으로 성장하게 하실 뿐 아니라 교회가 성숙하도록 그에 걸맞는 리더십과 헌신을 주신다. 그렇게 될 때 비로소 우리의 모든 것이 변하게 된다. 교회는 주차장을 잃어버릴 수도 있겠지만, 바로 거기에 참된 교회인 그리스도의 몸이 있고 교회는 그 안에서 계속해서 자라간다.

설교가 가장 핵심적인 은혜의 방편이라고 말하는 것은 결코 지나치지 않다. 설교가 가장 중요한 은혜의 방편이라고까지 말할 수 있다. 그것이 정녕 사실이라면, 우리는 그리스도인으로 살아가는

데 있어서 가장 훌륭한 설교를 듣고 가장 바른 교회에 참여할 수 있도록 세심한 주의를 기울여야 한다.

어떤 설교자여야 하는가

우리는 어떤 설교자를 필요로 하는가? 교회를 정해야 한다면, 바른 설교자가 있는 교회를 찾고 싶을 것이다. 목사 청빙위원회의 일원이라면, 어떤 목사가 바른 목사인지도 알아야 한다.

첫째, 거듭난 설교자여야 한다. 거듭나지 않은 설교자가 어디 있느냐고 반문할지 모르지만, 그렇지 않다. 거듭나지 못한 설교자가 얼마나 많은지 모른다. 이 땅에서 내로라하는 수많은 강단이, 사실은 거듭나지 못한 사람들로 채워져 있다.

북미 역사상 두 번째로 영향력 있는 설교는 바로 이 주제를 다룬 설교였다. 물론 가장 중요하고 큰 영향을 미친 설교는 조나단 에드워즈Jonathan Edwards의 '진노한 하나님의 손에 붙들린 죄인들 Sinners in the Hands of an Angry God'이다. 두 번째로 중요한 설교는 조나단 에드워즈 설교보다 1년 전인 1740년에 행해진 '회심하지 못한 목사의 위험The Dangers of an Unconverted Ministry'이다. 설교자는 길버트 테넌트Gilbert Tennent였다. 그는 말한다. "회심하지 못한 목사들이 목회하는 회중에는 거짓된 안정감이 팽배해 있습니다. 그런 회중에서 영혼이 회심했다는 소문을 수년 동안 한 번도 들어 보지 못했습니다. 정말 서글픈 일입니다. 그럼에도 목사라는 사람들은 태평스럽기 그지없습니다. 자신은 목사로서의 의무를 다하고 있다고 말합니다. 푸른 잎을 다 갉아먹어 버리는 이런 버러지 같은 사람들이 설교하는 주된 목적은 복음으로 말미암아 새로운 생명이 태어나는 것이 아니라, 사람들이 각자가 바라는 것을 추구하며 살도록 내버려 두는 것입니다." 계속해서 그는 말한다. "하나님께서 자연인〔회심하지 못한 사람〕을 목사로 부르시는 법은 없습니다. 때문에 자연인이 목회를 하거나 지도자로 있는 교회나 교단에 자신이 속한 것을 안 경건한 신자들이, 경건한 목사의 설교를 듣기 위해 그가 속한 교회나 교단을 떠나는 것은 지극히 합당한 일일 뿐 아니라 속히 그렇게 해야 합니다."

테넌트의 설교가 많은 설교자를 화나게 했을 것이라는 사실은 충분히 짐작해 볼 수 있다. 하지만 그는 당시뿐 아니라 오늘날에도 여전히 유효한 진리를 말한 것이다. 오늘날 회심하지 못한 많은 사람들이 설교자로 있다는 사실은 참으로 서글픈 일이다. 회심은 참된 설교를 위한 첫 번째 핵심이다.

둘째, 하나님께 쓰임 받기 원하고 자신의 설교가 은혜의 방편으로 사용되기를 바라는 사람은 성경을 믿어야 한다. 하나님께서는 성경을 통해 말씀하신다. 성경을 주석하는 것은 설교자가 해야 할 가장 우선적인 일—전부가 아니더라도—이다.

여러 곳에서 이 주제와 관련해 이야기할 기회가 생겨 내 경험과 내가 들은 것을 나누면, 특히 평신도들은 많은 목사들이 실제로 성경을 믿지 않는다는 사실에 적잖이 놀란다. 그러나 사실이다. 이런 목사들은 자신이 실제로 믿는 바를 이야기하지 않는다. 그렇게 했다가는 회중이 자신을 목사로 두지 않을 테고, 다른 일을 알아보아야 할 것이기 때문이다. 하지만 다른 동료 목사들과 함께 있을 때면 그는 자신이 실제로 믿는 바를 이야기한다.

몇 년 전에 한 주류 교단의 지도자들이 모인 곳에서 이야기할 기회가 있었다. 강의가 끝나고 질문하고 대답하는 시간에 한 신학 교수가 일어났다. 그는 내가 말한 모든 것에 반대하며 자신의 입장을 길게 설명했다.

그때 나는 역사적 예수에 대해서도 언급했는데, 나의 말에 대해 그는 이렇게 말했다. "역사적 예수 같은 것은 없습니다. 사복음서가 각각 서로 일치하지 않는 부분이 많다는 것은 다 아는 사실 아닙니까?" (나는 전혀 몰랐다! 동일한 그리스도가 서로 다르게 묘사된 부분은, 사복음서를 상호 보완해 주는 것이지 전혀 다른 것을 기록한 것이라고 보지 않는다.) 또 다른 부분에서 나는 예수께서 다시 오실 것에 대해 말했다. 그 부분에 대해서도 그는 이렇게 말했다. "예수는 결코 다시 오지 않을 것이고, 세상은 처음부터 있어 왔던 그대로 계속될 것이라는 사실을 잊지 말아야 합니다." 그의 말은 전혀 놀라운 것이 아니었다. 베드로가 이렇게 말했기 때문이다. "말세에 조롱하는 자들이 와서…… 이르되 주께서 강림하신다는 약속이 어디 있느냐. 조상들이 잔 후로부터 만물이 처음 창조할 때와 같이 그냥 있다 하니" (벧후 3:3-4). 그 교수는 자신이 지금 무슨 말을 하고 있는지 생각조차 하지 않았겠지만, 그는 사실 베드로의 말을 그대로 대변하고 있었다! 아마도 이는 신학교에서 배운 교육의 잔재일 것이다. 중요한 것은, 그가 당시에 많은 신학교 학생들에게 불신앙을 가르치고 있었다는 사실이다.

그 교수가 속한 교단과 같은 교단에서 부흥을 위해 일하는 한 친구가 있었다. 한번은 그가 어떤 부분에 대해 주장한 적이 있었는데, 그의 이야기가 끝나자 한 자유주의 목사가 그에게 다가와 말했다. "왜 당신이 말끝마다 성경을 인용하는지 이해가 안됩니다. 요즘 세상에 누가 성경을 곧이곧대로 믿는단 말입니까?"

몇 년 전에, 사흘간 열리는 남침례교 크리스천 라이프 위원회 전국 세미나에 관한 기사를 보았다. Good News for Modern Man Bible의 주요 번역자 가운데 한 사람인 로버트 브래처 Robert Bratcher도 그곳의 강사였는데, 그는 이렇게 말했다.

성경의 정확 무오함을 주장하는 것은 무지한 완고함과 부정직한 지성에서 비롯된 것입니다.……진리를 사랑하고 하나님을 소중히 여기며 그리스도를 영화롭게 하는 신자라면, 이런 이단적인 주장을 하는 죄에 빠질 수 없습니다. 성경을 정확 무오하다고 하는 것은 성경을 우상시하는 것이고, 거짓 신을 만드는 것입니다.…… 과거에는 물론 오늘날에도 성경을 하나님의 말씀이라고 하는 것은, 성경에 기록된 말들이 곧 하나님의 말씀이라는 것을 의미합니다. (과거에는 그랬지만 지금은 그렇게까지는 아니다.) 이처럼 단순화되고 순진한 주장은 성경에서 인간성을 완전히 박탈하고, 성경이 기록된 역사적 과정이라고 하는 상관성을 배제하는 짓입니다. 누구도 성경의 모든 말이 바로 하나님의 말씀이라고 진지하게 단언할 수 없습니다. (적어도 이 말은 분명히 잘못되었다. 내가 진지하게 그것을 주장하고 있기 때문이다.)……

성경이 기록될 당시의 역사와 문화가 있기 때문에 성경이 말하는 것을 곧이곧대로 인용하는 것은 지금 우리가 맞닥뜨린 문제를 해결하는 데 반드시 도움이 되거나 어떤 관계가 있다고 할 수 없습니다.…… 성경에 기록된 예수의 말도 1세기 아람어로 한 말을 35년에서 50년이 지난 후에 헬라어로 기록한 것이기 때문에, 오늘을 사는 우리에게 절대적인 권위를 갖는 것은 아닙니다.…… "하나님의 뜻이 이러이러하기 때문에 나는 이렇게 한다"고 말하는 것은 독단과 억측의 극치입니다.[1]

이것이 바로 우리가 마주하고 있는 비극적인 상황이다. 강단에 서는 목사가 반드시 성경을 믿는 거듭난 사람이어야 한다는 것은 전혀 불필요한 말이 아니다.

셋째, 설교자는 성경을 믿는 사람일 뿐 아니라 성경에 순종하는 사람이어야 한다. 성경의 권위를 주장하는 우리 같은 사람들은 특히 이 말에 주의를 기울여야 한다. 실제로는 성경의 영향을 전혀 받지 않고 살면서도 어떤 일을 향해서는 목소리를 높이기가 너무도 쉽기 때문이다. 깃발을 높이 치켜들 수도 있고, "예, 물론 저는 성경을 믿습니다"라고 말할 수도 있다. 일에 사람들을 동원할 수도 있다. 그러나 정작 자신은 성경이 말하는 바와 정면으로 배치되는 일인 줄 알면서도 그 길로 갈 수 있다. 말씀을 인용하면서 하나님께 기도할 만큼 성경을 잘 알면서도, 실제로는 그것을 거스르며 살 수 있다.

요나는 니느웨로 가라는 하나님의 명령을 들었으면서도 거기에 순종하지 않고 도망쳤다. 실제로 하나님께서 다시 제자리로 돌리실 때까지 그는 다시스로 가고 있었다. 하나님은 요나를 니느웨로 보내려고 그를 택하셨다. 하나님이 보시기에 요나는 그 일에 꼭 필요한 사람이었다. 하나님은 그 일을 위해 요나를 택하신 것을 그만큼 중요하게 여기신 것이다. 결국 하나님은 요나를 다시 제자리로 돌리셨고, 세상에서 가장 위대한 부흥 역사의 한 페이지를 장식하게 하셨다.

그럼에도, 일의 말미를 보면 요나는 전혀 즐겁지 않다. 성경은 하나님께서 그에게 니느웨로 가라고 하셨을 때 왜 그가 순종하지 않았는지 이유를 설명한다. 왜 그랬는가? 너무도 위험한 일이어서 그랬는가? 물론 니느웨는 위험한 성읍이었다. 니느웨 사람들은 선한 사람들이 아니었다. 그들은 마음에 들지 않은 사람이 있으면 머리를 베어 버리는 식이었다. 마음에 들지 않은 사람의 수가 아무리 많아도 마찬가지였다. 그 많은 사람의 머리를 베어 성읍 광장에 산더미처럼 쌓아 놓고 사람들에게 본보기로 삼았던 것이다. 그 백성에게로 가라고 하시는 하나님께 요나는 이렇게 말했을 수도 있다. "사람들의 머리를 베어서 쌓아 올린 해골무더기에 제 머리까지 더하고 싶지는 않습니다. 너무 위험합니다. 가고 싶지 않습니다." 하지만 성경은 왜 그가 하나님의 명령을 거부했는지에 대해서는 언급하지 않는다.

너무 어려운 일이어서 그랬을까? 요나는 이렇게 말했을 수도 있다. "저요? 저 한 사람만요? 그것도 유대인인 제가요? 유대인인 저 한 사람이 힘센 그 많은 자들에게 무슨 영향을 줄 수 있겠습니까? 할 수 없습니다. 저는 아무것도 아니지 않습니까? 그냥 집에 있겠습니다." 물론 성경에는 이런 언급도 없다.

그렇다면 왜 그랬을까? 책 말미에서 요나는 이렇게 말한다. "오 하나님, 제가 화가 난 이유를 모르시겠습니까? 하나님께서는 제 백성의 원수인 이들이 돌이키게 하셔서 멸망당하지 않도록 하셨습니다. 그러실 줄 알았습니다. 그래서 제가 가지 않으려고 한 것입니다. 하나님께서는 40일 내로 돌이키지 않으면 모두가 죽음을 면치 못할 것이라는 심판의 메시지를 전하라고 저를 보내셨습니다. 하나님께서 저를 보내지 않으셨다면, 저들은 하루라도 빨리 지옥으로 떨어졌을 것입니다. 하지만 하나님께서는 저들이 돌이키도록 심판의 메시지로 저를 보내셨습니다. 어떻게 그걸 알았느냐고요? 하나님의 책에 다 나와 있습니다. '여호와라. 여호와라. 자비롭고 은혜롭고 노하기를 더디 하고 인자와 진실이 많은 하나님이라. 인자를 천대까지 베풀며 악과 과실과 죄를 용서하리라. 그러나 벌을 면죄하지는 아니하고 아버지의 악행을 자손 삼사대까지 보응하리라'고 출애굽기 34장에 그대로 나와 있습니다"(출 34:6-7, 욘 4:2 참조). 무엇이 문제인 줄 알겠는가? 요나가 말씀을 몰랐거나 믿지 않은 것이 아니다. 이는 전적으로 순종의 문제였다.

하나님과 동행한 에녹

하나님과 동행하는 설교자가 필요하다. 꾸준히, 일상적이고 요란하지 않게, 때로는 이루 말하기 힘든 곤경 가운데서 매주, 매달, 매해 하나님과 동행하는 설교자가 필요하다. 하나님과의 동행은 언제나 요란하게 드러나는 일이 아니기 때문이다.

성경에 보면, 하나님과 날마다 동행하며 충실한 삶을 산 설교자의 전형을 발견할 수 있다. 노아의 홍수 이전에 대한 루터의 견해는 이미 언급한 바 있다. 루터는 노아의 홍수 시대 이전에 살았던 모든 하나님의 사람들을 가리켜 당대의 설교자요 각 가정의 제사장이었다고 말했다. 물론 그들 대부분이 설교자로 명시된 것은 아니다. 하지만 여기 한 사람, 에녹만큼은 분명하다. 창세기 5장은 두 번씩이나 그를 일컬어 "하나님과 동행했다"고 말한다. 이것이 바로 내가 에녹을 이야기하려는 이유다.

에녹에 관한 기록은 구약성경보다 신약성경에 더 많다(구약은 50번 언급한 반면, 신약은 90번 언급한다)는 것은, 매우 흥미로운 사실이 아닐 수 없다. 유다서가 에녹에 대한 교훈을 담고 있고(14-15절), 히브리서에도 그의 이름이 나온다(11:5).

유다서는 에녹이 "아담의 칠대 손"이라고 밝힌다. 성경에서 누구 누구의 칠대 손, 심지어 오대 손, 사대 손이라고 일컬어지는 사람이 있는가? 그리스도의 족보를 언급하면서 십사대씩 세 번 구분하는 경우 외에는 내가 알기로는 아무도 없다. 왜 유다서는 에녹을 아담의 칠대 손이라 명시하는가? 창세기 4장에 비추어 5장을 살펴보면 그 이유가 드러나는데, 창세기 4장과 5장에는 한 명이 아닌 두 명의 에녹이 나온다. 창세기 4장에는 불경건한 가인의 계보가 나오고 창세기 5장에는 경건한 셋의 계보가 나오는데, 셋과 가인의 계보 모두에 에녹이라는 이름이 나온다. 가인 계보의 에녹은 아담의 손자, 곧 가인의 아들이다. 셋 계열의 에녹은 아담의 칠대 손으로 야렛의 아들이고, 그의 아들은 므두셀라다. 유다서는 말한다. "경건한 삶이 무엇인지 보여주는 위대한 예가 있다. 바로 에녹이다. 하지만 오해하지 말라. 잘못된 모범을 따라가지 말라. 하나님께도 에녹이 있었고, 마귀에게도 자신의 에녹이 있었다. 너희는 하나님께 속한 에녹을 본받기를 바란다."

여기에는 삶을 이해하는 중요한 원리가 담겨 있다. 하나님께도 자기 백성이 있고, 마귀에게도 자기 백성이 있다. 마귀에게도 자기에게 속한 의사가 있고, 하나님께도 자기에게 속한 의사가 있다. 주부도 마찬가지고, 변호사도 마찬가지다. 유다서를 통해서 하나님은 말씀하신다. "설교자라고 해서 다 내게 속한 것이 아니다. 마귀를 주인으로 모신 설교자가 있고, 나에게 속한 설교자가 있다. 너희는 나의 설교자들을 본받으라."

또한 유다서는 에녹의 설교에 대해서도 언급하며, 에녹이 심판의 메시지를 전했다고 말한다. 이는 창세기를 읽으면서 새롭게 발견한 사실이었다. 노아의 홍수 이전에 살았던 신자들 역시 구원자의 오심을 기다렸다고 생각한다. 그러나 구원자가 오실 것에 대해 잘 알지는 못했다. 원시복음이라 불리는 메시아에 대한 첫 예언은 창세기 3장 뱀을 저주하는 장면에서 등장한다. 하나님께서 말씀하신다. "내가 구원자를 보내리니 그는 여인의 후손이 되어, 사탄이 그의 발꿈치를 상하게 할지라도 그는 사탄의 머리를 부스러뜨리리라"(창 3:15 참조). 홍수 이전에 아담과 하와와 다른 사람들은 이 소망을 바라보고 살았다. 하지만 에녹과 더불어 다음 계시가 주어졌다. "참으로 하나님께서 임하실 것이다. 구원자로 오시기 전에 먼저 심판자로 오실 것인데, 홍수 심판이 있을 것이다." 성경은 이렇게 기록하고 있다. "보라, 주께서 그 수만의 거룩한 자와 함께 임하셨나니 이는 뭇사람을 심판하사"(유 14-15).

그렇다면 왜 하나님은 모든 사람의 심판자로 임하셨는가? 에녹은 우리의 악함 때문이라고 말한다. "모든 경건하지 않은 자가 경건하지 않게 행한 모든 경건하지 않은 일과 또 경건하지 않은 죄인들이 주를 거슬러 한 모든 완악한 말로 말미암아 그들을 정죄하려" 임하셨다(15절). 에녹이 이 구절에서만 "경건하지 않은"이라는 말을 몇 번 사용하는가? 네 번이다! 내 성경을 가지고 말하면, 모두 스물여덟 분절로 이루어진 이 한 구절에 "경건하지 않은"이라는 말이 무려 네 번이나 등장한다. 성경에 기록된 에녹의 설교 가운데 7분의 1이 당시의 불경건에 초점을 맞추고 있다.

이는 무엇을 말하는가? 이것은 "에녹이 하나님과 동행하였더라"는 창세기의 언급이 무슨 뜻인지 이해할 수 있는 실마리를 준다. 유다서는 "경건하지 않은"이라는 표현을 네 번 사용하지만, 창세기는 "에녹이 하나님과 동행했다"고 두 번 언급한다. 에녹은 65세가 되던 해에 므두셀라를 낳았다. 그는 므두셀라의 아버지가 된 이후 300년 동안을 하나님과 동행했고, 다른 자녀들도 낳았다. 에녹은 이 땅에서 365세를 향유하는 동안 65세 이후로는 줄곧 하나님과 동행했다. 그가 65세가 되던 해에 임박한 심판과 관련한 계시를 받은 것으로 보인다. 이로 인해 그는 무슨 일이 일어날지를 알고 있었다. 그는 당시 만연한 불경건을 보았다. 심판에 대한 계시를 받기 전에도 하나님을 믿었지만, 그 계시를 받은 이후 당시 만연한 불경건 속에서도 하나님과 동행하기로 결심했고, 그 후로 365세에 하나님이 그를 취하실 때까지 순간순간 하나님과 동행했다. 그런 그를 가리켜 창세기는 "에녹이 하나님과 동행하였더라"고 말한다.

이는 에녹이 마음 내킬 때만 하나님과 동행한 것을 의미하지 않는다. 300년은 아주 긴 시간이다. 무엇이 에녹을 300년 동안 하나님과 동행하며 살도록 했는가? 그는 심판이 임박한 것을 알았다. 에녹은 당대의 불경건에 민감했다. 임박한 심판의 그림자가 짙게 드리워질수록 더욱더 하나님께로 이끌렸다. 당시 에녹의 상황을 그려보면, 임박한 심판과 당대의 불경건과 경건한 에녹의 반응을 하나의 원으로 그릴 수 있고, 서로에 대한 영향을 화살표로 나타낼 수 있다. 심판에 대해 알면 알수록 에녹은 죄에 대해 더욱 민감해져 갔다. 죄에 더 민감해질수록 에녹은 하나님과 더 가까이 동행했으며, 하나님과 더 가까이 동행할수록 하나님의 심판을 의식했다. 이렇게 말할 수도 있다. 심판이 임박했음을 알면 알수록 하나님과 더 가까이 동행하고, 하나님과 더 가까이 동행할수록 불경건을 더 민감히 느낀 것이다.

하나님과 가까이 있을수록 죄로부터는 더욱 멀어진다. 반대로, 죄를 고집할수록 하나님과는 더욱 멀어진다. 하나님과 멀어지게 되면 죄를 죄가 아닌 다른 이름으로 부르게 될 것이다. 큰 죄인 교만은 "자존감"이나 "자존심"이라는 이름으로, 탐식과 물질주의는 "풍족한 생활"로, 불순종은 "단점"이라 표현하게 될 것이다. 십계명과 그 계명을 어기는 것에 대해서는 "실수"라고 말할 것이다. 오직 하나님께 가까이 갈 때에야 죄가 더욱 죄악되게 보이고, 그때에야 비로소 심판이 임하기 전에 돌이켜서 그리스도를 믿는 믿음 안에 거하라고 촉구하는 설교자가 될 수 있다.

앞에서 에녹에 관한 성경의 세 본문(창 5:21-24, 유 14-15, 히 11:5)을 언급했다. 그중 마지막 본문인 히브리서 11:5로 이 글을 마무리하려고 한다. "믿음으로 에녹은 죽음을 보지 않고 옮겨졌으니 하나님이 그를 옮기심으로 다시 보이지 아니하였느니라. 그는 옮겨지기 전에 하나님을 기쁘시게 하는 자라 하는 증거를 받았느니라."

우리 모두는 누군가를 기쁘게 하려고 한다. 이 시대의 설교자인 우리에게 영적 리더십이 결여된 이유는, 마땅히 리더십을 발휘하고 또 그렇게 할 수 있음에도 회중 혹은 사람의 마음에 들려고 조바심을 내기 때문이다. 이런 설교자는 리더로서의 역할을 두려워하고 움츠러들어, 제대로 자기 역할을 해낼 수 없다. 누구나 이런 성향을 가지고 있다. 누구나 사람들이 좋아하는 모습을 보고 싶어 한다. 나는 설교한 것이 만족스럽거나, 교인들이 예배당 문을 나서면서 "목사님, 정말 너무 좋은 설교였습니다"라고 말할 때면 정말 기쁘다. 그러나 사람을 기쁘게 할지 하나님을 기쁘시게 할지 선택해야 한다면, 지존자의 종이라고 일컫는 설교자는 하나님을 기쁘시게 하는 길을 선택해야 한다!

우리는 하나님을 기쁘시게 하기 위해 살고, 행하고, 설교하고, 증거해야 한다. 그럴 때에야 우리는, 마지막 심판날에 우리를 지으시고 설교자로 부르신 그분 앞에 서서 "여기 한평생을 다른 사람의 환심을 사려고 동분서주한 사람이 있다"가 아니라, "여기 한평생을 다른 그 무엇보다도 하나님을 기쁘시게 한 사람이 있다"는 말씀을 듣게 될 것이다. 자기 교회의 설교자를 찾는 사람이 있다면 바로 이런 사람을 찾아야 한다. 하나님을 기쁘시게 하기로 작정한 사람을 찾으라. 그러면 교회가 복을 받을 것이다. 뿐만 아니라 그 목회자도 복을 받을 것이다. 마지막 날 주님이 친히 오셔서, 설교자인 당신과 회중 모두에게 이렇게 말씀하실 것이다. "잘했다, 착하고 충성된 종아. 네 주님의 즐거움에 참여하여라."

3장 강해설교

데렉 토머스

하나님께서 영감을 불어넣으신 성경에 기반을 둔 강해설교 사역은 네 가지 목표를 동시에 이룬다. 곧 믿음과 지식으로 교회를 세우고, 신자들을 성숙으로 이끌어 영적으로 안정되게 하고, 일관되고 온전한 삶을 사는 사람을 만들며, 교회를 섬기도록 구비시켜 각 지체들이 다른 사람을 섬기는 일에 힘쓰도록 한다(엡 4:12-16).

전설적인 골퍼 잭 니클라우스는, 자신의 생애에서 가장 잘한 일은 "기초를 중히 여기는" 엄격한 스승 잭 그라우트를 만난 것이라고 했다. 그를 통해 골프의 기본기를 배웠고, 그 이후로 지금까지도 계속 그 기본기를 충실히 따른다는 것이다. 위대한 골퍼들과 마찬가지로, 위대한 설교자들 역시 그들이 따르는 기본적인 규칙이 있다. 기본적인 규칙을 더 부지런히 연습할수록 더 나은 설교자가 된다.

기본적인 규칙 중 하나는 웨스트민스터 회의Westminster Assembly of Divines의 목사들이 1645년에 작성한 공예배 지침서에 나와 있다. 산문체로 간명하게 쓰여져 지금은 다소 진부하게 들릴지도 모르지만, 처음 기록할 당시와 마찬가지로 여전히 유익한 내용을 담고 있다. 이 규칙에 따르면, 본문 말씀에서 논지를 도출할 때 설교자는 "본문에 포함되어 있거나 본문에 근거를 둔 진리를 설교함으로써, 하나님께서 그 본문을 통해 어떻게 진리를 가르치시는지 설교를 듣는 사람들이 깨달을 수 있게 해야 한다."[1] 다시 말해, 회중이 성경을 이해할 수 있도록 하는 것이 설교라는 것이다.

웨스트민스터 목사들이 기술한 이 원리는, 영국의 종교개혁자 윌리엄 퍼킨스William Perkins가 저술한 설교에 관한 첫 번째 책「설교의 기술 The Art of Prophesying」에서 말하는 것과 부합한다. 그 책에는 이런 가르침이 있다. "하나님의 말씀만을 설교하되, 말씀의 완전함과 정합성 가운데서 그렇게 해야 한다. 성경만이 설교의 유일한 주제이고, 설교자가 힘써 일구어야 할 유일한 밭이다."[2]

안 믿길지 모르지만, 퍼킨스는 설교자가 성경만을 설교해야 한다는 사실을 강조하는 것이 필요하다고 느꼈다. 바울이 디모데에게 촉구한 것처럼, 설교자의 일은 "말씀을 전파"하는 것이다(딤후 4:2).

이보다 더 일찍이, 바울은 고린도 교인들에게 자신과 동역자들은 "수많은 사람들처럼 하나님의 말씀을 혼잡하게 하지" 않는다고 했다(고후 2:17). 여기서 바울이 사용한 단어는 '카펠류오 *kapeleuo*'로, '행상을 하다', '타락시키다', '속여 거래하다' 등의 다양한 의미로 표현된다. New Living Translation 성경은 이 절을 다음과 같이 표현한다. "우리는 말씀을 팔아서 먹고사는 도붓장수―많은 이들이 그렇게 하지만―와는 다르다." 이것은 고대 선술집과 관계된 말로, "섞어서 술을 만들고, 술에 물을 타서 질을 떨어뜨리고, 양을 속여 파는" 등의 행위를 가리킨다.[3] 바울은 지금 말씀을 다루면서 말씀의 순전함과 정직성이 손상될 것을 우려하고 있는 것이다.

바울은 어린 디모데에게 "진리의 말씀을 옳게 분별하며 부끄러울 것이 없는 일꾼으로 인정된 자로 자신을 하나님 앞에 드리기를 힘쓰라"고 말한다(딤후 2:15). 많은 번역 성경에서 '다루다' 혹은 '쪼개다'로 번역한 "분별하며"란 말은, 문자 그대로 하면 '자르다

*orthotomeo*를 뜻한다.⁴ 디모데는 좌로나 우로나 치우치지 말고 하나님 말씀의 바른길을 가야 했다. 그는 "말씀을 전파하는 일"을 해야 했다. 성경 말씀은 바울이 말한 대로 "하나님의 감동으로 된 것"이기 때문이다(딤후 3:16). 디모데는 오직 성경만 전하고, 선택한 본문을 충실하게 해설해야 했다.

강해설교는 성경영감설에 따른 필연적인 결론이다. 성경영감설은 인간이 쓴 것에 하나님의 영감이 깃들였다는 것이 아니라 성경 자체가 하나님의 영감에 의한 산물이라는 것이다. 성경을 읽을 때 우리의 느낌과는 상관없이, 성경은 "하나님의 감동으로 된" 책으로서의 특성을 갖는다. 그러므로 설교자는 하나님의 말씀을 알릴 뿐 아니라 말씀을 깨닫도록 해야 하고, 성경에서 말하는 바에 대해 가감 없이 전해야 한다. 앨릭 모티어Alec Motyer는 이렇게 쓰고 있다. "강해설교 사역은 하나님의 감동으로 된 성경에 대한 합당한 반응이다.⋯⋯ '강해'라는 말 뜻대로 있는 것을 그대로 펼쳐 보이는 것이 강해설교 사역의 핵심이다."⁵

하나님께서 영감을 불어넣으신 성경에 기반을 둔 강해설교 사역은 네 가지 목표를 동시에 이룬다. 곧 믿음과 지식으로 교회를 세우고, 신자들을 성숙으로 이끌어 영적으로 안정되게 하고, 일관되고 온전한 삶을 사는 사람을 만들며, 교회를 섬기도록 구비시켜 각 지체들이 다른 사람을 섬기는 일에 힘쓰도록 한다(엡 4:12-16).

장 칼뱅으로부터 제임스 보이스까지

성경의 영감을 믿은 16세기의 장 칼뱅은 강해 및 주석설교에 매진했다. 성경의 영감을 말하는 대표 구절인 디모데후서 3:16-17을 설명하면서, 제네바의 개혁자 칼뱅은 이렇게 주장했다. "하나님을 대하듯 경외함으로 성경을 대해야 한다. 성경에는 어떤 인간적인 기원도 찾아볼 수 없고, 오직 하나님께로부터만 비롯된 책이기 때문이다."[6]

그러므로 성경을 설교하기 위해서는 가장 철저한 준비가 필요하다. 칼뱅은 주일에는 디모데전후서를 설교하고, 주중에는 욥기서와 신명기를 설교했다. 신명기 6:16을 설명하면서 그는 이렇게 말했다.

> 내가 만일 강단에 올라가기 전에 다른 어떤 책도 보지 않기로 하고, 속으로는 '강단에 서면 하나님이 내게 할 말을 주실 거야'라고 생각하면서 무슨 말을 해야 할지 준비하기 위해 책을 읽거나 연구하지도 않고, 성경을 어떻게 회중에게 적용해야 할지 신경 쓰지 않은 채 강단에 올라간다면, 나는 주제넘고 어리석은 자로 행하는 것이다. 하나님께서는 나의 뻔뻔함으로 수치를 당하게 하실 것이다.[7]

칼뱅은 성경의 영감을 언급할 때마다 "구술dictation"이라는 말을 즐겨 사용했지만,[8] 그렇다고 그가 성경에 내포된 인간적인 요소를 인정하지 않은 것은 아니었다. 칼뱅은 자신의 초기 작품인 「기독교 강요」에서 성경을 기록한 일부 선지자들의 "품위 있고" "재기 넘치는" 문체와 다윗과 이사야의 "아름답고" "감칠맛 나는" 문체, 아모스와 예레미야, 스가랴의 "거친" 문체에 대해 언급한 적이 있다.[9] 이처럼 성경의 영감을 믿은 칼뱅은 성경 단어들의 의미와 문법과 구문, 문체와 원 저자의 의도, 배경과 조화로운 해석을 위해 많은 노력을 기울였다. 그처럼 많은 노력을 기울였기 때문에 그는 자신의 생을 마감하면서 유언에 이렇게 기록할 수 있었다. "나는 설교와 저작과 주석들을 통해서, 성경을 충실히 해석하고 말씀을 가감 없이 전하기 위해 전력을 다했다."[10]

1549년부터 1560년까지 칼뱅은 드니 라귀니에Denis Raqunier를 고용해 자신이 행한 모든 설교를 그대로 기록하도록 했다. 그 덕분에 2천 편이 넘는 설교들이 오늘날까지 남아서 우리에게 유익을 주고 있다. 그 설교들에 나타난 일관된 문체를 유지하는 것은 정말 놀라운 일이다. 칼뱅이 설교학에 대한 교본 같은 것을 저술한 적은 없지만, 그의 설교를 보면 그가 얼마나 강해설교 원리와 성경 본문을 순서대로 강해하는 연속 강해설교에 헌신했는지 알 수 있다.

칼뱅이 그랬던 것처럼(혹은 "황금의 입"이라고 불리는 요하네스 크리소스토무스가 그랬던 것처럼[11]), 반드시 성경의 각 책들을 한 번에 예닐곱 구절씩 연속적으로 강해할 필요는 없다. 본문 중심의 설교 역시 바른 주석 원리에 충실한 강해설교다. 그러나 역사를 보면, 연속 강해설교의 방법이 주는 유익이 상당할 뿐 아니라 성경에 대해 무지했던 시대에는 강해설교가 필수적이었다는 것을 알 수 있다. 스트라스부르로 강제 추방되었던(1538년 부활주일에 제네바에서 쫓겨났다)

칼뱅이 1541년 9월에 다시 돌아온 후, 정확히 3년 반 전에 그가 중단했던 그 본문에서부터 다시 설교를 시작한 사실만 보더라도, 칼뱅이 얼마나 이 원리에 충실했는지를 알 수 있다.[12]

최근까지 브라이언 채플Bryan Chapell과 존 맥아더, 그리고 그 이전의 마틴 로이드 존스D. Martyn Lloyd-Jones와 제임스 몽고메리 보이스 같은 설교자들이 강해설교의 중요성을 강조했다. 이들은 나름대로 강해설교의 필요성과 가치에 대한 저변을 확대하는 데 크게 기여했다.

그중에서도 특히 브라이언 채플은, 자신이 속한 진영은 물론 그 너머의 사람들까지 강해설교에 대한 열정을 갖도록 했다. 그가 쓴 책인 『그리스도 중심의 설교: 강해설교의 회복 *Christ-Centered Preaching: Redeeming the Expository Sermon*』은, 설교에 관한 책으로는 최고의 책 가운데 하나로 꼽힌다.[13] 이 책에서 그는 강해설교를 "특정한 성경 본문에서 저자의 의도를 밝혀 주고, 본문을 지배하는 논지와 하위 논지를 도출해 본문을 설명하면서, 회중의 삶에 적용하는 것"이라고 정의한다.[14]

수준 미달의 강해설교가 너무 많기 때문에 강해설교에 의문을 제기하는 사람들도 있다. 수준 미달의 강해설교가 많다는 것은 부정할 수 없는 사실이다. 구조나 형태에 대해서는 거의 신경도 쓰지 않으면서, 대충 설명만 하고 지나가는 경우가 많다. 신학교에서 설교학을 가르치는 한 사람으로서, 주석(아무리 좋은 주석이라도)을 여기저기서 짜깁기한 것과 설교는 구분되어야 할 필요를 느낀다. 본문을 이해하기 위해 필요한 주석 훈련은 설교를 작성하는 데 있어 첫걸음

일 뿐이다. 채플이 강조하는 것처럼, 설교는 단순히 정보를 전달하는 것 이상이다. 청중의 마음을 건드리지 못하는 설교는 실패한 설교다. 영국 케임브리지의 설교자인 찰스 시므온Charles Simeon은 단순하면서 의미심장하게 권고했다. "설교에서 본문을 이해하도록 지식을 전달하는 것은 필수적이지만, 위로를 주든 경건한 삶과 회개와 같은 거룩을 촉구하든 간에, 청중의 마음을 감동시켜야 한다."[15]

「강해설교의 재발견Rediscovering Expository Preaching」이라는 책에서 존 맥아더는 이렇게 쓰고 있다. "무오한 성경에 대해 논리적으로 가장 타당한 반응은……주석적인 설교다."[16] 여기서 그가 정의하는 주석이란 "성경의 원 독자들과 다음 세대 독자들에 대한 원 저자의 의도를 이해하고 선포하기 위해, 바른 해석학적 원리들을 성경 본문에 능숙하게 적용하는 것"이다.[17] 맥아더는 교회가 강해설교에 매진하지 않는 이유가 "자유주의의 유산" 때문이라고 말한다. 본문 비평과 자료 비평을 통해 성경 자체에 대한 신뢰가 사라졌기 때문에 설교자가 성경을 밝히 보일 목적을 상실했다는 것이다. 성경을 풀어 가는 대신에 설교자는 성경의 많은 부분을 변호하고, 자신의 언변과 수사로 성경의 부족을 보충해 주어야 할 필요를 느낀 것이다. 따라서 성경 무오에 대한 굳은 믿음이라는 토양에서만 강해설교가 무성해진다는 맥아더의 말은 옳다.

로이드 존스가 1969년 봄에 웨스트민스터 신학교(필라델피아)에서 했던 강의들이 「설교와 설교자Preaching and Preachers」란 책으로 출간되었다.[18] 이 책은 20세기 설교에 관한 고전이다. 이 책은 설교의 기술뿐 아니라 설교에 관한 아주 다양한 부분을 다루고 있다.

설교를 작성하는 방법뿐 아니라, 설교 전반에 대해 이 위대한 설교자의 생각이 담겨 있다. 이 책 처음 부분에, 로이드 존스는 특정한 진리 체계에 성경을 끼워 맞추지 말 것을 경고하는데, 설교를 준비하는 데 있어서 올바른 주석 훈련에 그가 얼마나 마음을 쏟고 있는지 잘 드러난다.

자신이 가진 체계를 성경의 특정한 본문에 무리하게 갖다 붙이는 것은 옳지 않다. 하지만 동시에 본문에 대한 해석은 성경에서 비롯된 진리와 교리 체계를 통해 검증할 수 있는 것이어야 한다. 일부 조직신학자들은 본문에 교리 체계를 무리하게 적용하려는 경향이 있다. 바꾸어 말하면, 이런 사람들은 설교를 위해 자신이 다루는 성경 본문에서 특정한 교리를 이끌어 내지 않는다. 교리 그 자체는 옳을지 몰라도, 자신이 다루는 본문에서 나온 것은 아니다. 우리는 항상 본문에 근거해서 성경을 해석해야 한다. 자신의 신학 체계를 특정한 본문이나 진술에 "무리하게" 적용한다는 내 말은 바로 이런 것을 두고 하는 말이다. 특정한 성경 본문에서 어떤 가르침을 발견했을 때, 그것이 성경의 핵심 교리 체계와 부합하는지를 조직신학으로 점검하고 통제하고 확증하는 것이 조직신학을 바로 사용하는 것이다.[19]

제임스 보이스는 강해설교를 믿었고, 또 강해설교를 자주 언급했다. 네 권으로 된 그의 로마서 설교집은 「주해 주석서 An Expositional Commentary」라고 불린다.[20] 이 외에도 다섯 권으로 된 요한복음 설교집[21] · 창세기[22] · 시편[23] · 소선지서[24] · 사도행전[25] · 에베소서[26] · 빌립보서[27] 설교집이 있는데, 다 같은 이름으로 불린다. 활자화되기 전에 이 책들은 모두 설교였다. 이 설교집들은 설교 스타일의 고전이라고 할 수 있다. 모두 간결하고, 논지가 분명하고, 구성이 잘 되어 있으며, 본문에서 도출된 진리를 입증해야 할 필요가 있을 때만 다른 성경구절을 인용한다. 보이스가 수석목사로 섬기는 동안 필라델피아 제10장로교회는, 풍성한 말씀의 진미를 즐긴 몇 안되는 회중 가운데 하나였다.

그릇된 설교의 예들

설교에 관한 좋은 책들이 있음에도 불구하고, 강해설교에 있어 그릇된 예들은 늘 있어 왔다. 그 원인과 영향도 다양하다. 대부분 설교 자체가 문제라기보다, 설교자들의 태도나 역량 부족이 문제인 경우가 많다. 다음과 같은 예들을 들 수 있다.

1. **청교도** 장 칼뱅을 제외하고 존 오웬 John Owen만큼 내 사고에 영향을 준 인물도 없다. 오웬을 통해 성화와 성경적 영성에 대해 이해할 수 있었으므로 내 영혼이 이 정도 보존되었다고 할 수 있다. 그 가치에 걸맞게 오웬의 저작들은 계속 출판되고 많은 사람들을 통해 연구되고 있다. 만일 성경과 다른 여섯 권의 책만 가지고 사막에 남겨져야 한다면, 나는 모든 규칙을 어기서라도 존 오웬의 열여섯 권 전집을 한 권으로 쳐서 포함시킬 것이다. 그렇게 할 수 없다면, 그의 전집 중 제2권 「하나님과의 교제 On Communion with God」를 여섯 권 중 하나에 포함시킬 것이다![28]

청교도들이 하나님의 말씀을 분명하게 설교했다는 사실에는 누구나 동의한다. 설교에 있어서 오웬, 조셉 홀 Joseph Hall, 토머스 굿윈 Thomas Goodwin, 리처드 십스 Richard Sibbes, 리처드 백스터 Richard Baxter, 토머스 맨턴 Thomas Manton, 스티븐 차녹 Stephen Charnock, 존 번연 John Bunyan 등을 따라갈 사람은 없다. 주석적인 견지에서 보면, 데니 Denney, 라이트풋 Lightfoot, 머리 Murray와 같은 후대 인물들의 설교를 이들에 견줄 수 있을 것이다. 맨턴의 야고보서 설교나, 그린힐 Greenhill의 에스겔서 설교, 젠킨 Jenkyn의 유다서 설교가 없었다면, 교회의 기반은 지금보다 더 약해졌을 것이다. 그들의 통찰력으로 교회는 여전히 많은 유익을 얻었다.

그럼에도 불구하고, 연속 강해설교에 있어서 청교도들이 항상 좋은 모델은 아니다. 극단적인 예로, 욥기를 가지고 24년에 걸쳐 424편을 설교한(욥기 각 장마다 평균 10편의 설교를 했다) 조셉 카릴 Joseph Caryl은, 욥기에 대한 설교 모델이나 강해설교 모델로 썩 좋은 경우는 아니다.[29] 청교도들은 교리에 지대한 관심을 가진 사람들이었고, 그 교리들을 다양한 상황에 탁월하게 적용했다(오늘날에도 이들의 설교가 큰 가치를 갖는 것은 바로 이 때문이다). 하지만 그때나 지금이나 성경 가운데 한 책으로 그처럼 오랫동안 긴 설교를 해야 하는 상황이 있을지는 미지수다. 무엇이든 일반화시켜 말하는 것은 위험하지만, 젊은 설교자들 가운데 성경의 한 책으로 그처럼 길고 오랫동안 설교를 해낼 수 있는 사람이 과연 몇이나 있을지 의문이다. 시대도 변하고 회중도 변했다. 대부분의 경우, 청교도들이 했던 것보다는 성경을 좀 더 빠른 속도로 설교해 가는 것이 지혜로울 것이다.

2. **마틴 로이드 존스** 의심할 바 없이, 로이드 존스는 20세기의 가장 위대한 설교자다. 그는 몇 세대에 걸쳐서 영미권 설교 스타일에 가장 큰 영향을 미쳤다. 영국에서 그의 로마서 설교(1955-1968년, 14년에 걸쳐 행한 설교)가 출판된 후에, 특히 많은 개혁주의 설교자들이 그의 설교를 모델로 삼으려고 애썼다.[30] 문제는 "그 의사the Doctor"의 주석과 설교 솜씨를 따라갈 사람이 극히 드물다는 데 있다. 역량은 되지 않는데 의욕만 앞서서 시작한 연속 강해설교 때문에 넌더리를 내는 회중들이 얼마나 많은지 모른다. 설교자의 은사나 성숙도, 회중의 구성 등 여러 이유로 어떤 상황에서는 가능하고 잘 들어맞던 설교가 다른 상황에서는 전혀 그렇지 못할 수도 있다.[31] 자신의 은사와 역량으로는 감당하지 못할 설교를 의욕이 앞서 시리즈로 시작했다가 소진되고 마는 설교자도 있다. 그런 사람은 깊은 바다보다는 안전한 해변에 머무는 것이 지혜롭다.

3. **찰스 스펄전** 영국 국교회의 라일 주교 J. C. Ryle는 세인트 폴 성당에서 행한 '설교의 단순성Simplicity in Preaching'이라는 탁월한 강좌에서 스펄전의 설교에 대해 이렇게 언급했다.

> 솔직히 저는 스펄전의 설교를 자주 읽습니다. 저는 이렇게 말하는 것이 조금도 부끄럽지 않습니다. 할 수만 있다면 모든 곳에서 설교에 대한 힌트를 얻고 싶습니다.……여러분이 스펄전의 설교를 읽고 있다면, 그가 설교를 얼마나 알기 쉽고 명료하게 나누고 아름답고 단순한 설명으로 채우는지 눈여겨보십시오. 의미를 파악하기가 얼마나 쉽습니까!……위대한 진리들이 쇠갈고리처럼 여러분의 마

음에 박혀서……절대 잊을 수 없을 것입니다!³²

내가 스펄전을 알고 사랑하기 시작한 것은 1977년이다. 스펄전의 설교 전집(62권)을 막 구입한 친구가 마음에 들지 않았던지 그것을 나에게 주었다! 그때부터 그의 설교를 읽기 시작했다. 때로는 큰 기쁨과 놀라움으로, 때로는 본문을 다루는 그의 방식에 당혹스러워하면서 계속 읽어 갔다.³³ 스펄전은 항상 본문 중심의 설교를 했다. 한 절 혹은 두 절만 가지고 설교하는 때도 많았다.³⁴ 그는 항상 강해설교를 지향했지만, 때로는 본문에 드러나지 않은 문제들을 설교에 포함시키기도 했다. 연속 강해설교는 한 번도 한 적이 없다. 그럼에도 불구하고, 이 위대한 19세기 침례교 설교자가 미친 유익한 영향은 가늠하기조차 어려울 정도다.

4. **구속사적 설교** 구속사적 설교를 좋아하는 사람은 과거의 강해설교 스타일에 아주 비판적이다. 이들은 아우구스티누스와 칼뱅이 문법적·역사적 해석학을 사용하면서 고전적인 이교도의 방법론과 유대 기독교 신학을 혼합해 버렸다고 생각한다. 구속사적 설교 모델을 보면, 성경 본문에 집중하고 연속 설교를 하기도 한다. 얼핏 들으면 강해설교 같은데, 항상 본문을 하나님의 구속 계획의 틀에서 역사적으로만 풀어 가려고 한다. 이 부분에 대해 우려하지 않을 수 없다. 이러한 설교는 구속사의 흐름을 설명하는 데 많은 시간을 할애한다. 제대로 하기만 하면 처음 들을 때는 정말 눈이 번쩍 뜨이는 설교일 수 있지만, 반복해서 듣는 사람들에게는 지루하고 식상할 뿐이다.

도덕적 설교(특히 인물 설교가 비판을 받는다)가 될 것을 우려한 나머지 구속사적 설교에서는 적용을 거의 하지 않는다. 지성에 호소하는 것은 많지만 마음에 호소하는 것은 거의 찾아볼 수 없다. 구속사적 설교를 주장하는 사람들의 설교는 많은 내용을 전달하지만, 어떤 식으로든 우리의 사고방식을 형성하는 적용은 하지 않는다. 시드니 그레이다너스Sidney Greidanus가 쓴 설교에 관한 빼어난 책도 그 부분에서는 예외가 아니다.[35]

여러 이유로 연속 강해설교를 포기하고 본문 설교로 돌아서는 사람들도 있다. 우리가 살펴본 것처럼, 연속 강해설교는 철저하게 주석적이다. 본문에 충실하고 바른 해석 원리에 따라 본문이나 성경구절을 주석하려고 애쓴다. 주일마다 본문에 따라 항상 "새로운 것"을 말할 수 있기 때문에 설교자가 똑같은 소리를 한다는 비난을 들을 필요가 없다. 추천할 점이 많은 설교 방법이다.

성경 본문과 상관없는 설교들

"본문이 말하는 바를 밝히 보이지" 못하는 많은 설교 형태들이 있다.

1. "제 생각을 말씀드리겠습니다"라는 식의 설교. 이런 설교는 본문으로 시작하지만, 그것은 설교자 자신의 "관심사"를 말하기 위한 구실일 뿐 결국에는 설교자의 의도대로 결론이 난다. 이런 설교는 해석이 빈약하다. 본문에서 말하는 하나님의 의도가 무엇인지 찾지 못한다. 열정은 넘쳐 보이지만 정확하지 않고, 간절하지만 공허하며, 적절한 것 같지만 사실은 본문과 전혀 상관이 없다.

2. "저는 요즘 벌코프의 조직신학을 읽고 있습니다"라는 식의 설교.[36] '본문에서 드러난 하나님의 의도가 무엇인가'를 묻기보다는, '본문은 내가 가진 조직신학의 어디에 해당하는가' 혹은 '본문에서 말하는 교리가 무엇인가'를 묻는다. 개혁주의 진영과 세대주의 진영에서 자주 취하는 방식이다. 이들은 특정한 형태의 진리를 본문에 적용하려고 한다. 이런 설교는 바울 서신을 다룰 때는 그나마 낫지만, 시가서나 역사서를 다룰 때는 여지없이 빗나가고 만다. 또한 이런 설교는 자신들이 가진 조직신학에서 정한 한계를 넘어서지 않으려고 매우 조심한다. 성경의 많은 본문들이 그렇게 할 것을 요구하지만, 너무 조심스런 나머지 성경 본문에 가까이 가지도 못한다. 조직신학적 구분과 틀에 따라 본문이 말하는 바를 왜곡하기 일쑤이고, 결과적으로는 본문의 자연스런 흐름에서 상당히 벗어난 말을 할 수밖에 없다.[37]

3. "신학교에서 배운 것이 있는데 그것을 함께 나누고자 합니다"라는 식의 설교. 극단적으로, 이런 설교는 히브리어나 헬라어가 가진 뜻을 설명하는 강의가 되고 만다. 설교자가 서재에서 끝냈어야 할 일을 강단까지 가지고 온 것이다. 단어 연구, 구문, 헬라어나 히브리어, 고고학, 본문의 변화, 원 저자의 의도, 문화적 배경 등을 크게 강조한다. 광범위한 본문 연구를 하는 이유는 본문을 주석하기 위한 것이다. 하지만 이런 식으로 강단에서 강의하는 것은, 성경의 세계와 회중의 세계라는 (가다머Gadamer와 티슬턴Thiselton이 사용하고, 존 스토트John Stott를 통해 대중화된 표현을 빌리자면) "두 지평 사이의 간극을 잇는" 것이 아니다.[38] 이런 설교는 강의처럼 들린다. 실제로

강의와 다름없다. 지적인 만족을 줄 수 있을지는 몰라도 감동을 불러일으키지는 못한다. 이런 설교는, 성경이 말하는 바를 특별한 소수의 사람—특별한 지혜와 통찰력이 있는 사람—만이 이해할 수 있는 것이라는 인상을 준다. 이런 설교로는 종교개혁자들이 강조한 성경의 명증성을 분명히 할 수 없다. "유식한 사람뿐만 아니라 무식한 사람일지라도 통상적인 방법을 적당하게 사용하기만 하면 성경을 충분히 이해할 수 있다."[39] 성경과 회중을 설교자가 이어 주는 개혁주의판 사제주의가 등장한 것이다.

4. "시간이 없는 관계로 자세한 설명은 생략하고 바로 적용으로 넘어 가겠습니다"라는 식의 설교. 설교자가 준비를 잘했을지 모르나, 회중들은 "설교자가 말하는 것이 본문에서 어떻게 나오게 된 것인지" 이해할 길이 없다. 회중들은 일방적으로 강의를 듣고 있는 것 같은 인상을 받거나, 자신들이 알지 못하는 무엇인가가 있을 것이라는(사실 그런 것도 없다) 느낌을 받는다. 회중은 성경 말씀을 더 잘 이해했다고 생각하지 못하고, 오히려 혼자서 말씀을 보는 편이 더 나았을 것이라는 느낌만 가지고 돌아간다.

성경을 순차적으로 연속 강해하는 방법

이번 주에는 로마서 본문, 다음 주에는 시편 본문, 그 다음 주에는 학개서 본문을 중심으로 삼고 강해설교를 할 수 있다(이런 방법은 때로는 바람직하기까지 하다). 그러나 성경을 보면, 어느 한 장에서 시작된 논증이 몇 장에 걸쳐서 계속 이어지지 않고 그 장에서 마무리되는 경우가 거의 없다. 이전 구절이나 다음에 이어지는 구절을 참고하지 않고 그 자체로만 이해할 수 있는 구절이 성경에는 그다지 많지 않기 때문이다. 설교를 시리즈로 해야 풀어 낼 수 있을 만큼 긴 논증이 항상 이어지는 것은 바울 서신이다. 이런 바울 서신을 설교할 때는 '연속 강해설교의 유익이 무엇인가'라는 질문을 할 필요가 있다.⁴⁰ 이 방법론을 통해 얻을 수 있는 여섯 가지 유익을 요약하는 말로 본 장을 마무리하겠다.

1. 강해설교는 회중이 전체 성경의 내용을 접할 수 있도록 한다. J. W. 알렉산더Alexander는 말한다. "교회마다 성경의 주요 책들을 철저하게 설교하도록 해야 한다. 한 설교자가 못다 하고 죽으면, 다음 세대에 걸쳐서 그렇게 할 수 있어야 한다. 성경의 위대한 진리 전체를 들을 수 있는 기회가 일생에 한번쯤은 모든 회중에게 제공되어야 하기 때문이다."⁴¹ 상대적으로 성경에 대한 무지가 만연한 세대에는, 설교자가 좋아하는 본문만을 여기저기 뽑아 설교하기보다는 전체 성경을 설교해야 할 필요가 더더욱 커진다. 한 세기 전에 윌리엄 테일러William Taylor는 이렇게 말했다.

> 목사가 단지 설교 방법을 강해설교로 바꾸었을 뿐인데, 오전 예배에만 오던 사람들이 다시 저녁 예배로 모이기 시작했다. 그뿐 아니라 다른 사람들까지 데리고 오는 바람에, 듬성듬성하던 저녁 예배당이 다시 사람들로 차기 시작했다. 그냥 어쩌다가 참석한 사람들조차 돌아가면서 "하나님의 말씀에 대한 새로운 관심이 생겼다"고 말할 정도로 그 결과는 분명했다.⁴²

2. 강해설교는 성경에서 사람들이 잘 읽지 않는 부분까지 다룬다. 성경이 "하나님의 감동으로" 되었다는 말은, 하나님께서 쓰신 증거가 성경 전체—"모든 성경"—에 나타나 있다는 뜻이다(딤후 3:16-17). 그럼에도 성경의 어떤 부분은 아예 무시할 정도로, 우리의 지식과 거룩은 너무나 온전하지 못하다. 성경 전체를 설교할 수 있도록 계획을 짜 놓지 않고서 어떤 설교자가 스가랴서나 예레미야서, 요한계시록을(귀에 익은 몇몇 구절 말고) 본문으로 삼아 설교하겠는가? 연속 강해설교를 통해 억지로라도 설교하지 않으면 성경의 많은 부분을 건드려 보지도 않은 채 그냥 지나칠 것이다.

3. 강해설교를 통해 설교자는 회중들이 부주의하게 성경을 읽지 않도록 할 수 있다. 많은 그리스도인들이 성경의 많은 부분을 거의 펼쳐 보지도 않는다. 성경 본문은 회중들에게, 「반지의 제왕」에서 간달프와 아라곤을 두렵게 했던 모리아 광산보다 더 큰 두려움을 불러 일으킨다.[43] 결과적으로, 성경은 사람들이 좋아하는 몇몇 구절들만 담긴 책으로 전락하고, 그 구절들만 탁한 물 위를 건너가도록 놓인 징검다리처럼 강조되고 부각된다. 어려운 구절은 다 빼 놓고, 본문을 듬성듬성 다루는 설교자 때문에 이런 경향은 더욱 심화된다. 이에 반해, 연속 강해설교는 개인적으로 바른 성경 연구 습관을 갖도록 해준다. 회중들은 매주일 상대적으로 모호한 구절을 본문으로 하는 설교를 들으며, 필요한 성경 해석의 원리를 거의 스펀지처럼 빨아들인다.

바울은 골로새 교회에게 자신이 "마땅히(plainly, 헬라어 *phanerosis*는 '베일을 벗기다', '쉽게 설명해 주다'는 뜻이 있다) 할 말로써" 그리스도의 비밀을 나타낼 수 있도록 기도를 부탁한다. 이 말은 원래 본문에 있는 그대로를 나타낼 수 있도록 기도해 달라고 하는 것이다. 마찬가지로, 바울은 고린도에서 설교할 때 "하나님의 말씀을 혼잡하게 하지 아니하고 오직 진리를 나타냈다"고 주장한다(고후 4:2). (사람들이 바라는 말을 하기 위해) 말씀을 왜곡하기를 거부하면서 원래 말씀에 있던 것을 가감 없이 그대로 "드러냈다*phanerosis*"고 주장한다. 매주 그와 같은 말씀을 들은 회중의 마음이 견고해진 것은 당연한 일이다.

설교자의 마음을 가장 뿌듯하게 하는 경험 가운데 하나는, 설교자가 강단에서 수도 없이 되풀이했던(설령 의도하지 않고 그렇게 했더라도) 말씀을 회중 가운데 누군가 성경 본문으로부터 끄집어내는 것을 듣는 것이다.[44] 로버트 대브니Robert Dabney는 이렇게 말한다.

> 목회적 가르침의 가장 주된 목적은 회중들이 스스로 성경을 읽을 수 있도록 가르치는 것이다. 닫혀진 책이 재미있을 리 없다. 이해의 열쇠를 가지고 성경을 읽지 않는다면, 성경은 그들에게 교훈을 줄 수 없다. 설교자의 일은 강단에서 말씀을 해석하는 모범을 보임으로써 어떻게 말씀을 읽어야 하는지를 회중들에게 가르치는 것이다. 목회자는 실제로 회중들이 보는 앞에서 말씀의 바른 의미를 끄집어내는 법을 선보여야 한다. 그러나 아무리 탁월하다 하더라도 단편적인 설교로는 결코 그렇게 할 수 없다.[45]

1995년에 한 인터뷰에서 존 스토트는 이렇게 말한다.

우리는 성경이 본문을 통해서 실제로 말하는 바가 무엇인지, 우리가 알아내는 것처럼 회중들도 알 수 있기를 바란다.……설교자가 강단에서 그렇게 하는 것을 통해 회중들은 성경이 교훈하고 있는 것이 무엇인지 배울 뿐 아니라, 성경이 말하는 것을 가지고 우리가 어떻게 회중에게 나아가는지도 배운다. 그렇기 때문에 우리는 회중들에게 우리가 [성경 본문을] 어떻게 해석하는지를 보여주어야 한다.[46]

4. **강해설교는 회중들에게 성경의 관심사를 총체적으로 드러내는 유일한 방법이다.**[47] 설교자는 굳이 이혼이나 일부다처제, 근친상간과 같은 문제를 설교주제로 선택할 필요가 없다. 성경을 주석하면서 자연스럽게 그런 문제들이 드러나기 때문이다.[48] 말씀이 "혼잡하게" 되기 시작하면 회중들은 목사가 의도를 가지고 설교한다고 비난할 것이다. "오늘 아침에 우리가 살피는 본문에 이 주제가 분명히 드러나 있습니다!"라고 말할 수 있는 설교자는 복되다. 연속 강해설교 lectio continua만이 성경이 다루고 있는 모든 주제를 다 언급할 수 있다. 또한 잘 알지 못했던 성경구절들 가운데 우리를 그리스도의 형상으로 지어 가기 위해 기록된 진리를 담고 있는 구절들을 발견할 수 있다.

5. **강해설교는 매주 회중이 관심을 갖고 말씀을 듣도록 다양성을 제공한다.** 다양성이 삶에 풍미를 더할 수 있다면, 강단은 항상 새로운 도전과 풍경을 제공하는 변화무쌍한 여행과 같은 설교 스타일을 통해 그 다양성을 보여줄 필요가 있다.

톨킨의 서사시적 작품인 「반지의 제왕」에 사람들이 그토록 열광

하는 것은, 그 작품이 갖고 있는 다양한 스타일 때문이다. 격렬하고 긴장된 순간 사이사이에 인물이나 배경과 관련된 느린 전개가 이루어진다. 긴장 없이는 느린 전개가 이루어질 수 없다. 천천히 전개되는 순간이 없으면 드라마틱한 장면도 힘을 잃는다. 리벤델과 호비튼에서부터 시작된 호빗들의 여정을 지켜보지 않았다면, 모리아 광산을 거쳐 카잣둠의 다리에 이르는 여정을 제대로 이해하지 못했을 것이다.

연속 강해설교라고 해서 모든 설교가 격한 감정을 불러일으키는 것은 아니지만, 연속 강해설교를 통해서 극적이고 역동적인 본문이 의도하는 결과를 불러일으킬 수 있는 요소들이 제자리를 잡는다.[49]

6. 강해설교는 다른 그 어떤 방법보다 설교자가 설교에 대해 미리 생각하고 준비하도록 돕는다. 강해설교를 통해 설교자는 본문을 택해야 할 부담(정한 본문에서 무엇을 설교해야 할지 생각이 나지 않으면, 계속해서 본문을 찾아 헤매야 한다![50])에서 자유로워질 수 있을 뿐 아니라, 본문에 대해 미리 많은 생각을 해보게 된다. 지속적으로 본문을 검토함으로써 어떤 내용이 언제 어떻게 전개될지 설교자가 미리 안다면, 어떤 주제는 더 강조하고 어떤 주제는 덜 강조할 수 있다. 성경 가운데는 "알기 어려운" 내용이 있기 마련인데(벧후 3:16), 설교자는 이런 내용을 미리 살펴볼 수 있게 되는 것이다.

책별 설교든 연속 설교든, 충실한 강해설교가 "가장 정확한 설교다"라고 스토트는 말한다. 그는 또 이렇게 덧붙인다.

이 같은 이유 때문에 강해설교가 드물 수밖에 없는지도 모른다. 오직 사도의 모범을 따라 다음과 같이 말할 준비가 된 사람만이 그렇게 할 수 있을 것이다. "우리가 하나님의 말씀을 제쳐 놓고 접대를 일삼는 것이 마땅하지 아니하니……우리는 오로지 기도하는 일과 말씀 사역에 힘쓰리라"(행 6:2, 4). 말씀을 체계적으로 연구하지 않고서 말씀을 설교하는 것은 불가능하다. 매일 읽는 성경에서 몇 구절 훑어보거나, 설교를 해야 하기 때문에 본문을 살피는 것으로는 충분치 않다. 결코 충분치 않다. 우리는 날마다 말씀에 잠겨야 한다. 현미경으로 몇 구절을 세세히 살피듯이 연구하는 것으로 그치지 말고, 인간의 구속에 드러난 하나님의 주권이라는 위대한 주제와 연결하여 망원경으로 조망하듯이 하나님 말씀의 전체 그림을 조망하고 훑어야 한다. 스펄전은 말한다. "그 혈관에는 성경이 흐르고, 성경의 언어로 말하고, 삶에서는 성경의 진수가 흘러나오는 사람, 그 영혼이 하나님 말씀의 향기를 발하기까지 성경을 먹어 말씀의 영혼이 된 사람은 복이 있다."[51]

마틴 로이드 존스의 설교에 대해 언급하면서 패커 J. I. Packer는 이렇게 말한다.

설교 중에 이따금씩 내용을 강조하고 송영을 발할 때 로이드 존스처럼 하나님의 실체에 대한 실제적인 느낌을 전하는 설교자를 본 적이 없다. 그러나 그의 설교는 본문으로부터 도출한 단순한 생각에 기반을 둔 명쾌하고 차분한 분석과 묵상, 책망, 교훈이 주를 이루고, 예화나 꾸미는 말은 최소화한다. 하나님께서는 사람의 지성을 통해 마음으로 나아가신다는 사실을 잘 알았던 그는(복음이 하는 가장 첫 번째 일은 사람으로 생각하게 하는 것이라고 그는 자주 말했다), 사람들이 생각하고 그 생각을 통해서 진리를 깨닫도록 돕기 위해 설교했다. 사람들은 이렇게 진리를 이해해 가는 과정을 통해 진리의 하나님께 사로잡히게 되었다.[52]

요컨대, 오늘날 우리에게는 성경 메시지를 드러내고 하나님의 임재의 실체를 전달하는 설교가 절실히 필요하다. 충실한 강해설교만이 그렇게 할 수 있다.

4장 체험적 설교

조엘 비키

체험적 설교는 본문에다 체험적인 부분을 덧대는 것이 아니다. 오히려 성령의 조명을 통해 본문에서 신자들이 겪는 참된 체험을 건져 올린다. 목사는 성령께서 복 주심으로, 체험적 설교를 통해 신자들이 진정으로 자라날 수 있도록 말씀의 신령한 젖을 항상 준비해야 한다(벧전 2:2, 롬 10:14).

미육군 예비역으로 근무할 때, 하루는 상관이 내 어깨에 손을 얹고 이렇게 말했다. "전장에 나가게 되면 자네는 필요한 전술이 무엇인지, 어떻게 전투가 전개되는지(대개는 생각하는 것과는 전혀 다른 방향으로 전개된다), 전투의 목적이 무엇인지, 이 세 가지를 반드시 알아야 하네." 전투에 대한 실제적인 이해에서 나온 그 상관의 말은, 나에게 체험적인 신앙과 설교에 대한 통찰력을 주었다.

개혁주의 체험적 설교라는 중요한 주제를 다루면서, 나는 다음 다섯 가지를 살펴보려고 한다.

1. 체험적 신앙과 설교란 무엇인가?
2. 설교가 체험적이어야 하는 이유는 무엇인가?
3. 체험적 설교가 갖는 핵심적인 특징은 무엇인가?
4. 목사의 일상적인 경건이 효과적인 목회에 필수적인 이유는 무엇인가?
5. 신앙의 선배들의 체험적 설교를 통해 우리가 삶에서 실제적으로 배울 수 있는 교훈은 무엇인가?

체험적 신앙과 설교에 대한 정의

그리스도인이 어떻게 자신의 삶에서 기독교 진리를 경험하는가 하는 엄중한 문제를 다루는 것이 경험적experiential 설교, 혹은 "체험적experimental" 설교라고 말할 수 있다. "체험적"이라는 말은 실험trial을 뜻하는 라틴어 '엑스페리멘툼experimentum'에서 왔고, 이 말은 '시험하다, 입증하다, 평가하다'라는 뜻의 동사 '엑스페리어experior'에서 비롯되었다. '경험으로 알다, 발견하다'라는 뜻도 갖는 이 동사에서, 경험을 통해 얻은 지식을 뜻하는 단어 '엑스페리멘티아experimentia'가 왔다. 장 칼뱅은 "경험적"이라는 말과 "체험적"이라는 말을 번갈아서 썼다. 성경적 설교에서 이 두 단어 모두, 체험을 통해 얻은 지식은 항상 성경이라는 시금석에 비추어 볼 필요가 있다는 것을 뜻하기 때문이다.

체험적 설교는 하나님의 말씀의 위대한 진리를 맛보아 알아야 한다고 강조한다. 체험적 설교는 이렇게 정의해 볼 수 있다. "일이 어떻게 되어야 하는지, 실제로 일이 어떻게 되어 가는지, 그리스도인의 삶의 목적이 무엇인지를 성경 진리에 비추어 밝히 보이려는 설교다." 이러한 설교는 가족, 교회, 세상과의 관계를 포함해서 신자 개인이 경험하는 삶의 전 영역에 하나님의 진리를 적용하려고 할 것이다.

체험적 설교에 대해 폴 헴Paul Helm은 다음과 같이 적고 있다.

작금의 상황은 그리스도인의 삶의 전 영역을 다루는 설교와 고도의 체험 신학을 필요로 한다. 설교는 그리스도인이 삶에서 실제 경험하는 것을 지도하고 교훈할 수 있어야 한다. 비실제적인 것을 다루거나 마치 회중이 전혀 다른 시대나 환경에 사는 것처럼 설교해서는 안된다. 우리가 사는 오늘날의 상황을 제대로 다루고 그리스도인의 실제적인 경험과 소망과 두려움에 깊이 공감하면서 참여할 수 있게 하는 설교여야 한다.[1]

체험적 설교는 차별적이다. 그리스도인과 비그리스도인을 명확히 가른다. 어떤 사람에게는 하나님 나라를 열고, 어떤 사람에게는 닫아 버린다. 참 믿음으로 그리스도를 주와 구주로 영접하는 모든 사람에게 죄 용서와 영생을 약속하지만, 믿지 않고 회개하지 않으며 돌이키지 않는 사람에게는 하나님의 진노와 영원한 멸망을 선언한다. 이런 설교는, 우리의 신앙이 체험적인 신앙이 아니면 멸망받을 것이라고 말한다. 이는 체험 자체가 구원을 가져오기 때문이 아니라, 각 사람마다 죄인을 구원하신 그리스도를 삶의 토대로서 반드시 경험해야 하기 때문이다(마 7:22-27, 고전 1:30, 2:2).

체험적 설교는 실제적이다. 성경 본문을 청중의 삶의 모든 부분에 적용함으로써, "경건의 모양"이 아니라 "경건의 능력"을 갖추게 한다(딤후 3:5). 로버트 번즈Robert Burns는 이러한 신앙을 다음과 같이 정의했다. "기독교 신앙은 사람에게 자신의 본분과 참된 사랑을 일깨워 준다. 이는 기독교 신앙이 알고 이해하고 믿는 것일 뿐 아니라, 느끼고 누리고 실제로 적용해야 하는 것이라는 원리에 기반하고 있기 때문이다."[2]

이처럼 체험적 설교는 반드시 경험하고 맛보고 구원하는 성령의 능력을 통해 삶으로 구현해야 하는 것이 기독교 신앙이라고 가르칠 뿐 아니라, 성경 진리를 앎으로써 "그리스도 예수 안에 있는 믿음으로 말미암아 구원에 이르는 지혜가 있게" 된다고 가르친다(딤후 3:15). 특히 이런 설교는 살아 있는 말씀이자 진리의 현현이신 그리스도(요 1:1)를 체험적으로 알고 영접해야 한다고 가르친다. 또한 죄인들이 하나님의 아들 안에서 하나님이 누구신지 알아야 한다고 선언한다. 요한복음 17:3에서 "영생은 곧 유일하신 참 하나님과 그가 보내신 자 예수 그리스도를 아는 것이니이다"라고 말하는 것과 같다. 성경의 다른 곳과 마찬가지로, 본문에서 안다는 말은 우연히 또는 무심결에 아는 것을 가리키지 않고, 깊고 지속적인 관계 속에서 아는 것을 말한다. 예를 들어, 창세기 4:1 전반부에 나오는 안다는 말은 결혼한 부부 간에 누리는 친밀한 사귐을 가리킨다. "아담이 그의 아내 하와와 동침하매(And Adam knew Eve his wife, KJV) 하와가 임신하여 가인을 낳고." 체험적 설교는 그리스도 안에서 하나님을 개인적으로 친밀하게 아는 것을 강조한다.

이러한 지식은 결코 성경과 분리될 수 없다. 이사야 8:20에 따르면, 우리의 체험을 비롯한 모든 신앙은 반드시 성경으로 검증받아야 한다. 이것이 바로 "체험experiment"이라는 말에서 비롯된 "체험적experimental"이라는 말이 전달하고자 하는 정확한 의미다. 과학적 실험이 증거를 가지고 가설을 검증하는 것처럼, 체험적 설교는 하나님 말씀의 가르침에 비추어 경험을 보는 것이다.

하나님의 말씀에 기반을 둔 개혁주의 체험적 설교는 인간 중심적이기보다는 하나님 중심적이다. 어떤 사람들은 청교도들이 추구한 경건한 체험이 인간 중심적 열심에서 나온 것이라고 비난한다. 하지만 패커가 주장하듯이, 청교도들은 자신들의 체험을 위해 성령의 역사를 구한 것이 아니라 오히려 자신을 버리고 그리스도께 사로잡혀서 삼위 하나님과의 교제 가운데로 들어간 사람들이었다.

삼위 하나님과의 교제를 향한 열망은, 체험적 설교가 신자의 양심만을 다루는 것이 아니라, 교회와 세상에서 신자가 누리는 관계까지 다루고 있다는 것을 뜻한다. 만일 체험적 설교가 내가 하나님과 누리는 관계와 경험만을 다루는 것으로 그친다면, 가족과 교회 지체들과 사회와 누리는 관계에까지는 영향을 주지 못할 것이고, 나는 여전히 자기중심적으로 남아 있을 것이다. 그러나 진정한 체험적 설교를 통해 신자는 그리스도인으로서 생명력 넘치는 체험 가운데 살게 되고, 이웃을 향한 사랑으로 타오를 뿐 아니라, 하나님과 그분의 영광을 향한 사랑으로 촉발될 것이다. 이런 신자는 복음을 전하는 자가 될 수밖에 없다. 생명력 넘치는 체험과 선교를 향한 마음은 서로 나누어 생각할 수 없기 때문이다.

요컨대, 개혁주의 체험적 설교는 그리스도인의 삶의 전 영역을 다룬다. 이런 설교는 복 주시는 성령을 통해 신자의 전 존재와 행실을 변화시켜 더욱더 구주를 닮아 가도록 한다.

19세기 초반까지만 해도 많은 개혁주의 목회자들이 체험적 설교를 했다. 1857년에 프랜시스 웨일랜드Francis Wayland는 「침례 교회의 원리와 실제 *Notes on the Principles and Practices of the Baptist Churches*」라는 책에서 이렇게 기록했다.

우리 목사들이 사역했던 것을 보면, 사람들을 하나님께로 돌이키는 것이 그들 삶의 주된 목적이었음을 알 수 있다. 그들은 정말로 체험적 설교라고 하는 것에 탁월했다. 그들의 설교를 들어 보면, 복음 진리의 영향 아래 있는 영혼에게 일어나는 일들에 대해 그들이 얼마나 잘 알고 있었는지 알 수 있다. 죄를 확증하는 진리의 능력을 대면한 죄인의 마음, 자신이 얼마나 위험한지를 깨달은 죄인이 취하는 여러 가지 속임수, 그 모든 속임수에서 벗어나도록 하는 진리를 적용하는 것, 도무지 피할 곳이 없다는 것을 알게 된 죄인의 절망, 하나님을 향해 돌아서서 그리스도를 믿는 단순한 믿음, 새롭게 거듭난 삶의 기쁨과 자신이 처음으로 맛본 행복과 만족을 다른 사람에게도 알게 하려는 열망, 성화의 과정, 신자를 죄로 이끌려는 사탄의 계략, 원수의 공격을 능히 이겨 내는 법, 뒤로 미끄러질 위험과 그 증거들, 그리고 타락으로부터 다시 회복하는 길 등……. 지금은 거의 사라졌지만 이 같은 말들을 보면, 이전에 우리의 설교자들이 어떻게 했는지를 알 수 있다.[3]

요즈음 흔히 듣는 설교와 얼마나 다른가! 회중을 변화시키지 못하는 설교가 오늘날 얼마나 많은지 모른다. 이는 회중 개개인의 상태를 고려한 차별적인 설교도 아닐 뿐더러, 회중의 삶을 적용하는 데도 실패하기 때문이다. 이런 설교는 종교적인 강연이나 회중들의 비위를 맞추기 위한 아첨으로 전락하고 만다. 혹은 성경에 기반을 두지 않은 주관적인 설교로 끝나고 만다. 이런 설교는 개혁주의자들이 "생명력 있는 신앙"이라고 불렀던 것을 성경에서 끌어내지 못한다. 어떻게 죄인들이 구원받기 위해 자신의 의를 벗어 버리고 그리스도만을 의지하는 기쁨을 맛보게 되는지에 대해 아무 말도 해줄 수 없다. 성도들이 어떻게 하면 자신 안에 있는 죄와 싸우고, 타락을 이겨 내며, 그리스도 안에서 믿음으로 승리할 수 있는지 보여주지 못한다.

반면에, 체험적 설교 가운데 하나님의 말씀은 남자와 여자와 나라를 변화시키는, "구원을 주시는 하나님의 능력"이 된다(롬 1:16). 이런 설교는 지옥 문 앞을 막아서서, 거듭나지 못한 사람들에게 회개하고 돌이키지 않으면 그 문을 통해 영원히 지옥에 머물게 될 것이라고 선포한다(눅 13:1-9). 뿐만 아니라 천국 문 앞에 서서, 하나님의 은혜로 끝까지 거룩한 길을 가는 사람은 그 문을 지나 영원한 영광에 머물 것이고 그곳에서 삼위 하나님과 영원토록 거할 것이라고 선포한다.

이처럼 하나님의 자녀들이 이 땅에서 겪는 중요한 체험들을 정확하게 반영하고(롬 5:1-11), 구원하는 은혜의 표지들을 분명하게 나타내며(마 5:3-12, 갈 5:22-23), 신자와 불신자 모두에게 그들의 영원한 장래를 대면하도록 하는(계 21:1-9) 설교들은 분명 변화를 가져온다.

체험적 설교의 필요

다음과 같은 이유를 살펴보건대, 오늘날 설교 역시 체험적이어야 한다.

1. 성경이 체험적 설교를 명한다. 설교는 문법적이고 역사적인 주석에 뿌리를 박고 있을 뿐 아니라, 영적이고 실제적이며 경험적인 적용을 포함한다. 바울은 고린도전서 2:10-16에서 좋은 주석은 영적일 수밖에 없다고 말한다. 성령께서 항상 예수 그리스도를 증거하시기 때문에, 바른 주석은 새 언약에서뿐 아니라 옛 언약에서도 그리스도를 드러낸다. 고대의 모든 길이 로마로 통했듯이, 오늘날 성경 본문을 토대로 한 모든 설교는 궁극적으로 그리스도를 향한다. 예수님도 친히 이렇게 말씀하신다. "너희가 성경에서 영생을 얻는 줄 알고 성경을 연구하거니와 이 성경이 곧 내게 대하여 증언하는 것이니라"(요 5:39). 마찬가지로, 엠마오로 가는 두 제자와 함께 길을 걸으시면서도 예수님은 이렇게 말씀하셨다. "내가 너희와 함께 있을 때에 너희에게 말한 바 곧 모세의 율법과 선지자의 글과 시편에 나를 가리켜 기록된 모든 것이 이루어져야 하리라 한 말이 이것이라"(눅 24:44). 이처럼 영적인 주석은 곧 그리스도 중심적인 주석이고, 또한 그리스도를 통해 하나님께 모든 영광을 돌리는 신학적인 주석이 된다.

주석은 성경의 단어와 문법, 구문, 역사적 상황에 대한 바른 분석을 제공한다. 그러나 주석만으로는 참된 설교가 될 수 없다. 하나님 말씀의 문법적·역사적 의미만 제공하는 설교자는 설교가 아니라 강의를 하는 것이다. 체험적 설교는 바른 주석 작업(단어, 문법, 구문, 역사적 배경)의 중요성을 간과하지 않는다. 오히려 더 강조한다. 말씀을 적용하는 데까지 나아간다. 이런 적용은 개혁주의 설교의 핵심적인 요소다. 적용이 없으면 설교의 생명력도 사라진다.

체험적 설교가 무엇인지는 예수님의 산상설교에서 잘 드러난다. 예수님은 하늘나라의 참된 백성을 묘사하는 것으로 설교를 시작하신다. 팔복으로 잘 알려진 이 구절은, 그리스도인이 이 땅에서 경험하는 것을 아름답게 요약하고 있다(마 5:2-11). 처음 세 가지 복(심령이 가난한 자, 애통하는 자, 온유한 자의 복)은 신자 내면의 성품에 초점을 둔다. 네 번째 복(의에 주리고 목마른 자의 복)은 체험적 믿음의 핵심을 보여준다. 마지막 네 가지 복(긍휼히 여기는 자, 마음이 청결한 자, 화평케 하는 자, 핍박을 받는 자의 복)은 세상 속에서 발휘하는 믿음을 보여준다. 전체적으로 산상수훈은 이처럼 참된 경건의 표지를 드러낸다. 예수님의 설교 나머지 부분은, 신자의 삶을 통해 필연적으로 드러날 수밖에 없는 은혜의 열매들을 말한다.

2. 지식적인 믿음보다 참된 신앙이 더 중요하다. 참된 신앙은 체험적일 수밖에 없기 때문에, 설교 역시 하나님의 자녀들이 겪는 실제적인 체험과 관계된 것이어야 한다. 예를 들어, 신자들이 고난을 겪는 경우를 생각해 보자. 로마서 5:3-5은 말한다. "우리가 환난 중에도 즐거워하나니 이는 환난은 인내를, 인내는 연단을, 연단은 소망을 이루는 줄 앎이로다. 소망이 우리를 부끄럽게 하지 아니함은." 이 본문에서 바울은, 체험을 거룩한 고난으로부터 나오는 복과 마주 닿게 하는 중요한 고리로 말하고 있다.

바울의 편지는 체험적인 진리로 넘쳐난다. 그 예로, 로마서 7장은 타락한 인간의 현존에 슬퍼하는 신자의 모습을 보여준다. "오호라, 나는 곤고한 사람이로다"(24절). 로마서 8장은 성령께서 위로와 영광 가운데 계시하는 것을 통해서만 알 수 있는, 그리스도 안에 있는 신령한 부요함으로 신자들을 안내한다. 결론적으로, 바울은 신자가 이 땅에서 겪는 그 어떤 일도 그들을 그리스도 예수 안에 있는 하나님의 사랑에서 끊을 수 없다고 말한다.

체험적 설교는 살아 있는 교회와 하나님의 영광에 속한 위로를 드러내 보인다. 어느 설교자가 이사야 40장 첫머리를 체험에서 우러난 감흥도 없이 설교할 수 있단 말인가? "너희는 위로하라. 내 백성을 위로하라. 너희는 예루살렘의 마음에 닿도록 말하며 그것에게 외치라. 그 노역의 때가 끝났고 그 죄악이 사함을 받았느니라. 그의 모든 죄로 말미암아 여호와의 손에서 벌을 배나 받았느니라 할지니라"(1-2절). 체험적이지 못한 설교는 신자에게 생명과 능력과 위로를 주지 못할 뿐 아니라, 이사야가 40장 나머지 부분에서 웅변적으로 말하는 것처럼 하나님을 영화롭게 할 수도 없다.

3. 체험적 설교가 아니고는 우리 모두가 멸망에 이를 수밖에 없다. 체험 자체가 우리를 구원하는 것은 아니다. 신자는 오직 자신의 체험이나 자신의 믿음이 아닌, 그리스도만을 믿는다. 하지만 그 믿음은 체험적이다. 그리스도 예수라는 반석이 아니면 우리의 삶은 결국 무너져 내릴 수밖에 없다(마 7:22-27). 반석 위의 삶이 무엇을 말하는지 경험적으로 알지 못하는 설교자도 있을 것이다. 그러나 다른 사람을 그리스도께로 이끌고자 하는 사람은 무엇보다도 바울이 고린도전서에서 선언하는 것을 경험적으로 체득해야만 한다. "너희는 하나님으로부터 나서 그리스도 예수 안에 있고 예수는 하나님으로부터 나와서 우리에게 지혜와 의로움과 거룩함과 구원함이 되셨으니…… 내가 너희 중에서 예수 그리스도와 그가 십자가에 못 박

히신 것 외에는 아무것도 알지 아니하기로 작정하였음이라"(고전 1:30, 2:2).

체험적 설교의 특징

체험적 설교는 다음과 같은 특징이 있다.

1. **하나님의 말씀이 중심이다.** 설교는 바른 주석과 해석학적 원리를 따라 주해된 성경 본문으로부터 나온다. 예레미야 3:15이 말하는 것처럼, 하나님께서는 자기 백성을 "지식과 명철로" 먹이시기 위해 설교자를 주셨다. 제대로 된 설교는 본문에다 체험적인 부분을 덧대는 것이 아니다. 오히려 성령의 조명을 통해 본문에서 신자들이 겪는 참된 체험을 건져 올린다. 목사는 성령께서 복 주심으로, 체험적 설교를 통해 신자들이 진정으로 자라날 수 있도록 말씀의 신령한 젖을 항상 준비해야 한다(벧전 2:2, 롬 10:14).

하나님 말씀을 중심으로 한 체험적 설교는 비성경적인 신비주의의 위험을 피할 수 있다. 신비주의는 하나님의 말씀과 체험을 분리한다. 그러나 역사적 개혁주의 신앙은 하나님을 영화롭게 하고, 성령께서 역사하시는 말씀 중심의 체험적 신앙을 촉구한다. 이런 설교는 교회가 건강하게 자라가기 위해서 절대적으로 필요하다. 하나님께서는 오직 자신의 말씀을 통해서만 그분의 교회를 세우시고 자라가게 하신다(약 1:18).

2. **분별하는 설교다.** 신실한 목회자는 아담 안에 있는 사망과 그리스도 안에 있는 생명은 물론 율법과 복음을 강조함으로써, 헛된

것과 귀한 것을 가르듯(렘 15:19) 진리의 말씀을 잘 분변한다. 하나님의 은혜는 누구에게나 차별이 없다(마 13:24-30). 그러나 하나님께서 자기 백성들 가운데 행하시는 역사와 표지와 은혜의 열매들을 잘 설명함으로써, 택함 받은 자들을 격려하고 외식하는 자들이 가진 헛된 기대를 벗겨 내야 한다.

성경적인 체험적 설교는 하나님께서 선택을 통해 하시는 일과 그 목적을 강조한다. 빌립보서 2:13이 말하는 것과 같다. "너희 안에서 행하시는 이는 하나님이시니 자기의 기쁘신 뜻을 위하여 너희에게 소원을 두고 행하게 하시나니." 하나님의 역사와 표지와 은혜의 열매들을 설교하는 것은 오늘날 너무나 중요하다. 사람을 영화롭게 하는 것이 참된 기독교 신앙인 양 여겨지기 때문이다. 설교자는 거짓된 기독교 신앙과 참된 믿음을 구분해 주는 은혜의 열매에 대해 설교해야 한다. 우리는 "행함이 없는 믿음은 그 자체가 죽은 것이라"(약 2:17)는 말씀뿐 아니라, "너희는 믿음 안에 있는가 너희 자신을 시험하고 너희 자신을 확증하라"(고후 13:5)는 말씀에도 순종해야 한다.

3. **체험적 설교는 하나님 백성의 삶이 무엇이며, 어떻게 살아야 하는지를 말한다.** 하나님 백성의 삶이 어떠해야 하는지에 대한 언급 없이 그것이 어떤 것이라고만 말하면, 신자는 마음을 놓아 버리고 자신의 영적 여정에 진력하지 않게 된다. 그리스도를 아는 지식과 은혜 안에서 자라가기 위해서 매진하지 않는다(벧후 3:18). 반면에, 신자가 마땅히 어떻게 살아야 하는지에 대해서만 말하고 신자의 삶의 실체가 어떻다는 것을 말하지 않으면, 주께서 항상 신자의 마음

에서 일하신다는 사실을 잊어버리고 낙담하게 된다. 은혜의 표지와 열매는 높게 보이고 자신은 전혀 거기에 미치지 못한다고 실망하게 된다. 그러므로 참된 신자에게는 이 두 가지가 모두 필요하다. 모든 연약함에도 불구하고, 신자는 그리스도 때문에 절망하지 않도록 격려를 받아야 한다(히 4:15). 또한 아직 영적인 순례가 끝나지 않았음을 잊지 않도록 신자에게 도전하고, "푯대를 향하여 그리스도 예수 안에서 하나님이 위에서 부르신 부름의 상을 위하여 달려"가도록 촉구해야 한다(빌 3:14).

그리스도인은 너나없이 모두가 용사다. 악을 대적하는 싸움에서 이기기 위해서는 하나님의 전신갑주를 반드시 입어야 한다(엡 6:10-20). 체험적 설교는 신자를 전장으로 이끌어 어떻게 싸우는지를 보여주고, 어떻게 싸움에서 이기는지를 말해 주며, 하나님께서 모든 영광을 받으실 궁극적인 승리가 우리를 기다리고 있다는 사실을 상기시켜 준다. "만물이 주에게서 나오고 주로 말미암고 주에게로 돌아감이라. 그에게 영광이 세세에 있을지어다. 아멘"(롬 11:36).

4. 체험적 설교는 가슴으로 아는 지식을 강조한다. 옛날 목회자들은 기독교 신앙에 있어서 머리로만 아는 지식과 가슴으로 아는 지식의 확연한 차이를 강조했다. 신앙에 대해 머리로만 아는 것으로는 참된 신앙이 될 수 없다. 잠언 4:23은 "모든 지킬 만한 것 중에 더욱 네 마음을 지키라. 생명의 근원이 이에서 남이니라"라고 말한다. 로마서 10:10도 "사람이 마음으로 믿어 의에 이르고"라고 말한다.

어느 목사가 자신의 책을 팔고 있는 기독교 서점에 들어갔다. 서점 주인이 그의 책을 가리키며 책의 저자를 아는지 물었다. 그렇다고 대답하자, 서점 주인은 자신도 그 책의 저자를 안다고 말했다. 그 말에 그 목사는 정말로 그가 저자를 아는지 물었다. 그 목사의 뜻밖의 반응에 당황한 서점 주인은 왜 그러느냐고 물었고, 그 목사는 이렇게 대답했다. "당신이 이 저자를 정말로 안다면, 조금 전에 내가 이 서점에 들어올 때 내게 인사했을 겁니다!"

서점 주인은 저자를 머리로만 알고 있었을 뿐이다. 비록 저자를 안다고 말했지만, 정말로 저자를 아는 것은 아니었다. 자신이 안다고 하는 저자를 보고도 알아보지 못했으니 말이다. 저자에 대한 그의 지식은 체험적인 지식이 아니었다. 저자와의 인격적인 관계와 교제를 통한 것이 아니었다. 가슴으로 아는 참된 지식이 아니었다.

그리스도 안에서 하나님을 가슴으로 아는 지식은, 성령의 놀라운 역사를 통한 그리스도와의 인격적이고 체험적인 만남에서 비롯된다. 그런 지식이 우리 마음을 새롭게 하고 신령한 열매를 맺도록 한다. 그런 지식을 가진 사람이야말로 주님을 누리고 기뻐한다(욥 34:9, 시 34:7, 사 58:14). 그런 지식을 가진 사람은 지옥에 가는 것이 마땅한, 타락하고 잃어버린 바 된 죄인을 그리스도 안에서 사랑하시는 하나님을 맛본다(시 34:8). 예레미야의 말처럼, 가슴으로 아는 지식은 하나님의 진리를 먹고 그 진리와 하나가 된다. "내가 주의 말씀을 얻어먹었사오니 주의 말씀은 내게 기쁨과 내 마음의 즐거움이오니"(렘 15:16). 가슴으로 아는 지식은 하나님과 그분의 아들과 그분의 말씀과 진리를 마음껏 맛본다(시 144:15, 146:5).

가슴으로 아는 지식이라고 해서 머리로 아는 지식이 결여된 것은 아니다(롬 10:8-21). 오히려 머리로만 아는 지식에 가슴으로 아는 지식이 결여되어 있다. 학문적 연구 대상이나 양심을 누그러뜨리기 위한 대상으로 신앙을 추구하는 사람들이 있다. 그들은 하나님의 거룩한 공의 앞에서 죄책 아래 있고 정죄 받은 것은 알지만, 그리스도 안에서 구원을 경험하지 못했기 때문에 신자의 마음과 힘과 뜻을 지배하는 구원에 감사할 줄 모른다. 이와는 대조적으로, 구원에 이르는 지식을 가슴으로 경험한 사람들은, 자신은 도저히 죄짐을 감당할 수 없을 뿐 아니라, 오직 그리스도만이 자기를 위해 그렇게 하실 수 있으며, 그렇게 하셔야만 한다는 것을 절감한다. 이 사실을 절감하면, 구주를 통해 주시는 구원의 은혜가 그들의 삶에 차고 넘쳐서 그 삶은 감사로 빛을 발한다.

머리로 아는 지식이 그 자체로 나쁜 것은 아니다. 대부분의 개혁주의자나 청교도들은 아주 잘 배운 사람들이었다. 개혁주의자들은 기독교 교육의 가치를 끊임없이 강조했다. 그러나 배운 것들은 반드시 성령을 통해 살아 있는 지식이 되어 가슴에까지 적용되어야 한다(고후 3:14-18). 성령께서 속사람에게 적용하시지 않는 지식으로는 충분하지 않다.

5. 체험적 설교는 그리스도께 집중한다(요 1:29, 36). 고린도전서 2:2에 따르면, 참된 설교자는 "예수 그리스도와 그가 십자가에 못 박히신 것 외에는 아무것도 알지 아니하기로 작정"한 사람이다. 윌리엄 퍼킨스가 말한 것처럼, 모든 설교의 중심은 "그리스도를 힘입어 한분 그리스도만을 증거하고 그리스도만을 높이는" 데 있다.[4]

모든 설교에 있어서 그리스도만이 처음과 중간과 나중이어야 한다(눅 24:27, 행 5:5, 35, 요일 1:1-4). 설교는 죄인을 일깨우시고 의롭게 하시고 거룩하게 하시고 위로하시는 그리스도만을 높여야 한다(엡 5:4, 고전 1:30, 사 61:2). 이는 요한이 말한 바와도 일치한다. "그 안에 생명이 있었으니 이 생명은 사람들의 빛이라.……말씀이 육신이 되어 우리 가운데 거하시매 우리가 그의 영광을 보니 아버지의 독생자의 영광이요 은혜와 진리가 충만하더라"(요 1:4, 14, 시 36:9, 119:130 참조).

체험적 설교는 롤런드 힐Rowland Hill이 말한 설교의 "세 가지 R", 곧 타락에 의한 멸망Ruin by the fall, 그리스도로 말미암은 의 Righteousness by Christ, 성령의 거듭나게 하심Regeneration by the Spirit을 강조해야 한다.5 그리스도인은 자신에게 그리스도 외에는 아무 소망이 없음을 절감해야 한다. 죄에 대한 확신이 우리를 구원하는 것은 아니다. 하지만 그 사실을 뼈저리게 깨닫는 것은 아주 중요하다. 성령을 통해 죄의 비참함과 자신의 죄인 됨을 확신한 사람은 구주께로 이끌림을 받아 "예수님이 아니면 저는 죽습니다"라고 부르짖는다. 마르틴 루터가 말한 것처럼, "구원받는다는 것은 곧 예수님의 발 앞으로 나아간다"는 말이기 때문이다. 이렇게 예수께로 나아가는 것은 한 번으로 그치는 일이 아니다. 그것은 그리스도인의 평생의 삶을 통해 계속된다(골 2:6-7, 요 15:4-5).

6. 체험적 설교는 삼위 하나님을 영화롭게 하는 것이 목적이다. 특별히 성부의 영원한 사랑과 선하신 기쁨, 그리스도의 구속과 중보 사역, 성령의 거룩하게 하시고 보존하시는 사역을 높이는 데 주안점을 둔다. 목회자가 설교하는 목적은 회중이 삼위 하나님을 사랑하도록 돕는 것이다. 목회자는 구원을 통해 얻는 모든 유익, 곧 내적인 부

르심, 중생, 믿음, 칭의, 성화, 견인이 하나님 중심적인 성격을 지닌 다는 것을 강조해야 한다. 체험적 설교는 하나님께 속한 것을 높이고, 인간에게 속한 것을 낮춘다(요 3:30). 삼위 하나님을 아는 것이야말로 진정한 기독교 체험의 진수다(렘 9:23-24, 요 17:3).

개인 경건의 중요성

진실하고 체험적인 사역과 경건하고 체험적인 삶을 나누어 생각할 수 없다. 목회자의 마음이 거룩하게 되는 것은 단순히 이상이 아니다. 이는 개인적으로도 그렇고, 복음 사역자로서의 부르심을 놓고 보더라도 반드시 필요하다.

말씀을 선포하도록 부르심을 받은 사람의 마음과 성품과 삶이 그가 선포한 메시지와 괴리가 있어서는 안된다. "네가 네 자신과 가르침을 살펴 이 일을 계속하라. 이것을 행함으로 네 자신과 네게 듣는 자를 구원하리라"(딤전 4:16).

예수님은 자신이 선포한 대로 행하지 않는 서기관과 바리새인들을 책망하셨다. 그들의 언행이 일치하지 않고, 공적으로 가르치는 것과 일상의 행실이 다른 것을 책망하셨다. 다른 누구보다도 직업적인 사역자들은 그리스도께서 하신 이 뼈아픈 말씀을 잊지 말아야 한다. "서기관들과 바리새인들이 모세의 자리에 앉았으니 그러므로 무엇이든지 그들이 말하는 바는 행하고 지키되 그들이 하는 행위는 본받지 말라. 그들은 말만 하고 행하지 아니하며"(마 23:2-3). 목회자인 우리는 하나님과의 개인적 관계에서나, 가정에서 남편과 아버지로서나, 강단을 통해 목자로서 회중 가운데 드러날 때나 거룩해야 한다. 그것이 우리의 부르심이다. 우리의 삶과 부르심 사이에, 우리의 고백과 행동 사이에 괴리가 없어야 한다.

그리스도인으로서의 삶과 목회자로서 사역의 결실 사이에는 인과 관계가 있다고 성경은 말한다(마 7:17-20). 하나님 앞에서 거룩한 사람은 대체로 목회자로서 사역에 결실을 거두기 마련이다. 그러므로 목회자는 반드시 거룩한 삶을 살아야 하고, 바른 체험적 설교와 가르침으로 하나님의 집을 지어 갈 수 있는 은혜를 구해야 한다. 우리가 행하는 설교가 우리의 삶을 일구고, 우리의 삶이 우리의 설교를 수놓아야 한다. "가장 잘 사는 사람이 최고의 설교를 한다"고 한 존 보이즈John Boys의 말은 언제나 옳다.

우리는 자신을 본문에 적용할 뿐 아니라 본문을 우리 삶에 적용하여 자신이 설교한 대로 살아야 한다. 바로 우리 마음이 자신의 설교 원고여야 한다.6 그렇지 않으면, 존 오웬의 경고와 같이 될 것이다. "가르치기는 바르게 하면서 어그러진 삶을 사는 사람은, 자신이 낮에 쌓아 올린 교리보다 밤에 삶으로 돌아가 무너뜨린 것이 더 많을 것이다."7

체험적 설교자들로부터 얻는 교훈

과거 체험적 설교를 했던 설교자들은 다른 사람들의 마음에 진리를 적용했을 뿐 아니라, 자기 자신의 마음에도 적용했다. 이들로부터 얻은 다음의 교훈들이 오늘날 우리 목회자들에게도 도움이 될 것이다.

1. **하나님께 가까이 행하라.** 체험적 설교를 하는 개혁주의 목회자인 척할 수 있어도, 체험적 삶을 사는 개혁주의 목회자인 척할 수는 없다. 사람들은 체험적 설교를 하면서 자신이 설교한 대로 살지 않는 목회자를 알아본다. 그러므로 우리는 다른 사람에게 기독교 신앙은 참되고 체험적이라는 사실을 보여줄 수 있도록, 하나님께 가까이 나아가는 삶을 살아야 한다. 우리의 말과 행실에서 경건한 신앙이 드러나기 위해서는, 우리의 삶이 하나님께 가까이 행하는 삶에서 비롯된 경건으로 고동쳐야 한다. "대저 그 마음의 생각이 어떠하면 그 위인도 그러한즉"(잠 23:7).

2. **성령을 의지하는 가운데 경건을 추구하라.** 경건한 삶을 사는 길은 의외로 단순하다. 영적인 훈련과 은혜의 방편을 부지런히 사용하고, 복 주시는 성령을 따라 하나님이 정하신 길로 하나님과 더불어 행하는 것이다(미 6:8). 경건한 삶을 위해서는 훈련과 은혜가 모두 필요하다는 사실에 주목하라. 경건한 삶에 대한 체험적이고 개혁주의적인 생각의 핵심은, 바로 의무와 은혜를 모두 강조하는 것이다.[8] 존 플라벨John Flavel은 이렇게 적고 있다. "능력은 하나님께 있지만 의무는 우리 몫이다. 자연인은 아무런 능력이 없고, 은혜 아래 있는 사람은 충분하지는 않아도 약간의 능력을 갖는다. 그의 능력은 그리스도의 도우시는 힘에 달려 있다."[9]

오웬도 이렇게 말한다. "모든 신자를 직접 거룩하게 하시는 분은 성령이다. 성령은 신자에게 있는 모든 거룩의 주인이시다. 성령은 예수 그리스도의 삶과 죽음을 힘입어……신자인 우리로 하여금 하나님께 순종할 수 있게 하심으로 우리의 필요를 채우신다."[10]

그러고 나서 신자는 플라벨이 말한 것처럼 "죄로부터 영혼을 지키고 하나님과의 자유롭고 달콤한 교제를 누리기 위해 모든 거룩한 방편과 의무를 항상 부지런히 사용하고 누림으로써 능력을 덧입는다."[11] 오웬의 다음 말이 또한 큰 격려가 된다. "신앙은 특별하고 색다른 일이 아닌 일상의 경건을 통해 자라가는 것이기 때문에, 신앙이 자라기를 바라는 사람은 일상의 경건에 힘써야 한다."[12]

체험적 설교를 했던 개혁주의 설교자들은, 체험적이고 실제적인 삶을 살기 위해 다음과 같은 영적 원리를 실천하라고 회중에게 자주 권면했다.

- "성경을 부지런히 읽되 묵상하면서 읽으라"(딤전 4:13). 리처드 그리넘Richard Greenham은, 숨겨진 보물을 찾아 땅을 파는 사람보다 더 부지런히 성경을 읽어야 한다고 했다. 부지런함은 거친 땅을 평평하게, 어려운 것을 쉽게, 재미없는 것을 재미있게 만든다.[13]

성경을 읽고 나면, 자신의 마음과 삶을 세밀히 살펴 하나님께서 빛을 비추어 주시도록 간구해야 한다. 그런 다음 읽은 말씀을 묵상한다. 제대로 훈련된 묵상을 할수록 하나님께 집중하게 된다. 묵상은 예배를 하나의 훈련으로 볼 수 있게 해주는데, 우리의 가슴과 감정은 물론 마음과 명철을 포함한다. 묵상을 통해 말씀이 영혼에 스며든다. 묵상은 헛되고 죄악된 생각을 하지 않는 데 도움이 될 뿐 아니라(마 12:35), 일상을 살아가는 지침(잠 6:21-22)을 포함하여 많은 것들을 길어 올리는 원천을 제공한다(시 77:10-12). 묵상은 죄의 유혹과 싸우고(시 119:11, 15), 고통 중에 위로를 주며(사 49:1-17), 다른 사람을 유익하게 하고(시 145:7), 하나님을 영화롭게 한다(시 49:3).

- "쉬지 말고 기도하라." 하나님 앞에서 체험적인 삶을 살기 위해서는 지속적으로 개인 기도에 힘써야 한다. 하나님과의 거룩한 변론은 오직 기도를 통해서만 배울 수 있다. 기도를 통해서만 우리는 하나님의 약속의 제단에서 하나님 그분을 붙든다.

오늘날 많은 그리스도인들이 기도하지 않기 때문에 넘어진다. "기도하지 않는 가정은 지붕 없는 집과 같아서 몰아치는 폭풍우에 고스란히 노출된다"고 토머스 브룩스Thomas Brooks는 적고 있다. 교회사의 위대한 거성들이 오늘날 우리를 주눅 들게 하는 유일한 이유는, 그들이 기도의 사람들이었기 때문일 것이다. 그들은 성령에 사로잡혀 간구하는 사람들이었다.

우리는 기도의 골방을 부지런히 드나들어야 한다. 체험적 기독교의 성패는 여기서 판가름 난다. 기도라는 알맹이가 빠진 빈껍데기 기독교 신앙으로 만족하지 말아야 한다. 기도 시간마다 꾸벅꾸벅 졸게 되면 더 큰소리로 기도하거나, 기도를 적어 보거나, 바깥의 한적한 자리를 찾아 걸으면서라도 기도할 수 있어야 한다. 무슨 수를 써서라도 기도하는 일을 그쳐서는 안된다.

정해진 기도 시간을 빠뜨리지 않는 것은 물론, 기도하고 싶은 마음이 들면 즉시 기도할 수 있도록 항상 기도에 마음을 열어 놓아야 한다. 그리스도 안에서 하나님과 하는 대화는 영적 침체와 타락을 막는 묘약이다. 낙담에 빠져 있으면서도 기도하지 않는 것은 터진 상처가 감염되도록 그대로 내버려 두는 것과 같다. 반면에, 낙심하는 가운데 드리는 기도는 환부에 길르앗의 향유를 바르는 것이다.

개인생활이나 가정생활에서 기도를 최우선으로 삼으라. 존 번

연은 이렇게 말했다. "기도한 다음에는 기도 이상의 일을 할 수 있다. 하지만 기도하기 전까지는 기도 이상의 일을 할 수 없다. 자주 기도하라. 기도는 영혼의 방패요, 하나님께 드리는 제사요, 사탄을 괴롭게 하는 것이다."[14]

- "체험적 기독교 신앙에 대해 말해 주는 개혁주의 서적들을 탐독하라." 경건한 삶을 독려하는 책은 체험적 삶을 살도록 돕는 훌륭한 도구다. 영적인 고전을 읽어 위대한 저자들을 자신의 영적 멘토와 벗으로 사귀라. 이런 저작에서 청교도들은 발군이다. 모리스 로버츠Maurice Roberts는 말한다. "설교든 강설이든 소책자든 일기든 역사든 전기든 간에, 청교도들의 펜에서 나온 글 치고 신령한 삶을 살도록 하는 목적으로 쓰여지지 않은 것은 없다."[15]

다양한 필요를 채우려면 여러 주제를 다루는 올바른 체험적인 내용을 담은 책을 읽으라. 죄에 민감한 삶을 살려면, 랄프 베닝Ralph Venning의 「재앙 *The Plague of Plagues*」이나 제러마이어 버로우즈 Jeremiah Burroughs가 쓴 「악 *The Evil of Evils*」을 읽으라. 그리스도께 더 가까이 가려면 아이작 앰브로스Isaac Ambrose의 「예수를 바라보라 *Looking Unto Jesus*」를 읽으라. 고난 중에 화평을 구한다면 새뮤얼 러더퍼드의 「새뮤얼 러더퍼드 서한집 *Letters*」을 읽으라. 시험에 빠지지 않기를 바란다면 오웬이 쓴 「죄와 유혹 *Temptation and Sin*」을 읽으라. 거룩함에 자라가고 싶다면 플라벨이 쓴 「마음 지키기 *Keeping the Heart*」를 읽으라. 예배를 드리듯이 읽으라. 이런 책을 통해 하나님의 위대한 진리에까지 고양될 때, 삼위 하나님을 신령과 진리로 예배하게 될 것이다.

책을 읽을 때는 잘 선별해서 읽어야 한다. 모든 책을 성경의 시금석에 비추어 보라. 오늘날 적지 않은 기독교 서적들이 하나같이 아르미니우스적 신학이나 세속적인 사고에 물든 공허한 내용으로 채워져 있다. 이런 허튼소리에 귀 기울이기에는 시간이 너무나 귀하다. 현세보다는 영원을 위해 더 많은 책을 읽으라. 직업적인 성취보다는 영적인 성장을 위해 더 많은 책을 읽으라. 존 트랩John Trapp의 경고를 생각해 보라. "흐르는 물이 땅을 핥고 가는 것처럼, 책을 읽는 사람의 영혼은 저자들을 한 사람 한 사람씩 경험한다."

책을 뽑아 들기 전에 이렇게 자문해 보라. "그리스도께서 이 책을 옳다 여기실까? 이 책이 하나님의 말씀을 사랑하는 마음과 죄를 이길 힘과 영원한 지혜와 다가오는 삶을 준비하는 마음을 갖게 할까? 아니면 다른 책을 읽는 것이 나을까?"

자신이 읽은 책에 대해 다른 사람들과 이야기를 나누라. 체험적 독서를 나누는 것은 체험적 신앙생활을 더해 가는 데 큰 도움이 된다.

- "성례를 바르게 누리라." 하나님께서 정하신 성례는 하나님의 말씀을 보완한다. 각각의 상징—물, 떡, 포도주—은 체험적 신앙생활의 기반이 되는, 그리스도와 십자가의 희생을 믿는 믿음을 살찌운다. 눈에 보이는 방편인 성례를 통해서 우리는 그리스도와 교통한다. 성례를 통해 그분의 모든 거룩하심을 닮아 가고 자라가도록 큰 격려를 받는다.

성례를 통해 받는 은혜는 말씀을 통해 받는 은혜와 다르지 않다. 성례와 말씀 모두 그리스도를 증거한다. 로버트 브루스Robert Bruce

가 말한 것처럼, "말씀이 그리스도를 더 잘 증거하기는 하지만, 때로 성례를 통해 그리스도가 더 잘 증거되기도 한다."16

• "신자들과의 교제를 누리라." 토머스 왓슨Thomas Watson은 "우리가 신경creed을 통해 성도가 서로 교통한다고 고백하듯이, 우리의 사귐에는 성도가 서로 교통하는 것이 있어야 한다"고 말했다. 지당한 권고다. 교회는 기도의 공동체일 뿐 아니라 서로 돌아보는 사귐의 공동체여야 한다(고전 12:7, 행 2:42). 그러므로 자신이 존경하는, 경건한 삶을 사는 신자들과 대화하고 기도하라(골 3:16). 함께 사귀다 보면 그들을 닮아 간다. 다른 사람들과 분리되어 살아가는 그리스도인은 경건한 사귐을 통해 성숙하게 되지 못할 뿐더러 복을 받지도 못할 것이다.17

• "일기를 쓰라." 일기를 통해 자신의 영적인 여정에 대한 깊이 있는 생각을 풀어 놓음으로써 더욱 경건해진다. 일기는 묵상과 기도를 도울 뿐 아니라 우리 주님의 사역과 미쁘심을 생각나게 한다. 자기 자신을 이해하고 살피는 데도 도움이 된다. 영적인 훈련을 계속해 가는 것은 물론, 자신의 목적과 우선순위를 점검하도록 돕는다.18

• "주일을 거룩하게 지키라." 주일 성수는 지겨운 부담이 아닌, 즐거운 특권이다. 주일에는 아무 방해도 받지 않고 하나님을 예배하고 영적 훈련을 실천할 수 있어야 한다. 패커가 말한 것처럼, 주일은 "하늘의 소명을 이루기 위해 이 땅에서의 부르심을 내려놓는 날이다."19

• "다른 사람들을 섬기고 그들에게 그리스도에 대해 말하라." 예수님은 우리가 다른 사람에게 복음을 전하고 그들을 섬기기를 바

라신다(마 28:19-20, 히 9:14). 우리는 순종과(신 13:4) 감사와(삼상 12:24) 기쁨과(시 100:2) 겸손과(요 13:15-16) 사랑으로(갈 5:13) 섬겨야 한다. 다른 사람을 섬기는 것이 어려울 때도 있다. 하지만 그것은 우리의 소명이다. 우리는 하나님이 주시는 모든 신령한 은사로 다른 사람을 섬겨야 한다(롬 12:4-8, 고전 12:6-11, 엡 4:7-13). 사실, 다른 사람을 섬기는 것은 그리스도인 된 우리에게 주신 가장 위대한 상급이다. 성령께서 우리가 전한 하나님의 말씀과 수고에 복 주셔서 그들을 그리스도께로 이끌어 가시는 것을 보고 우리가 무엇을 더 바랄 수 있겠는가? 보잘것없는 우리를 통해서 이런 엄청난 일을 이루시는 것을 볼수록 우리는 더욱 하나님께 가까이 가게 된다.

3. 균형 잡힌 사고를 하겠다고 다짐하라. 체험적 설교를 했던 위대한 개혁주의자들은, 다음 세 가지 중요한 방식에서 균형 잡힌 그리스도인의 삶을 살고자 했다.

첫째, 그들은 기독교 신앙에 있는 주관적인 측면과 객관적인 측면에 대한 바른 이해를 가지고 균형을 잡고자 했다. 객관적인 것은 주관적인 것을 위한 양식이다. 그러므로 주관적인 것은 항상 객관적인 것에 뿌리를 내린다. 예를 들어, 청교도들의 확신의 토대는 하나님의 약속이다. 하지만 이런 약속들은 반드시 성령의 내적인 증거와 주관적인 은혜의 증거들을 통해 신자에게 실제적인 것으로 드러나야 한다. 성령의 적용 없는 하나님의 약속은 자기기만과 교만을 불러올 뿐이다. 반대로, 하나님의 약속과 성령의 조명 없는 자기성찰은 의심과 속박과 율법주의로 귀결되곤 한다. 기독교 신앙의 주관적인 부분과 객관적인 부분이 결코 분리되어서는 안된다.

우리는 그리스도께서 이루신 적극적인 순종이라는 객관적인 역사에 따라, 우리 안에 거하시는 그리스도를 드러내는 삶을 살고자 힘써야 한다. 그리스도의 복음은 객관적인 사실로 선포되어야 한다. 또한 이것은 성령을 통해 우리에게 적용되고, 믿음으로 우리 내면에 받아들여져야 한다. 이런 점에서 우리는 다음 두 가지 신앙을 거부한다. 주관적 체험과 객관적 말씀을 분리해서 인간 중심의 신비주의로 흐르는 것이 그 하나요, 복음을 역사적 사실로만 믿는 일시적인 믿음에 근거해서 스스로 구원받았다고 억측하는 것이 다른 하나다.[20]

둘째, 그들은 하나님의 주권과 인간의 책임에 대한 바른 이해를 가지고 균형을 잡고자 했다. 대부분의 개혁주의 선진들은 하나님의 온전한 주권과 인간의 전적인 책임을 강조했다. 어떻게 이 두 가지가 논리적으로 가능한지는 우리가 이해하기 어렵지만, 전혀 상치되지 않는 사실이다. 어떻게 성경의 위대한 이 두 교리가 조화를 이루는지에 대한 물음에, 찰스 스펄전은 이 두 친구가 굳이 화해할 필요가 있는지 모르겠다고 응수했다. 우리가 할 일은 이 땅에서 이 두 사실을 억지로 조화를 이루도록 하는 것이 아니라, 이 두 진리 사이에 균형을 잡고 그에 합당하게 살아가는 것이다. 우리는 하나님의 온전한 주권과 인간의 전적인 책임 모두를 드러나게 하는 체험적 기독교 신앙을 살아내기 위해 힘써야 한다.

셋째, 그들은 교리적·체험적·실제적 기독교 신앙의 균형을 잡으려고 했다. 체험적 설교가 교리와 적용을 균형 있게 제시해야 하는 것과 마찬가지로, 그리스도인의 삶은 체험 이상의 것을 필요로 한다. 성경에 부합하는 그리스도인의 삶은 바른 교리와 바른 체험과 바른 실천의 토대 위에서 이루어진다.

4. **체험적 진리를 다른 사람들과 나누라.** 체험적 설교를 했던 개혁주의 설교자들은 자신의 설교를 삶의 모든 부분에 적용했다. 그들은 자신들이 교리적 설교를 한다는 사실에 전혀 개의치 않았다.

이런 그들의 모습을 고려해 볼 때, 어떻게 복음을 전하는지에 대해 많은 것들을 배울 수 있다. 예를 들면 다음과 같은 것이다.

• 하나님에 대한 진리를 말한다. 너무나 당연한 말처럼 들리지만, 우리가 하나님의 위엄과 삼위일체의 신성과 그분의 영광스러운 성품에 대해 얼마나 자주 말하는가? 그분의 거룩하심과 주권과 긍휼과 사랑을 다른 사람에게 얼마나 자주 말하는가? 우리가 하는 전도는 성경이 말하는 신론에 담대하게 뿌리를 박고 있는가? 아니면, 현대의 전도 방식을 따라 마치 하나님이 자신의 성품을 우리의 필요나 바람에 맞추어 주는 마음씨 좋은 이웃이라도 되는 양 접근하고 있는가? 다른 사람에게 어떻게 하나님과 그분의 성품이 우리 삶에서 실체로 경험되고 체화되었는지에 대해 얼마나 자주 말하는가?

• 인간에 대한 진리를 말한다. 사람들에게 우리의 타락한 본성과 예수 그리스도 안에서 구원받아야 할 절박한 필요를 말하고 있는가? 우리 역시 본성적으로 별로 다를 것이 없다는 사실을 이야기하는가? 은혜 없이는 우리 모두 도덕적으로 악한 마음을 가진 것은 물론, 법적으로도 끔찍한 죄책 아래 있는 죄인이라는 사실을 이야기하는가? 아담의 비극적인 타락에서 비롯된 죄가 여전히 우리의 모든 부분에 영향을 미치고 있고, 우리의 지성과 마음과 양심을 사로

잡아 우리를 죄의 노예로 삼았다는 끔찍한 죄의 본질에 대해 다른 사람들에게 이야기하고 있는가? 죄를 하나님을 향한 인간의 도덕적 반역으로 이야기하는가? 현재는 물론 영원토록 죄의 삯은 사망이라는 사실을 말하고 있는가?

- 그리스도에 대한 진리를 말한다. 죄인들에게 그리스도를 온전히 전하고 있는가? 그리스도를 구원자라고 전하면서, 그분이 우리 삶의 주인도 되신다는 사실은 소홀히 하지 않는가? 죄라고 하는 끔찍한 질병에 대한 온전한 처방으로서 그리스도를 제시하고, 우리를 구원하고자 할 뿐 아니라 우리를 구원할 능력이 그리스도께 있다는 사실을 반복해서 증거하는가? 잃어버린 죄인을 구원할 유일한 구원자이신 그리스도의 존귀함을 증거하는가?

그리스도를 믿는 믿음과 회개를 통한 구원의 길을 제시하는가? 바울은 말한다. "유익한 것은 무엇이든지 공중 앞에서나 각 집에서나 거리낌이 없이 여러분에게 전하여 가르치고 유대인과 헬라인들에게 하나님께 대한 회개와 우리 주 예수 그리스도께 대한 믿음을 증언한 것이라"(행 20:20-21). 우리도 이처럼 하나님께서 기회 주실 때마다 친구와 이웃에게 복음을 증거하는가? 믿음이 무엇이고, 회개가 무엇인지 그들에게 설명해 주는가?

- 성화에 대한 진리를 말한다. 어떻게 그리스도인이 감사하고 순종하고 섬기고 사랑하고 자기를 부인하는 가운데, 거룩이라는 왕의 대로로 행해야만 하는지를 다른 사람들에게 말해 주고 있는가? 묵상과 하나님을 경외하는 것과 어린아이와 같이 기도하는 것은 어떻게 하는 것인지, 어떻게 하나님의 은혜를 힘입어 전진하고 하나

님의 선택과 부르심에 충실한 삶을 살아야 하는지 사람들에게 말하고 있는가? 확고한 체험적 신앙, 회개와 경건이 필요한 동료들을 제자 삼고 있는가?[21]

• 영원한 구원과 멸망에 대한 진리를 말한다. 예수 그리스도의 보혈을 무시할 때 어떤 결과가 따르는지 말하는 것이 두려운가? 멸망과 지옥에 대해 말하는 것이 부담스러운가? 한 청교도는 이렇게 기록했다. "우리는 하나님의 진리라는 막대기를 가지고 죄인들이 숨어 있는 덤불마다 들쑤시며 다니되, 거기에 숨어 있는 아담이 하나님 앞에 나와 벌거벗은 채로 서기까지 그렇게 해야 한다."

우리는 주변 사람들에게 절박함으로 말해야 한다. 많은 사람들이 지옥으로 내려가고 있기 때문이다. 죄인들이 율법과 복음을 대면하도록 해야 한다. 가능한 모든 수단과 방법을 동원해서라도 멸망으로 난 길에서 죄인들을 돌이키게 해서, 그들이 예수 그리스도 안에서 하나님과의 살아 있고 체험적인 관계를 누릴 수 있도록 해야 한다. 전능하신 그리스도께서 우리의 노력에 복 주셔서 죽어 가는 죄인들을 구원하시고, 그들이 죄악된 정욕에서 떠나 하나님을 자신의 목적과 찬양의 제목 삼기로 온전히 결심하고, 악한 길에서 하나님께로 돌이키기를 간절히 바라도록 하실 수 있다는 것을 우리는 경험과 성경을 통해 잘 알고 있다. 사도행전 5:31은 말한다. "이스라엘에게 회개함과 죄사함을 주시려고 그를 오른손으로 높이사 임금과 구주로 삼으셨느니라." 그리스도 안에서 우리를 향한 하나님의 놀라운 은혜를 경험하게 하시는 하나님을 송축하자!

5장 가르치는 설교자

R. C. 스프라울

하나님께서는 그분께 속한 양들을 돌보라고 목사를 세우셨다. 자신의 맡은 양들을 소홀히 하고 먹이지 않는 목자를 생각이나 할 수 있겠는가? 루터에 따르면, 목회에서 가장 중요한 일은 양을 먹이는 것이다. 양을 먹이는 일은 가르침을 통해 이루어진다.

20세기 중반, 마르틴 루터의 일생을 다룬 영화가 제작되었다. 그중에는 특별히 내 마음에 감동을 불러일으키는 한 장면이 있었는데, 로마 가톨릭 교회와 신성 로마제국 당국자와의 역사적인 대면이 있은 보름스 회의 직후의 장면이었다. 보름스 회의에 소환되어 자신의 가르침을 철회할 것을 요청받은 루터는, 그들 앞에서 다음과 같이 비장하게 대답한다. "성경과 명백한 이성의 증거를 받지 않는 한 나는 아무것도 철회할 수 없습니다.…… 내 양심은 하나님의 말씀에 사로잡혀 있습니다. 양심을 거스르는 것은 안전하지도 바르지도 않기 때문에 나는 아무것도 철회할 수 없습니다. 하나님, 제가 여기 있습니다. 이 말 외에 저는 다른 말을 할 수 없습니다. 저를 도우소서."[1] 그렇게 회의장을 나선 루터를 동지들이 말에 태워 바르트부르크 성으로 피신시켰고, 현상금이 붙은 그는 그곳에서 그를 찾기 위해 혈안이 된 당국자들의 눈을 피해 숨어 지낸다. 그 성에서 수염을 기르고 변장한 그는 조지 경이라는 기사로 살아간다. 성경을 독일어로 번역한 것도 바로 그때였다.

루터가 성에 숨어 지내는 동안 그의 동료인 안드레아스 칼슈타트는, 종교개혁을 이루고자 하는 열심에 교회마다 다니며 스테인드 글라스 창문과 조각상들을 닥치는 대로 부수었다. 종교개혁이라는 이름으로 경솔하고 야만적인 일을 서슴지 않았던 것이다. 칼슈타트의 파괴적인 행위에 대한 소문을 듣고서 루터는 소스라치게 놀랐다. 루터가 바라는 종교개혁은 그런 것이 아니었기 때문이다. 산 채로든 죽은 채로든 전국에 수배된 몸임에도 불구하고, 루터는 말을 타고 그 성을 떠나 비텐베르크 교회로 돌아온다. 이 영화에서 칼슈타트와 필립 멜란히톤과 다른 사람들이 문이 닫힌 밀폐된 방에서 은밀히 만나는 장면이 나오는데, 갑자기 기사들이 입는 사슬 갑옷을 걸친 루터가 들어온다. 뜻밖에 루터를 본 그들은 깜짝 놀라 이렇게 묻는다. "마르틴 형제, 도대체 여기는 어쩐 일인가? 왜 왔는가?" 루터가 대답한다. "내가 있어야 할 강단으로 돌아가려고 왔네."

이 일이 교회사에서 실제로 있었는지 아니면 연출자가 각색한 것인지는 잘 모르지만, 이 장면은 나에게 전율로 다가왔다. 루터의 정신을 고스란히 담아내는 장면이었기 때문이다. 루터의 생애에서 가장 중요한 것 가운데 하나는, 종교개혁이 시작되고 전 유럽에 걸쳐서 유명 인사가 된 이후에도 그는 종교개혁 운동을 공고히 하기 위해 전 유럽을 다니는 데 시간을 소비하지 않았다는 사실이다. 오히려 그는 자신이 받은 본연의 소명으로 돌아갔다. 장 칼뱅이 제네바에서 그렇게 한 것처럼, 루터 역시 수년을 비텐베르크에서 가르치고 설교하면서 보냈다. 그러므로 나는, 루터가 설교자의 소명과 설교의 본질에 대해 언급하고 기록한 것들에 주목한다. 우리는 그의 통찰로부터 많은 것을 배울 수 있다.

교회에 주어진 큰 선물 가운데 하나는 바로 「루터 어록 What Luther Says」이라고 하는 두꺼운 책이다.² 루터의 방대한 「전집 Works」은 55권의 두꺼운 책으로 되어 있다. 나는 주제별로 루터의 기록을 살펴보기 위해 이 전집을 활용한다. 이 글을 통해 독자들은 루터의 「전집」에 수록된 글 가운데 설교자와 설교에 관한 언급을 볼 수 있을 것이다.

설교자_가르침에 능한 사람

루터에 따르면, 설교자에게 가장 필요한 것은 "잘 가르치는 것"이다. 이 부분에서 루터는 신약성경이 말하는 장로에 대한 자질을 그대로 언급한다(딤전 3:1-7). 하나님의 교회 지도자로 세움을 받고 하나님의 양무리를 돌보고 지도하는 자리에 있는 사람은 가르침에 능한 사람이어야 한다. 루터는 가르치는 일을 목사의 가장 주된 일로 보았다.

그러나 오늘날 이런 생각은 거의 찾아보기 어렵다. 흔히 목회자를 청빙할 때면 헌금을 잘 거두고 프로젝트를 잘 꾸려 갈 수 있는 행정가를 물색한다. 신학과 성경을 어느 정도 알고 설교를 재미있게 해서 회중을 즐겁게 할 수 있는 목회자를 기대한다. 하나님의 진리에 대해 회중들을 가르칠 수 있을 만큼 준비된 목회자를 찾는 것은 우선순위에서 밀려날 때가 많다.

오늘날 교회의 이런 경향은 루터의 권고에도 반할 뿐 아니라 성경의 가르침에도 어긋난다. 베드로가 예수님을 세 번 부인하고 나서 예수님이 베드로를 향해 도전하시는 장면을 떠올려 보라.

> 그들이 조반 먹은 후에 예수께서 시몬 베드로에게 이르시되 요한의 아들 시몬아, 네가 이 사람들보다 나를 더 사랑하느냐 하시니 이르되 주님, 그러하나이다. 내가 주를 사랑하는 줄 주님께서 아시나이다. 이르시되 내 어린양을 먹이라 하시고 또 두 번째 이르시되 요한의 아들 시몬아, 네가 나를 사랑하느냐 하시니 이르되 주님, 그러하나이다. 내가 주님을 사랑하는 줄 주님께서 아시나이다. 이르시되 내 양을 치라 하시고 세 번째 이르시되 요한의 아들 시몬아, 네가 나를 사랑하느냐 하시니 주께서 세 번째 네가 나를 사랑하느냐 하시므로 베드로가 근심하여 이르되 주님, 모든 것을 아시오매 내가 주님을 사랑하는 줄을 주님께서 아시나이다. 예수께서 이르시되 내 양을 먹이라(요 21:15-17).

예수께서 이 사도에게 자신의 양을 돌보고 이끌고 먹이라고 세 번 말씀하셨다. 왜 그러셨을까? 온 세상에 교회로 모인 하나님의 백성이 모두 그리스도께 속했기 때문이다. 그들은 모두 그분의 양이다. 하나님께서는 그분께 속한 양들을 돌보라고 목사를 세우신 것이다. 그러므로 우리는 이 일을 "목회" 혹은 "목양"이라고 한다. 목사(라틴어 *pastor*에서 온 이 말은 '목자' 혹은 '양치기'라는 뜻이다)는 그리스도의 양들을 돌보기 때문이다. 자신이 맡은 양들을 소홀히 하고 먹이지 않는 목자를 생각이나 할 수 있겠는가? 루터에 따르면, 목회에서 가장 중요한 일은 양을 먹이는 것이다. 이처럼 양을 먹이는 일은 가르침을 통해 이루어진다.

    나는 설교—설교는 권고와 해설과 경고와 위로와 격려를 포함한다—와 정보를 전달하는 가르침을 구분한다. 이 두 가지 모두를 병행하면 때로는 구분이 모호해지기도 한다. 내 강의시간에 어떤 학생들은, 내가 교리나 신학적 내용을 강의하다가 갑자기 설교를 하기 시작하는 때가 있다고 말한다. 이는 내가 단순히 정보를 전달하는 것으로 그치고 싶지 않기 때문이다. 나는 강의 내용이 그들의 지성뿐 아니라 그들의 혈관을 타고 흐르기를 바란다. 매 강의 첫 시간마다 나는 학생들에게 이렇게 경고한다. "이 강의실에 내가 중립적인 위치에서 가르치는 교수로 와 있다고 생각하면 오산입니다. 나는 여러분의 머리와 가슴 모두를 원합니다. 여러분을 가르칠 뿐 아니라 설득하려고 합니다. 이 진리의 내용을 바르게 이해하도록 할 뿐 아니라, 진리의 중요성과 달콤함도 맛보게 하기를 원합니다. 평생 이 진리와 함께 갈 수 있도록 말입니다. 내 머리에서 여러분의 노트북으로 정보를 옮기는 것이 나의 목적이 아닙니다. 여러분이 그것을 머리로 이해해서 삶으로 가져가지 않는 한, 배움은 없습니다."

    마찬가지로, 나는 설교할 때도 몇 가지 개념들을 설명한다. 가끔씩 이렇게 설교와 가르침 사이에서 줄타기를 하는 경우가 있다. 그럼에도 루터가 이해한 대로, 나는 목사로서 하나님의 일들을 백성들에게 가르치는 것이 우선되어야 한다고 항상 생각한다.

가르침의 내용

이쯤에서 우리는 루터에게 이렇게 물어볼 수 있다. "가르치는 일이 목사의 가장 우선적인 일이라면, 목사는 무엇을 가르쳐야 하는가?" 루터는 이렇게 대답할 것이다. "성경 전권이다." 칼뱅은 거의 모든 성경에 대한 주석을 썼는데, 이 주석들은 그가 제네바에서 자신의 회중에게 강론했던 내용에서 비롯되었다. 루터 또한 비텐베르크에서 자신의 학생과 회중을 가르쳤던 내용을 기반으로 많은 주석을 썼다. 이들 종교개혁자들은 성경을 가르치는 데 많은 시간과 노력을 할애했다. 모든 목사가 이와 같이 해야 한다.

몇 년 전, 내가 어느 신학교 교수로 있을 때였다. 커리큘럼을 살펴보던 우리는 이렇게 자문했다. "경건한 목사가 되기 위해서 알아야 할 것이 무엇인가?" 우리는 가장 주된 것이 성경의 내용이라는 결론에 이르렀다. 많은 신학교 과정들이 성경을 읽는 것과 전혀 상관없는 기술적인 문제나 저자, 배경에 대한 학문적인 질문들로 이루어져 있다. 장래 목사들은 성경 내용을 제대로 알지 못한 채 신학교에서 쏟아져 나올 것이다. 우리는 처음부터 다시 커리큘럼을 짜기 시작했다. 학문적 세계에서 한 발짝 물러나서 전문 분야를 다루는 교수를 배출하기 위한 커리큘럼이 아니라, 교회와 그리스도를 섬기는 목회자를 위한 커리큘럼을 구상하자고 의견을 모았다.

사실, 많은 목회자들이 성경의 내용을 회중에게 가르치기를 두려워한다. 그들부터가 성경 내용을 배워 본 적이 없기 때문이다. 하나님의 백성은 자신들의 목사에게, 혹은 장차 목사가 될 사람들에게

"하나님의 말씀을 먹여 달라"고 말해야 한다. 회중은 성경 말씀을 자신들에게 열어 보일 목사를 선택하기 위해 신중을 기해야 한다.

2000년 후반 몇 달은 내게 너무나 슬픈 시간이었다. 목회의 동지이자 가장 친한 벗인 제임스 몽고메리 보이스 박사를 잃었기 때문이다. 그는 나에게 목회의 모범이었다. 그는 하버드 대학교를 졸업한 뒤 프린스턴 신학교에서 공부하고 스위스에 있는 바젤 대학교에서 신약을 연구하여 박사학위를 받았다. 사람들이 학문적으로 이루고자 하는 모든 것을 이루고 신임을 얻었지만, 그것이 자신의 소명이 아니라고 생각했다. 그의 부르심은 목사였다. 30년이 넘도록 그는 설교와 가르침과 저술을 통해 하나님의 말씀을 열어 보였다. 성경에 대한 충성이 그를 이끌었고, 내가 만나 본 그 누구보다 담대한 사람이 되게 했다.

하나님께서는 말씀을 가르치도록 사람들을 목사로 구별하여 세우셨다. 그들이 하나님의 백성들에게 말씀을 나누어 주기를 바라신다.

성경에 대한 바른 이해

루터는 목사들이 경건한 삶의 모범이 되어야 한다고 강조한다. 이 말은 단순히 도덕적인 덕목을 언급한 것이 아니다. 목사는 그가 가진 교리에 흠이 없어야 한다. 루터는 결코 삶과 교리를 분리하지 않았다. 루터에게 있어서 교리는 곧 삶이었다. 무엇을 믿느냐에 따라 행동이 달라질 수밖에 없기 때문이다. 그러므로 하나님의 말씀을 가르치는 설교자는 성경을 바르게 이해해야 한다.

더욱이, 목사는 자신이 믿는 교리에 대한 분명한 확신이 있어야 한다고 루터는 말한다. 이는 마치 위대한 목사에게는 걸맞지 않는 이상한 자질처럼 들린다. 오늘날 우리 시대에는 열린 태도와 마음을 최고로 알아준다. 자신이 설교하고 가르치는 것을 지나치게 확신하는 사람들의 독선적인 태도를 우리는 별로 달가워하지 않는다. 우리는 목사가 점잖게 "글쎄요, 아마 이럴 수도 있고 저럴 수도 있겠지요"라고 말하기를 바란다. 지나친 확신에 찬 권위적인 선포는 사람들의 감정을 상하게 할 수도 있다고 믿기 때문이다. 이런 사람들에 대해 루터는 말한다. "아니요, 아니요, 결코 그래서는 안됩니다." 목사는 자기에게 맡겨진 일을 해야만 한다. 무례할 정도로 확신을 가지고 말할 필요는 없지만, 성경 본문이 말하고 있는 것은 분명히 증거해야 한다.

네델란드의 인문주의 신학자인 에라스무스Desiderius Erasmus는 처음에는 루터를 열광적으로 지지했었다. 하지만 이내 루터가 너무 멀리 가 버렸다고 생각했다. 그 후로 에라스무스는 루터의 주된 비판자로 부상했다. 「비평 The Diatribe」이라는 책에서 그는 루터를 통렬하게 비난했다. 루터의 가장 유명한 저작(그의 가장 중요한 저작이라고 믿는다)인 「노예의지론 The Bondage of the Will」은 「비평」에 대한 응답으로 쓰여진 책일 것이다. 이 책에서 루터는 에라스무스의 공격을 반박하는 가운데 예정, 선택, 의지의 자유 등과 같은 난해한 주제에 대해 에라스무스가 한 말을 인용하면서, 그가 자기 주장은 하지 않고 "판단을 미루고 있다"고 비판했다. 에라스무스는 어떤 문제를 살피고 다룰 때 학자가 취해야 할 학문적 태도는 아주 주의를 기울여서 섣불리 판단을 내리지 않고, 서둘러 확정적인 결론에 이르지 않는 것이라고 여겼다. 에라스무스는 자신이 그런 주제들에 대해서는 확언하지 않는 것이 낫겠다고 말했다. 그러나 루터는 에라스무스의 이런 태도를 견딜 수 없었다. 루터는 이렇게 말했다. "그리스도인들 사이에서 자주 볼 수 있는 가장 특징적인 것이 바로 확신을 가지고 말하는 것이다. 이것을 제해 버리는 것은 곧 기독교 신앙을 제하는 것이다."3 루터는 이렇게 격정적으로 말한다. "우리 그리스도인들 가운데 회의론자들과 탁상공론만을 일삼는 사람들을 제해 버리자. 다 같이 믿음으로 단언하는 자들이 되자."4

루터는 항상 배우지만 진리를 아는 데 이르지 못한 사람이 아니었다(딤후 3:7). 기독교 신앙은 순교자들의 피 위에 세워졌다. 사도들은 결코 저잣거리에 나가서 이렇게 말하지 않았다. "글쎄요, 예수님은 죽은 자 가운데서 다시 살아나셨을 수도 있고 그렇지 않았을 수도 있습니다. 잘 한번 살펴보시고 성급한 판단은 하지 마십시오." 순교자들은 결코 그렇게 하지 않았다. 그들은 자신이 아는 진리를 단언하는 데 주저함이 없었다. 자신이 믿는 바가 무엇인지 알았기 때문이다(딤후 1:8-12). 그들은 하나님의 일들에 관해 알았고, 예수님이 말씀하신 것이 진리라는 것을 분명히 알았고, 성경이 신뢰할 만한 분명한 진리라는 것을 확신했기에, 죽어 가는 세상 속으로 용감하게 들어갔다. 루터도 예외가 아니었다.

예를 들면, 루터는 칭의 교리를 분명히 확신했다. 이 교리가 성경이 가르치는 교리라는 확신이 없었다면 당시의 모든 권력 구조에 맞서지 못했을 것이다. 루터는 또한 모든 목사들이 이 같은 확신—다시 말하지만 거만함에서 비롯된 독단적인 태도가 아니라 하나님의 말씀에 터를 잡고 뿌리를 박은 확신을 말한다—을 갖기를 바랐다. 심지어 오늘날까지 루터는 칼뱅과 더불어 학문 세계에서조차 자신이 사용하는 자료에 대해 비범할 정도로 정통한, 믿기지 않을 정도로 탁월한 천재로 인정받는다. 목사들도 그렇게 되어야 한다. 가르치는 일에는 바로 이처럼 부지런함이 요구된다. 왜 그런가? 그들의 일은 가르치는 자 개인의 의견을 전하는 것이 아니라, 담대하게 하나님의 말씀을 증거하는 것이기 때문이다.

한번은 샌프란시스코에서 활동하는 한 심리학자가 세미나가 끝난 뒤 나를 찾아왔다. 그녀는 자신이 다니는 교회의 목사에 대해 상당히 분개하면서 이렇게 말했다. "저는 저희 목사님이 설교하면서 가급적 하나님의 참된 본성을 우리에게 알리지 않으려 한다고 결론을 내렸습니다. 복음 설교를 통해 하나님의 거룩과 주권과 정의와 진노와 같은 것을 가르치면 사람들이 힘들어 하거나 분개해서 교회를 떠나게 될까 봐 두려워하는 것 같아요. 하나님의 말씀을 들으려고 교회에 가는데, 이러다가 제 영혼은 교회에서 굶어 죽을 것 같아요." 이와 비슷한 어려움을 호소하는 편지와 전화를 얼마나 많이 받는지 모른다. 이제는 거의 자포자기 상태에서 자기 교회의 목사에게 이렇게 울부짖고 있는 것이다. "우리가 당신의 정신분석학이나 들으려고 주일 아침에 시간 맞추어 교회에 오는 것이 아닙니다. 미국의 정치 상황에 대한 당신의 평론을 들으려는 것도 아니고요. 그런 것을 원했다면, CNN이나 Fox 뉴스를 봤을 겁니다. 우리가 교회에 오는 것은 당신의 생각이 아니라, 하나님의 말씀을 듣기 위해서입니다. 선지자들이 했던 것과 같이 '하나님께서 이같이 말씀하시되'라는 말로 시작하는 설교를 듣고 싶습니다."

루터와 칼뱅은 설교자의 소임을 정확히 이해했다. 16세기에 어둠이 복음 진리를 가리고 말씀을 모호하게 했지만, 하나님의 빛이 비추고 교회를 일깨우자 교회사에서 가장 위대한 각성이 일어났다. 진리 그대로의 하나님의 말씀을 가감 없이 전하는 것을 자신의 사명으로 여길 뿐 아니라 그렇게 할 만큼 담대한 사람들을 통해 이 빛이 교회에 이르렀다. 그들은 강단에 올라가기 전에 성경 본문을 주의 깊게 주석하고 깊이 침잠했다. 성경을 깊이 연구하는 것이 그들의 중심된 일이었고, 그들은 그 일을 전혀 겁내지 않았다. 그들의 용기는, 자신들이 가르치고 설교하는 것이 다름 아닌 하나님의 말씀이라는 깊은 확신에서 비롯되었다.

거짓된 가르침을 피하라

오늘날 우리는 현대인들의 마음을 끌기 위해 예배에 많은 변화를 시도하는 것을 목도하고 있다. 문화가 점점 세속화되어 감에 따라, 전통적으로 "교회 하면 떠오르는" 모든 것들―강대상, 장의자, 찬송가―을 제해 버리고 교회 건물을 콘서트홀처럼 바꾸거나 사람들의 관심을 끌 수 있는 재미있고 세련된 전도 집회로 예배를 바꾸는 등, 교회에 대한 전통적인 생각을 재고하려는 많은 시도들을 하고 있다. 마치 회중에게 "우리가 여러분을 기쁘게 해드리겠습니다"라고 말하려는 것처럼 보인다. 하지만 강대상을 극장처럼 꾸미고 교회당을 공연장처럼 바꾸는 것과 같은 현상은 어제오늘의 일이 아니었다. 루터 또한 이미 16세기에 이런 문제와 씨름했다. 루터가 오직 믿음으로만 의롭게 된다는 가장 능력 있는 설교를 하는 와중에도, 회중 가운데 졸고 있는 사람들이 꼭 있었다. 교구 사람들이 교회가 재미있기를 바란다는 사실을 그도 알았다. 종교개혁이 한창 진행중인 16세기의 목사들조차 재미있는 설교를 듣고자 하는 회중들의 요구와 싸워야 했다. 사람들을 재미있게 하는 것이 아니라, 하나님의 말씀에 신실함으로 양무리를 먹이고 살찌우는 것이 목사의 일이라고 루터는 천명했다. 이단과 여러 가지 오류로부터 양무리를 보호하는 것이 목사의 일이라고 그는 말했다. 오늘날 이단과 오류에 대해서 설교하는 목사는 이미 사회적으로 용납될 수 없는 길로 들어선 것이다. 왜냐하면 우리는 상대주의적인 생각에 사로잡힌 문화 속에서 살고 있기 때문이다. 상대주의는 진리란 당신이 진리라고 생각하는 것일 뿐, 당신에게 진리인 것이 다른 사람에게는 비진리일 수 있다고 말한다.

오늘날 우리 사회에서는 자기가 믿고 싶은 것을 믿을 자유가 있다. 그러나 우리의 믿음과 반대되는 것 또한 부정해서도 안된다. "나는 이것이 진리라고 믿는다"라고 말할 수는 있지만, 그것에 반하는 것은 잘못된 것이라고 말해서는 안된다. 상대주의에 세뇌된 이 시대 기독교인들은 "내가 믿는 것에는 오류가 없다"라고 말하기를 주저한다. 이제는 더 이상 이단인지 아닌지 판단할 필요가 없다. 상대주의에서는 이단이 있을 수 없기 때문이다.

2000년도에 치러진 대통령 선거에서 대법원의 판결로 당선을 결정짓게 되었을 때, 샌드라 데이 오코너 Sandra Day O'Conner 판사는 유권자의 책임에 대해 문제를 제기했다. 모든 유권자는 어떻게 투표 기계를 사용하는지에 대한 지침을 제공받았고, 그 지침에는 반드시 스타일러스 펜을 사용할 것과 투표 용지에는 천공 부스러기가 남아 있지 않아야 한다는 것이 분명히 나와 있었다고 오코너 판사는 명시했다. 이것들은 전적으로 투표하러 들어간 유권자의 책임이었던 것이다. 그녀의 문제 제기를 들은 한 뉴스 평론가는, 오코너 판사가 미국에서 투표는 특권이고 이런 특권에는 그에 합당한 책임이 따른다고 말한 것으로 전했다. 그러나 그는 또한 이런 질문을 던졌다. "우리 문화에서 책임과 같은 것은 이미 사라진 지 오래라는 것을 그녀는 모른단 말입니까?" 상대주의가 득세하는 환경에서는 어떤 사람에게 무엇에 대한 책임을 묻는 것이 무의미하다는 것을 보여 주는 예라고 하겠다.

심지어 상대주의가 득세하기 전부터 루터는, 거짓된 가르침으로부터 양무리를 보호해야 할 목자의 책임을 다루어야 했다. 구약성경에서 이스라엘의 안전을 가장 크게 위협했던 것은 앗시리아나 바벨론이나 블레셋의 군대가 아니라, 그들 진영에 있는 거짓 선지자들이었다는 것을 루터는 알았다. 예레미야는 하나님 앞에 이렇게 말했다. "여호와여, 이제는 더 이상 못하겠습니다. 더 이상 하나님의 이름으로 말하지 않겠습니다. 날마다 조롱거리가 되는 것도 이젠 지쳤습니다." 예레미야가 입을 열어 예루살렘에 하나님의 말씀을 전할 때마다, 수백의 거짓 선지자들은 백성에게 있지도 않은 평화를 말하며 "평화로다, 평화로다" 하고 응수했다. 안 좋은 소식을 말하는 예레미야의 예언이 귀에 거슬렸던 백성들은 거짓 선지자들의 예언에 귀를 기울였다. 자기가 듣고 싶은 말을 하는 선생들과 선지자들에게로 갔다. 예레미야가 이런 상황에 대해 불평하자, 하나님은 다음과 같이 그에게 확인해 주셨다. "꿈을 꾼 선지자는 꿈을 말할 것이요 내 말을 받은 자는 성실함으로 내 말을 말할 것이라"(렘 23:28).

양의 비유에 따르면, 거짓 선지자는 양의 거죽을 둘러쓴 늑대다. 신앙을 가장하고 가만히 양들(하나님의 백성)에게 들어와 설교한다. 그들이 선포하는 것은 백성을 타락과 영원한 멸망으로 이끈다. 선한 목자인 참된 선지자는 양들을 위해 생명의 위협을 무릅쓴다. 목자가 지팡이와 막대기를 가지고 다니는 이유가 있다. 양들을 유린하는 늑대들로부터 양들을 지켜야 하기 때문이다. 루터는 거짓 선생은 모든 범죄자 중에 가장 사특한 존재라고 했다. 영원한 멸망으로 이끄는 맹독을 퍼뜨리기 때문이다. 목사는 이런 영적인 범죄 행위로부터 양들을 보호해야 한다.

마지막으로, 루터는 설교자는 자신의 영예가 아닌, 하나님과 그리스도의 영예를 수호해야 한다고 말했다. 설교자가 진리를 수호해야 하는 이유가 여기에 있다. 설교자는 자기 개인의 의견이나 평판이 아닌, 하나님의 진리를 지키려고 애써야 한다. 목사가 하는 일이 바로 이것이다. 오늘날 하나님의 이름이 심각하게 실추되었기 때문이다. 그것도 교회 안에서부터 말이다. 내가 가르치는 학생들에게 나는 이렇게 말했다. "자신의 분에 겨워 설교하는 일은 결코, 결코, 결코, 결코 없어야 한다. 설령 분이 일어나는 문제가 있더라도, 적어도 그 문제를 주제로 설교하지 않도록 해야 한다. 강대상을 개인의 의견을 피력하는 가두 연단으로 전락시켜서는 안된다. 하나님의 진노를 설교하고 싶다면, 그 설교가 자신의 화로부터 비롯된 것이 아닌, 하나님의 진노에 관한 설교임을 분명히 할 수 있어야 한다. 자신의 영예가 아닌 그리스도의 영예 때문이라는 것이 분명해야 한다." 어느 설교자든 예외 없이 강대상으로 올라갈 때는 자신의 육신도 같이 간다. 육체의 소욕으로부터 자신을 지키고, 하나님의 말씀이 말하는 바에 주목하는 것은 거룩한 일이다.

설교에 있어서 그리스도의 중심성

종교개혁자들은 예배의 중심이 설교이고, 설교의 중심은 그리스도라고 생각했다. 루터는 이 문제에 접근하면서 복음을 강조했지만, 그렇다고 율법을 무시한 것은 아니었다. 다만 그는 율법과 복음에 대해 의미 있는 구분을 했을 뿐이다. 설교자는 복음은 물론 율법을 설교해야 한다고 말했다. 율법이 분명하고 명확하게 드러나지 않으면 사람들은 복음의 가치를 알지 못할 것이기 때문이다. 어떤 면에서 루터는 복음이 모호해져 버린, 오늘날 우리가 직면하고 있는 상황을 예견하고 한 말인지도 모르겠다. 사람들은 복음을 들어도 무덤덤하다. 이는 그들이 복음에 대해 큰 필요를 느끼지 못한다는 사실에 대한 암묵적인 증거다. 하나님께서는 누구나 조건 없이 사랑하시고 우리 모습 그대로 우리를 용납하신다는 말을 귀에 못이 박히도록 듣는다. 이것이 너무 강조된 나머지, 사람들이 죄책과 죄를 피해 복음을 끌어안을 필요를 못 느낀다.

　루터는 율법을 연구하면서 거의 절망적인 상태가 되었다. 수도원에 있으면서 그는 매일매일 몇 시간씩을 전날에 지은 모든 죄를 떠올리며 사제에게 고해성사를 했다. 그의 고해성사를 담당한 사제는 루터의 고해성사를 그리 달가워하지 않았다. 그 사제는 만일 죄를 고백할 거라면 "저는 지난밤에 데이비드 형제의 접시에 있는 고기를 더 탐냈습니다"라든지, "저는 소등 시간이 지났음에도 불구하고 성경을 읽는다고 5분이나 늦게 불을 껐습니다" 같은 자질구레한 것 말고, 무엇인가 더 심각하고 현저한 죄를 고백해야 한다고 생각했던 것이다. 수도원에 살면서 매일 두세 시간씩이나 죄를 고백할 일이 뭐가 있었겠는가?

　우리는 루터가 법학을 공부했던 사람이라는 것을 잊어서는 안 된다. 하나님의 진노를 피해 수도원으로 피신하기 전, 그는 법을 공부하는 전도유망한 학생이었다. 그는 법을 공부하듯이 성경 율법을 연구하는 데 매진했고, 그러는 가운데 율법은 하나님의 완전한 의와 거룩을 비추는 거울이라는 사실과, 그에 반해 자신은 전혀 의가 없는 죄인이라는 사실을 알았다. 그러므로 루터는 하나님의 율법을 통해 자신의 죄책을 깨닫고 가장 괴로워할 수 있는 사람이 되었던 것이다. 이후에 루터는 하나님께서 누군가에게 천국의 희락과 달콤함을 맛보게 하시기 전에, 먼저 지옥 불구덩이 위에 매달리게 하셔서 복음과 상관없는 자신의 상태가 어떠한지를 절감하게 하신다고 말했다.

　루터 역시 바울이 말한 몽학선생으로서의 율법의 지배 아래 있었다. 바울은 율법을, 우리를 그리스도께로 이끄는 하나님의 몽학선생이라 불렀다. 이 유비를 이해하려면 고대 사회의 교육문화를 알아야 한다. 고대 사회에서는 교실에 두 명의 선생이 있었다. 한 사람은 배움에 필요한 내용을 전달했고, 다른 한 사람은 훈육을 위해 긴 막대기를 항상 지니고 있었다. 교실에서 잘못 행동하거나 도리에 어긋나는 짓을 하면 이 훈육선생이 학생의 어깨를 막대기로 가볍게 내리쳤다. 그래도 고치지 않으면, 좀 더 세게 내리쳤다. 이것이 바로 바울이 말한 몽학선생으로서의 율법의 기능이다. 율법은 우리의 잘못을 드러내고 훈육하고 바로잡아, 우리를 복음으로 이끈다.

아우구스티누스와 이단인 펠라기우스 사이에 계속되었던 해묵은 논쟁거리 가운데 하나가, 바로 인간에게 완전할 것을 명령하시는 하나님의 요구가 과연 정당한가 하는 것이었다. 루터는 인간은 타락하여 죄와 죄과로 죽었다고 말했다. 그렇기 때문에 하나님이 거룩하신 것처럼 거룩하라는 하나님의 명령을 지킬 수 없다는 것이다(레 11:44, 벧전 1:16). 이에 대해 펠라기우스는 인간 스스로의 노력으로 완전해질 수 있기 때문에 하나님이 그런 명령을 주셨을 것이라고 응수했다. 여러 사건들을 통해 교회는 펠라기우스 이단을 완전히 부정했다. 하지만 루터 역시, 인간이 이루지도 못할 일을 하나님께서 율법을 통해 요구하신다는 사실을 이해하지 못했다. 결국 그가 찾아낸 대답은, 율법에 있는 복음적 기능이다. 율법이 인간을 복음으로 이끈다는 것이다.

내가 섬기는 교회에서는 매 주일 아침마다 십계명을 읽고 짧은 주석을 덧붙인다. 우리가 그렇게 하는 이유는, 16세기에 이미 루터와 칼뱅 모두가 십계명을 인정했기 때문이다. 하나님의 율법을 따라 사는 우리를 보고 사람들이 복음을 붙잡을 수 있도록, 우리는 반드시 하나님의 율법을 지켜야 한다.

루터도 복음과 율법을 설교하는 것이 바로 설교자의 사명이라고 했다. 율법을 증거하지 않고 복음만 이야기하고 설교를 마치는 것을 루터는 용납하지 않았을 것이다. 설교자가 "좋은 소식"만 전하고 "나쁜 소식"을 말하지 않는다면, 좋은 소식은 더 이상 좋은 소식일 수 없다. 사람들에게 복음은 더 이상 중요하지 않을 것이다.

새로운 것을 설교하려고 하지 말라

또한 목사는 새로운 것을 설교하지 말아야 한다고 루터는 말했다. 신학계에서는 색다르고 새로운 이론을 높이 평가하는 경향이 있다. 물론 루터 역시 하나님의 말씀에 대해 재기 넘치는 통찰과 분별로 당시 많은 사람들을 일깨우는 데 여러 방식으로 기여했다. 목사는 사람들이 잊어버리고 간과하는 어떤 것을 성경 본문으로부터 통찰력 있게 끌어내 적용할 수 있다. 그러나 루터가 경계한 새로운 것이란, 자기 나름대로 무엇을 생각해 내는 것을 말한다. 강대상은 그런 것을 위한 여지가 없다. 하나님의 백성들을 가르칠 때도 마찬가지다.

오늘날 교회의 문제 가운데 하나는, 주요 교단들마다 자유주의 신학이 득세하여 목사들이 더 이상 성경의 내용을 가르치지 않는다는 사실이다. 역사적으로 어떻게 이런 일이 일어나게 되었는가? 먼저 신학교들이 그렇게 되었고, 그곳을 거친 목사들이 그렇게 되었고, 결국에는 회중까지 그렇게 된 것이다. 진정한 개혁을 원한다면, 신학교들이 가르치는 것이 무엇인지 주의해서 살펴야 한다.

    신학교는 학문 기관으로서 항상 학문적인 성과를 내고 인정받기 위해 힘쓴다. 그러므로 신학교마다 여러 대학들로부터 학문적으로 인정받는 교수들을 원한다. 박사학위를 받으려면 논문을 써야 하고, 대부분의 학교에서 인정받는 박사학위 논문은 새로운 논제를 다루는 것이어야 한다. 새로운 이론이나 논제를 다뤄야 주목받을 수 있기 때문이다. 물론, 화학 분야에서 새로운 화학 작용과 관련해서 새로운 시각을 제시하는 것은 전혀 문제될 것이 없다. 과학은, 그 중에서도 특히 물리학은 더 많은 연구와 새로운 실험이 필요하고, 위대한 발견과 진보가 가능한 분야다. 그러나 2천 년 전에 서구 역사상 가장 탁월한 지성들이 자세히 살펴서 완성해 놓은 책을 전체 틀을 완전히 뒤바꾸어 우리 시대의 새로운 시각으로 접근하는 것은 대단히 바람직해 보이지 않는다. 하지만 우리는 그렇게 하도록 학자들을 압박하고 있다.

    대학원 학생이 박사학위를 위해 쓴 논문을 읽은 적이 있다. 사람들에게 환각 작용을 일으키고 이상 성욕을 불러일으키는 버섯이 있는데, 예수께서 그것을 통해 신흥 종교를 만들었다는 것이다. 정말 터무니없는 소리다. 이제까지의 모든 역사적 연구 결과를 모조리 무시해야만 이런 결론에 도달할 수 있을 것이다. 그럼에도 불구하고 더 새로운 것일수록 학문적 인정을 받기가 쉽다.

신학계에도 좌우가 있을 뿐 아니라, 보다 급진적인 좌우가 있다. 1980년대에, 예수의 생애를 기록한 복음서의 역사성에 대해 토론하고 의문을 제기하면서 일어난 '역사적 예수 연구Jesus Seminar'를 구성하는 일단의 학자들을 극단적인 좌파라고 할 수 있다. 사람들은 역사적 예수 연구에 참여하는 학자들을 가리켜 "광신적"이라고 하는 내 말에 반대할 것이다. 적어도 그들은 "학자들"이기 때문이다. 그러나 그들이 학문적으로는 뛰어날지 모르지만, 사실은 진지하게 학문을 추구하지 않는 전혀 무책임한 자들이다. 고등비평을 하는 자유주의 신학자가 보면 나는 극단적인 우파에 속할 것이다. 적어도 나는 자유주의 신학자가 하는 학문적 연구와 방법론을 존중한다. 그러나 역사적 예수 연구를 하는 사람들은 새로운 것에만 관심을 둔다. 오늘날 이들이 주목받는 이유가 바로 여기에 있다. 이들은 바울의 이야기를 흥미롭게 들었던 아테네에 있는 아레오바고 광장의 철학자들과 다를 바 없다. 이들은 항상 새로운 것을 찾아 아레오바고 광장에 나가 그에 대한 토론을 일삼았다. 바울은 죽은 자가 다시 살아난 것과 같이 그들이 전혀 들어 보지 못한 이야기를 했고, 그런 바울의 이야기를 듣기 위해 사람들은 모여들었다.

하나님께서는 복음 사역자들이 하나님의 말씀을 진지하고 정확하게 증거하기를 바라신다. 하나님께서는 새로운 것에 후한 점수를 주시는 분이 아니시다. 사실, 하나님의 말씀에서 무슨 새로운 것을 추구한다는 것은 하나님의 말씀과 상관없는 것을 만들어 내고 있다는 소리다. 말씀에 없는 것을 덧붙이고 있는 것이다. 스스로 하나님의 진노가 선언된 위험한 곳으로 다가서고 있는 것이다. 루터에 따르면, 성경에 새로운 것을 위한 여지는 없다. 하나님의 율법과 복음의 모든 경륜을 가감 없이 전해야 한다.

사람들이 천국에 이르도록 도와야 한다

천국에 이르는 길을 밝히 보이는 것이야말로 설교자가 해야 할 일이라고 루터는 말했다. 오늘날 이런 말을 하면 피식 웃으면서 이렇게 말하는 사람들이 있다. "진담이세요? 주일 아침에 설교자가 해야 할 일이 사람들에게 천국에 이르는 길을 가르치는 것이라고요? 그런 '내세지향적인' 마음으로 하나님의 말씀을 오늘 우리 삶에 제대로 적용할 수 있겠습니까?"

루터는 교회의 임무는 "세속적"이라고 했다. 그러나 이 말이 오늘날 경멸적으로 사용되는 것처럼 비속한 사람이 되어야 한다는 뜻은 아니다. 이 말의 어원적인 뿌리는 '성전 밖으로' 혹은 '성전 밖에서'라는 뜻이다. 이 말을 통해 루터는 그리스도인이 성전을 떠나 세상 속으로 들어가 살 수 있을 정도로 강력해야 한다는 것을 말하고자 했다. 수직적인 차원의 천국에 이르는 길을 배움으로써 수평적인 차원의 이웃을 위한 그리스도로 드러나는 법을 배운다. 그리하여 복음을 안고 주일 아침 교회당을 나서서 세상으로 들어가는 것이다. 루터는 교회의 사명이 수도원에 갇혀 있는 것이라고 보지 않았다. 오히려 그는 하나님의 말씀이 교회를 통해 문화와 이 세상의 보루를 뚫고 들어가는 것을 꿈꿨다.

이는 수직적 관계가 갖는 중요성과 가치를 완전히 부인하는 자유주의 신학이 득세했던 19세기 상황과는 판이하게 다르다. 자유주의 신학은 기독교는 천국에 가기 위한 종교가 아니라, 이웃 사랑을 위한 종교라고 했다. 기독교는 초자연적인 화해에 대해 말하는 것이 아니라, 인도주의적인 사회를 세워 가는 것을 말하고 있다는 것이다. 이렇게 해서 19세기의 복음은 이른바 "사회 복음"이 되었다.

루터는 이 세상에 사는 모든 사람의 가장 급박한 필요는, 이 세상을 떠날 때 자신에게 일어날 일을 준비하는 것이라고 외쳤다. 하나님의 말씀을 설교하는 사람은 모든 사람이 죽음을 통해 세상에서 천국으로 옮겨지도록 준비시키는 것이다. 목사인 우리는 사람들의 영혼을 담당한다. 그들의 영생이 우리 손에 달려 있다. 비록 우리는 사람이 영혼을 가지고 있다는 사실조차 믿지 않는 시대를 살지만, 사람이 죽은 후에도 그 영혼은 계속된다는 것은 변하지 않는 기독교 신앙의 핵심이다. 사람들은 바로 이 사실을 알고 준비해야 한다. 그렇게 준비시키는 것이 바로 설교자의 일이다.

목회자가 호기심을 일으키는 새로운 견해를 자꾸 이끌어 내는 것은, 그들이 하나님의 전체 경륜을 설교하는 것에 대한 확신이 없기 때문이다. 루터는 설교의 능력이 설교자나 그가 사용하는 현란한 기교에 있는 것이 아니라, 하나님의 말씀을 선언할 때 그와 함께하는 하나님의 능력에 있다는 사실을 분명히 강조했다. 물론, 루터는 복음이 설교자에 의해 좌지우지되는 것이 아니라는 것을 잘 알고 있었다. 복음은 심지어 교회에 속한 것도 아니다. 바울은 로마서 1:1에서 자신이 "하나님의 복음을 위하여 택정함을 입었"다고 말한다. 여기서 말하는 "하나님의 복음"은 하나님에 대한 복음이라는 말이 아니라, 하나님께 속한 복음이라는 뜻이다. 그러므로 바울이 하나님의 복음이라고 할 때, 그는 복음이 하나님께 속했다는 말을 하고 있는 것이다. 하나님이 복음의 저자요 주인이시다. 복음은 선지자나 설교자의 통찰력으로 생겨난 것이 아니라, 하나님께로부터 온 것이다. 그러므로 복음을 선포한다는 것은, 우리 자신의 메시지를 전하는 것이 아니다.

같은 장 후반부에서 바울은, 복음은 모든 믿는 자들을 구원하는 하나님의 능력이라고 말한다. 능력은 복음에 있는 것이지, 복음을 전하는 우리에게 있는 것이 아니라는 말이다. 그러므로 설교자는 어떻게 복음을 전할지 더더욱 주의해야 한다.

복음을 깨달아야 한다

몇 년 전 수천 명이 참가한 기독교 출판인 대회에서 어느 기독교 단체가 사람들이 복음을 어떻게 정의하는지 조사한 적이 있는데, 100명 중 1명만이 복음을 제대로 정의하고 있었다. 예수님과 좋은 관계를 맺거나 그리스도께서 마음에 오시도록 요청하는 것 정도로 복음을 생각하고 있는 사람들이 많았다. 물론 그런 것도 중요하지만, 그것이 복음은 아니다. 복음은 그리스도의 인격과 그분이 이루신 일, 믿음을 통해 어떻게 그리스도의 은혜가 그리스도인의 삶에 적용되는지에 초점을 맞춘다.

설교자는 먼저 복음을 분명히 알아야 한다. 그래야만 복음을 정확하고 담대하게 증거할 수 있다. 설교자는 복음을 전달하기만 할 뿐, 듣는 사람이 믿음으로 반응하게 하는 것은 우리 책임이 아니다. 바울은 에베소 교인들에게 우리가 믿음을 통해 은혜로 의롭게 되었으며, 믿음은 우리에게서 난 것이 아니라 하나님의 선물이라고 기록하고 있다(엡 2:8-9). 심지어 사람들이 우리의 복음 선포에 믿음으로 반응하기를 바라는 것조차 우리의 바람이 아니라 하나님의 선물이다. 그러므로 탁월한 언변과 진실함과 가능한 모든 현대적인 기교를 다해서 설교했다 하더라도, 아무런 결실을 거두지 못할 수 있는 것이다. 반대로, 그처럼 탁월한 은사도 없이 복음의 최소한의 내용만 전해도 부흥이 일어날 수 있다. 하나님께서 복음 선포에 함께하실 때 복음이 능력으로 역사하기 때문이다. 하나님께서는 세상을 구원하는 방편으로 설교[전도]라는 미련한 방법을 택하셨다는 사실을 잊지 말아야 한다(고전 1:20-25).

성경은 설교를 중요하게 여긴다. 하나님께서는 백성들의 구원이라는 하나님의 뜻을 이루시는 도구로 설교라는 어리석은 방편을 택하셨다. 루터가 "오 설교자여, 당신의 임무는 성경 본문에 충실하고 복음과 하나님의 전체 경륜을 최선을 다해 선포한 후에, 뒤로 물러나 복음이 역사하는 것을 보는 것입니다. 자신의 기교로 사람들을 인위적으로 설득하여 반응하게 할 필요가 없습니다. 여러분이 율법과 복음을 설교하고, 하나님의 성령께서 함께하심으로 결실하는 것입니다"라고 말했을 때, 그는 이 사실을 이해하고 있었던 것이다.

하나님께서는 우리에게 말씀 사역을 맡기셨지 그 결과를 맡기신 것이 아니다. 모세 당시에도 마찬가지였다. 하나님께서는 모세를 당시 가장 강력한 군주인 바로에게 보내셨다. 온 세상에서 가장 권세 있는 사람인 바로와 대면하여 싸우게 하신 것이었다. 하나님께서는 미디안 광야로 도망쳐 수십 년 동안 양을 치던 비천한 목자 모세로 하여금, 바로에게 가서 하나님의 이름으로 그 백성을 내보내라고 명령하게 하셨다. 모세에게는 이 세상 권세에 대항할 힘이 없었다. 모세 스스로는 바로의 권세와 도저히 비교될 수 없었다. 그러나 모세는 하나님의 말씀을 신실하게 바로에게 전했고, 하나님께서 바로와 그의 군대를 치셨다.

설교의 가치

루터는 하나님의 말씀에 신실한 목사를 크게 존대했다. 루터는 하나님의 백성은 신실한 설교자—비록 기교에는 무디다 할지라도—를 높이고 존경해야 한다고 말했다.

우리는 시장이 상품과 서비스의 가치를 결정하는 경제 구조에서 살고 있다. 당신의 차가 당신에게 얼마나 중요한지 나는 알 수 없다. 오직 당신 자신만이 알 수 있다. 사람들은 자동차를 중요하게 생각한다. 대부분의 가정이 직장에서 몇 킬로미터씩 떨어져 있어서 자동차에 크게 의존하지 않으면 안되기 때문이다. 이동 수단이 필요한 우리는 많은 돈을 들여 차를 산다. 마찬가지로, 건강을 소중히 여기기 때문에 의료보험 같은 데 많은 비용을 지출한다.

그러나 교회에 가는 사람들의 문화적 습관을 보라. 30년 전에 헌금 주머니가 지나갈 때 보통 1달러짜리 지폐를 넣었다. 오늘날도 여전히 사람들은 1달러를 넣는다. 인플레이션은 전혀 안중에도 없다. 만일 시장의 원리대로 내버려 둔다면, 가장 낮은 보수를 받는 사람은 교사와 목사일 것이다. 왜 그런가? 그들의 섬김을 우리가 대수롭지 않게 여기기 때문이다. 하나님께서 구약의 이스라엘 백성에게 세금으로 십일조를 명하신 이유가 여기 있다. 사람들이 낸 십일조는 가르치고 설교하는 레위인들에게 나누어졌다. 사람들 스스로 설교의 가치를 매기도록 내버려 두면, 그들은 결코 설교에 합당한 가치를 두지 않을 것을 하나님은 아셨던 것이다. 루터는 설교와 설교자를 소중하게 여기지 않는 것을 하나님을 대항하는 죄로 여겼다.

이쯤 되면 교회 다니는 많은 사람들이 말할 것이다. "설교자는 조금 가난해야 한다. 그래야만 세속적이지 않을 수 있다." 우리는 다른 사람이 하는 것에 대해 이래라저래라 말할 책임이 없다. 독일에서 똑같은 상황이 벌어지고 있을 때, 루터는 변변찮은 설교자라 할지라도 사람들에게 값진 진주를 가져다준다고 지적했다. 영원하고 값을 매길 수 없이 소중한 것을 다루는 목사들의 수고를 소홀히 여겨서는 안된다는 것이다.

한편, 루터는 개인의 야망이 신실한 설교자에게 올무가 될 수 있다고 말한다. 이 말을 조금 의아하게 생각할 수도 있겠다. 개인적인 야망이 있다면 아예 목회의 길에 들어서지 말아야 하지 않는가 하고 의문이 들지도 모르겠다. 목회의 큰 매력 가운데 하나는, 목사가 되면 즉시 지도력을 행사하는 자리에 선다는 것이다. 사례는 충분하지 않을지 몰라도, 강대상을 통해 주어지는 권위와 힘은 하나님의 일에 전혀 관심이 없는 사람에게조차 매력으로 다가갈 수 있다. 루터는 목회를 망칠 수 있는 이런 개인적 야망의 올무를 조심하라고 권면한다. 다른 사람에게 없는 것을 가진 것 때문에 교만하게 된 목사는, 하나님의 일에 신실하기보다 자신만의 제국을 건설하기 시작할 수 있기 때문이다.

지성을 통해 가슴에까지 파고들어야 한다

우리는 기교를 믿지 않는다. 그럼에도 불구하고 루터는 중요한 몇 가지 의사소통의 원리를 무시하지 않았다. 설교자가 알아야 할 설교 작성과 전달의 원리가 있다. 강단에서 효과적으로 정보를 전달하는 법을 알아야 한다.

인간이 어떻게 만들어졌는가 하는 것은 설교에 아주 중요한 실마리가 된다. 하나님께서는 자기 형상을 따라 인간을 지으셨고, 인간에게 지성을 주셨다. 설교는 지성을 향하는 것이다. 그러나 단순한 정보의 전달만이 아니라, 앞에서 언급한 것처럼 권면과 호소를 포함한다. 설교를 통해 목사는 사람들의 의지에 말하고 변화를 촉구한다. 깨달은 바대로 행할 것을 촉구한다. 바꾸어 말해서, 설교자는 사람들의 마음을 얻으려고 한다. 오직 지각을 통해서만 마음에까지 닿을 수 있다. 그러므로 먼저는 설교자가 말하는 바를 사람들이 이해할 수 있어야 한다. 루터가, 신학교에서 가르치는 것과 강단에서 설교하는 것이 별개라고 말한 이유가 여기에 있다. 주일 아침에 그는 모든 사람이 알아듣도록 하기 위해 회중에 있는 어린아이들을 향해 설교하곤 한다고 말했다. 추상적인 생각을 가지고 설교해서는 안된다.

자세한 설명은 회중에게 오래 기억되는 깊은 인상을 남긴다. 루터는 대중적인 의사소통을 위해 세 가지 원리를 중요시했다. 예증하고, 예증하고, 또 예증하는 것이었다. 그는 설교자들에게 구체적인 이미지를 찾고 예를 들라고 강조했다. 추상적인 교리를 설교하는 경우, 목사들은 그 진리에 걸맞는 예를 성경 이야기에서 찾으라고 했다. 예를 통해 추상적인 진리가 구체적으로 전달될 수 있기 때문이다.

예수님의 설교방식이 그 대표적인 예다. 자기 몸과 같이 이웃을 사랑하는 것이 무엇을 말하는지 토론하기 위해 어떤 사람이 예수께 나아왔다. "그 사람이 자기를 옳게 보이려고 예수께 여짜오되 그러면 내 이웃이 누구니이까. 예수께서 대답하여 이르시되 어떤 사람이 예루살렘에서 여리고로 내려가다가 강도를 만나매……"(눅 10:29-30). 예수님은 단순히 추상적이고 이론적으로 대답하지 않으시고 선한 사마리아인의 비유를 들어 말씀하셨다. 핵심을 깨닫도록 구체적인 예로 답하신 것이다.

조나단 에드워즈는 코네티컷 주 엔필드에서 '진노하시는 하나님의 손에 붙들린 죄인들'이라는 유명한 설교를 했다. 당시 그는 단조로운 목소리로 설교 원고를 그대로 읽어 내려가기는 했지만, 구체적이고 회화적인 이미지를 사용했다. 한 예로, 에드워즈는 이렇게 말했다. "거미나 혐오스런 벌레를 불꽃 위에 들고 있는 것처럼, 하나님께서는 여러분을 지옥의 불구덩이 위에 들고 계십니다."[5] 또 이렇게 말했다. "하나님의 진노의 활시위가 당겨졌고, 화살이 겨누어졌습니다."[6] 그는 또 이렇게 외쳤다. "여러분은 지금 이글거리는 하나님의 진노의 불꽃 위로 드리운 가느다란 실에 간신히 매달려 있습니다."7 회화적인 이미지를 더 많이 사용할수록, 사람들은 더 귀 기울여 듣고 더 잘 기억한다는 것을 에드워즈는 알았다.

　루터 역시 같은 말을 한다. 그는 결코 기교와 실체를 뒤바꾸지 않았지만, 하나님의 말씀의 실체는 반드시 실례와 더불어 단순하고 회화적이고 직접적으로 하나님의 백성들에게 전달되어야 한다고 말한다. 루터에게 목사는 하나님의 말씀을 맡은 자라는 것, 그것이 전부였다. 그 이상도 그 이하도 아니었다. 설교자는 하나님의 백성들을 가르치는 사람이다.

6장 지성에 호소하는 설교

R. C. 스프라울 Jr.

설교는 반드시 회중의 지성을 향해 선포되어야 한다. 설교는 마음과 삶을 변화시켜야 한다. 그리고 이 두 가지 변화는 다름 아닌 새롭게 된 지성을 통한 결실이다. 설교자는 하나님의 말씀이 섬기는 회중들의 삶에서 결실하도록 그들을 의로 가르치고, 시편 23편이 말하는 것처럼 그들이 의의 길로 가도록 지도해야 한다.

우리는 모두 광고에 찌들려 살고 있다. 그렇다고 우리 모두가 정신이상자라는 말은 아니다. 이 말에 모두가 화를 내리라고는 생각지 않는다. 나는 지금 내가 미국인이라는 사실 때문에 광고로 도배된 안경을 통해 세상을 바라볼 수밖에 없는 실상을 말하고 있다.

켄 마이어스Ken Myers가 그의 유쾌한 책 「하나님의 자녀들과 파란 스웨이드 신발: 그리스도인과 대중문화 All God's Children and Blue Suede Shoes: The Christian and Pop Culture」에서 잘 언급한 것처럼, 텔레비전이 문화를 지배하고 로큰롤 음악이 우리의 특징을 대변한다면 메디슨 애비뉴(미국 광고업의 중심지—편집자)가 우리의 현 주소가 될 것이다. 포스트모던한 세상에서 진리를 발견하려는 토론은 더 이상 찾아보기가 어렵다. 도대체 왜 이렇게 되었는지를 알기 위해 서로 논의하는 것조차 멈췄다. 이 사고방식에서는 우리가 알아야 할 진리 같은 것은 없다. 우리 시대의 토론이라는 것은, 고대 그리스의 소피스트들이 그러했던 것처럼 상대방을 이기기 위해 하는 토론일 뿐이다. 언어는 상대방으로 하여금 진리를 받아들이도록 하는 수단이 아니라, 내 말을 받아들이도록 하기 위한 도구에 불과하다. 그럴 만한 가치가 없는 말이라 하더라도 말이다. 이러한 사고 방식을 가지고 살아가는 사람들에게 모든 말은 예나 지금이나 속이 빤히 들여다보이는 일종의 실력 행사에 불과하다. 영리한 사람은 영악한 언변으로 자신이 원하는 것을 얻어 낼 것이다.

교회 성장을 주장하는 전문가들의 가르침을 조금만 들추어 보아도 우리는 거기서 광고에 찌든 사람들을 발견한다. (물론 어떤 전문가는 빤히 드러내고 하기 때문에 굳이 들추어 볼 필요조차 없는 경우도 있다.) 교회를 전문적으로 마케팅할 뿐 아니라, 심지어 교회의 주인이신 예수님을 마케팅하는 전문적인 홍보 컨설턴트들도 포함된다. 설교에 대해서 이들은, 우리도 그들처럼 강단에서 메시지를 수요자의 기호에 맞춰 전해야 한다고 조언한다. 정신없는 소리처럼 들리지만, 이런 조언에 동의하는 목회자들이 많다.

지난 몇 년 동안 광고 자체도 많이 변했다. 미국인들의 문화가 말 중심에서 이미지 중심으로 점차 변화함에 따라, 광고 역시 자신의 주장을 관철하려는 것에서 소비자를 끄는 쪽으로 바뀌었다. 텔레비전이 처음 등장했을 때는 주로 광고가 경쟁 상품과 비교하여 자신들의 상품의 우수성을 알리는 데 주력했다. 과학적 연구 결과를 그 증거로 내세우는 등, 타사 제품과의 차별성을 객관적으로 증거하려고 노력했다. 하지만 얼마 지나지 않아 이미지가 말을 압도하게 되었고, 광고 역시 소비자의 잠재의식을 건드리는 게임으로 바뀌었다.

오늘날 광고가 사람들에게 접근하는 방식이 그렇다. 소비자에게 있는 의구심의 벽을 무너뜨려 주목하게 하기보다는, 소비자의 생각을 바꾸어 제품을 구매하도록 한다. 소비자의 지갑을 열기 위해 의식을 바꾸어 놓는다. 상품과 서비스의 가격을 책정하는 데 보편적으로 사용되는 방법을 예로 들어 보자. 피자 한 판을 살 때 우리는 보통 5.99달러 하는 것을 사려고 한다. 왜 피자저러스Pizzas R Us는 피자 한 판 가격을 이렇게 매길까? 6달러에 파는 것이 더 상식적이고 편하지 않은가? 너무 오래된 가격 책정 수법이라 소비자들이 그 수법을 다 아는데도 불구하고, 이 체인점은 여전히 그렇게 팔고 있다. 거의 6달러를 주고 사지만 소비자가 그 가격을 5달러로 인식하기를 바라는 것이다.

야구 스타가 특정 브랜드의 면도날을 선전하는 광고도 마찬가지다. 우리는 그 면도날의 성능이나 기능에 대한 공들인 설명에는 관심이 없다. 대신에, 그 면도날로 면도를 하면 그 야구 스타의 이미지와 비슷하게 될 것이라고 믿는다. 단 한 번이라도 이미지와 상관없이 생각해 보면 정말 터무니없는 생각이라는 것을 알 수 있다. 회사가 이미지에 집착하는 것도 이 때문이다. 이처럼 우리는 우리의 잠재의식을 노리는 광고에 이리저리 휘둘리면서도 아무렇지도 않은 듯 살아가고 있다.

속는 것도 안 좋은 일이지만, 다른 사람을 속이는 것은 더 나쁜 일이다. 하지만 바로 교회 성장을 이야기하는 전문가들이 그렇게 가르치고 있다. 그들은 사람들이 진리이신 그리스도를 영접하도록 하기 위해서 진리 대신 심리학적인 기법을 사용하라고 요구한다. 이들이 가르치는 기법은 아주 효과적이어서, 그 기법을 넘어선 진리를 알아야 하는 목사들도 그것을 덥석 받아들인다.

육체의 정욕을 피하라

그러나 하나님의 말씀은 전혀 다른 것을 우리에게 요구한다. 성경은 우리의 싸우는 무기는 육신에 속한 것이 아니라, 견고한 진도 무너뜨리는 하나님의 능력이라고 말씀한다(고후 10:4). 적어도 이 말씀은 우리의 무기는 항공모함과 유도미사일이 아니라는 소리다. 하나님 나라를 위한 우리의 싸움은 대규모 병력이나 비행 편대를 동원해서 하는 것이 아니다. 그럼에도 우리가 피해야 할 육체성과 정욕은 날이 갈수록 깊어만 간다. 바울은 지금 우리의 무기는 육체적인 것이 아닐 뿐 아니라, 죄에 젖어 있는 것도 아니라고 말한다. 심리학적인 기법은 돌돌 말아서 여행 가방에 넣을 수 있는 것이 아니다. 기만적인 광고 역시 공간을 차지하는 것이 아니다. 육신의 무기는 큰 싸움에서 그리 효과적이지도 못할 뿐더러 뱀의 손에 붙들린 도구로 사용될 뿐이다. 선의를 가지고 사용한다 해도, 이런 기법은 뱀의 후손들에게는 아무 피해도 입히지 않지만, 하나님 나라의 군병들에게는 터져서 큰 해를 입힐 수밖에 없는 폭탄과 같다.

세속으로 이끄는 시험에서 우리는 지혜와 순종과 하나님의 말씀의 능력으로 싸운다. 계속해서 바울은 고린도 교인들에게 이렇게 말한다. "모든 이론을 무너뜨리며 하나님 아는 것을 대적하여 높아진 것을 다 무너뜨리고 모든 생각을 사로잡아 그리스도에게 복종하게 하니"(고후 10:4-5). 이 말씀에는 지성 혹은 생각이라는 의미를 가진 단어가 네 번이나 나온다(이론, 아는 것, 높아진 것, 생각). 우리는 지금 뱀과 그의 후손들과 싸우는 중이다. 뱀이 하와를 유혹함으로써 싸움이 시작되었다. 하나님께서는 동산에서 뱀을 심판하심으로 전쟁을 선언하셨다. "내가 너로 여자와 원수가 되게 하고 네 후손도 여자의 후손과 원수가 되게 하리니 여자의 후손은 네 머리를 상하게 할 것이요 너는 그의 발꿈치를 상하게 할 것이니라"(창 3:15). 우리가 싸우는 혈과 육에 속하지 않은 싸움이 바로 이것이다. 우리 마음과의 싸움이고, 손과 발과의 싸움이다. 이뿐 아니라, 우리의 지성과의 싸움이다. 모든 이론을 파하고, 견고한 진을 무너뜨리고, 모든 생각─우리의 지성을 통해 나오는 모든 것─을 사로잡는다.

우리의 지성이 강하게 준비되어야 하는 이유가 바로 여기에 있다. 어둠의 세력과 끝까지 싸우고, 만물을 다스리시는 그리스도의 통치를 널리 알리기 위해서는 생각이 민첩해야 한다. 사탄의 간계로부터 우리 마음의 생각을 지켜야 한다. 우리를 꼬드기기 위해 사탄은 우리의 죄악된 마음에 호소한다. 그러나 그에 못지않게, 우리의 지성을 어둡게 하고 혼란스럽게 함으로써 그릇된 길로 가게 한다.

십자가 군병들인 우리가 설교의 미련한 것으로 준비되어야 한다. 우리 자신에게서 비롯되지 않은 능력이 우리와 함께한다. 여기서 우리는 하나님의 성령께서 주신 위대한 능력의 무기를 발견한다.

뱀 역시 하나님께 대항할 만한 무기가 있다. 예를 들어, 오늘날에는 복음주의자들을 미혹하여 이른바 "머리로만 아는 지식"이나 "메마른 정통"이라고 불리는 것들에 대해 의구심을 갖도록 한다. 물론 우리는 메마른 지식에 반대한다. 하지만 도대체 누가 정통에 반대할 수 있단 말인가? "메마른 정통"과 "잘못된 이단" 외에는 다른 여지가 없단 말인가? "머리로만 아는 지식"이 될까 두려워, 주일 예배를 드리면서 무엇을 배우고 알기보다는 감동을 얻으려고 하는 때가 얼마나 많은지 모른다. 감정적인 반응의 정도에 따라 어떤 일의 타당성을 평가하는 우리는 낭만주의의 대부인 루소의 후예다. 그러나 이와 같은 미혹에서 벗어났다 할지라도, 강렬한 감정적 체험을 목적으로 삼지 않는다면 우리는 또 다른 잘못을 범할 우려가 크다. 우리 설교는 목회자가 자신의 탁월한 두뇌로부터 회중의 머리로 정보를 전달하는 강의나 정보 무더기로 전락하고 말 것이다.

두 경우 모두가 예배를 후퇴시키고 혼란스럽게 만들고 만다. 두 경우 모두, 하나님을 예배하도록 부름 받은 사람들이 자신의 감정이나 지성의 필요를 충족시킴으로써 자기 스스로를 예배하는 것이다. 한쪽은 감정적인 것을 원하고 다른 한쪽은 지적인 것을 원하는 차이가 있을 뿐, 두 경우 모두 시장의 원리가 예배를 주도한다는 점에서는 동일하다.

우리가 바른 안목을 갖게 되면, 예배는 그야말로 우리에게 놀라운 축복이다. 하나님께서 우리를 예배로 부르실 때는 궁극적으로 하나님 자신의 영광을 위해서 부르시는 것이다. 그렇다. 우리는 자신을 부정할 때, 오히려 자신을 발견한다. 우리는 죽어야 산다. 어쨌든 이 모든 것은 죽음과 더불어 시작된다. 하나님께서 먼저 우리를 부르셨기 때문에 우리가 모인다. 장군이 사열을 위해 자신의 군대를 모으는 것처럼, 하나님께서 말씀으로 우리를 부르신다. 우리를 부르셔서 우리의 상태를 살피신다.

이런 이유 때문에 내가 섬기는 교회에서는 가장 먼저 예배로의 부르심을 발한다. 백성을 모으는 이는 목사도 예배 인도자도 아니다. 우리를 예배로 모으시는 분은 하나님이다. 다음으로 죄를 고백한다. 하나님께서 우리를 불러 살피시면 누구도 그 앞에 설 수 없기에, 하나님께 자신이 어떠한지를 고백하는 것이다. 우리의 실패를 먼저 고백하는 것이 지혜로운 일이기에 우리는 그렇게 한다. 다음으로 우리는, 예배 순서에 따라 하나님께서 죄인을 구원하시고 상하고 통회하는 심령을 멸시하지 않으신다는 내용의 성경구절을 통해 사죄의 확신을 갖는다.

시편이나 찬송, 믿음의 고백과 공동 기도를 드리는 가운데 하나님은 우리에게 말씀하시고, 이어서 우리가 "아멘"으로 화답하고 나면 말씀 설교가 이어진다. 회중으로서 우리는 봉독되는 말씀을 듣는다. 목사는 하나님께서 말씀을 통해 우리를 하나님의 아들의 형상으로 자라게 해주시고, 더불어 말씀을 깨닫게 해주시기를 간구한다. 그러고 나서 말씀을 설교한다.

이 모든 일을 통해 하나님께서는 예배를 시작하면서 불러 모으셨던 바로 그 군병들에게 말씀하신다. 하나님께서는 말씀의 모양으로 우리에게 진군 명령을 내리시고, 하나님의 통치의 영광이 드러나기 위해 우리가 무엇을 해야 할지 말씀하신다. 말씀이 설교되는 것은, 회중이 강력한 감정적 체험을 얻도록 하기 위한 것이 아니다. 말씀 설교는 우리의 지적 호기심을 위한 것이 아니다. 말씀 설교는 우리가 교훈을 얻고, 예수님의 지상 명령을 이루기 위한 것이다. "그러므로 너희는 가서 모든 민족을 제자로 삼아 아버지와 아들과 성령의 이름으로 세례를 베풀고 내가 너희에게 분부한 모든 것을 가르쳐 지키게 하라"(마 28:19-20). 우리는 말씀 설교를 통해 훈련되고 가르침과 인도를 받는다.

이렇게 말하는 것이 조금은 우습지만, 설교는 반드시 회중의 지성을 향해 선포되어야 한다. 설교는 마음과 삶을 변화시켜야 한다. 그리고 이 두 가지 변화는 다름 아닌 새롭게 된 지성을 통한 결실이다. 설교자는 하나님의 말씀이 섬기는 회중들의 삶에서 결실하도록 그들을 의로 가르치고, 시편 23편이 말하는 것처럼 그들이 의의 길로 가도록 지도해야 한다.

생각이 바뀌면 사람이 바뀐다. 우리의 생각은 능력 있는 설교를 통해 바뀐다. 물론 바르게 행사된 능력이어야 한다. 우리의 지성을 건드리지 않는 능력은 원수를 통해 행사되는 능력이다.

단순하게 설교하라

실제로 어떻게 지성을 건드리는 설교를 하는가? 감각 중심의 문화를 살아가는 우리는 어떻게 감정적인 조작에 대한 끊임없는 유혹을 뿌리칠 수 있는가? 회중의 마음에 드는 설교를 하려는 강한 욕구를 어떻게 극복할 수 있는가? 아이러니하지만, 단순한 설교를 통해서 그렇게 해야 한다.

물론 단순한 설교 자체가 목적은 아니다. 사람들에게 맞춰 무조건 설교를 쉽게 해야 한다는 뜻이 아니다. 사람들이 잘 알아들을 수 있도록 하기 위해 현학적인 말과 이해하기 어려운 모든 개념들을 배제해야 한다는 말이 아니다. 단순한 설교는 목적이 단순한 설교다.

내가 일하는 하이랜즈 연구소Highlands Study Center에는 우리가 추구하는 목적이 적혀 있다. "하이랜즈 연구소는 그리스도인들이 하나님의 영광과 그분의 나라 건설을 위해 더 단순하고 진지하고 구별된 삶을 살도록 돕는다." 오랫동안 많은 사람들이 이 연구소를 찾아왔고, 이 말에 대한 사람들의 반응도 가지가지였다. 예를 들어, 하나님을 영화롭게 하고 그분의 나라가 전파되는 것을 반대하는 사람은 없다. 이런 추구가 전혀 새로울 것도 없다. 진지하게 살기 위해 노력하는 것을 나무랄 사람도 없다. 그리스도인이 경박하고 부주의하게 사는 것을 좋아할 교단은 없을 것이다. 그러나 솔직히 말하면, 구별된 삶은 사람들을 움찔하게 한다. 이 말을 보고 수도원을 떠올리는 사람들은 이 단어를 그리 달가워하지 않는다. 그들은 우리가 이 땅의 것들을 무시한 채 사람들로 하여금 하늘만 바라보고 살도록 한다고 우려한다. 이 말에 움찔하는 사람들 가운데는 이 말뜻을 정확히 이해하기는 하지만 그렇게 사는 것을 싫어하는 사람도 있을 것이다. 세상과 구별되어 산 위의 동네에서 거룩하게 살아가라는 부르심은, 세상 사람들뿐 아니라 교회에 속한 세속적인 사람들에게도 참으로 거슬리는 말이 아닐 수 없다.

그렇기 때문에 사람들은 "진지한"이라는 말에 따분해 하고, "구별된"이란 말에 우려를 나타낸다. "단순한"이라는 말은 사람들을 혼란스럽게 한다. 사람들은 이 말의 뜻을 잘 모르지만, 그 뜻 역시 단순하다. "한 사람이 두 주인을 섬기지 못할 것이니"라고 하신 예수님의 지혜에 잘 드러나 있다(마 6:24). 우리는 개인적으로 평안하고 풍성한 삶을 추구하는 반면에, 하나님 나라를 먼저 구하지는 않는다. 단순함이란, 주 예수 그리스도 한분만을 주인으로 섬기는 것이다.

마침 나의 아버지와 지난 수년간 계속해 온 작은 습관 하나가 생각난다. 나의 아버지가 설교하는 많은 컨퍼런스에서 그와 함께할 수 있었던 것이 내게는 큰 특권이었다. 적어도 일 년에 일곱 번 정도는 수천 명으로 가득한 강당에 함께 자리했다. 아버지가 섬기는 단체에서 주관하는 자리라면 그 자신에게는 큰 부담이 없을 수가 없다. 자신이 메시지를 잘 전해야 하는 것은 물론, 다른 강사들이 무슨 불편한 것은 없는지, 심지어는 (내가 그 강사 가운데 하나인 경우에는) 그들이 메시지를 제대로 전할 것인지, 이런저런 행사의 세부적인 것까지 신경 써야 하기 때문이다. 그런 자리에 가면 강사들은 주로 앞줄에 함께 앉는다. 연단에서 사회자가 내 아버지를 소개하고, 아버지가 막 자리에서 일어나 연단으로 나가려고 할 때 나는 항상 귓속말로 이렇게 속삭인다. "진리만 말씀하세요."

단순한 설교를 위해서 우리는 진리만 말한다는 단순한 언명으로 시작한다. 진리만 말하려고 할 때, 회중의 관심을 사로잡으려고 그들의 지성에 호소하는 것을 간과하려는 유혹은 사라진다. 진리만 전하는 우리의 부르심을 기억할 때, 설교로 자신의 지식을 드러내려는 유혹도 사라진다. "첫째, 해를 입히지 않는다"는 것이 의사들의 언명인 것처럼, "진리만을 말한다"는 것은 설교자들에게 적용되는 언명이다.

성경이 우리 생각을 바꿈으로써 다른 모든 것을 변화시키는 책이고 단순히 성경 말씀에 충실한 것(진리를 말한다는 것은 성경에 충실한 것 이상도 이하도 아니다)이 우리의 관심사라면, 우리는 진리를 말하게 될 것이다. 그것은 바로 주석적인 설교로 회중의 지성에 호소하는 것이 될 것이다. 성경을 연구하면 성경은 우리에게 진리를 가르쳐 줄 뿐 아니라, 어떻게 그 진리를 전해야 할지에 대해서도 말해 준다. 예를 들어, 성경의 특정한 책을 설교할 때 우리는 아무리 성경적인 가르침이라 하더라도 자신이 좋아하는 것만을 설교하지 않게 된다. (이 말은 특히 개혁주의 설교자들인 우리가 계속해서 바울의 어려운 신학적인 서신들만 설교한다면, 우리가 아직 이것을 잘 모르고 있다는 의미이기도 하다.)

말씀 설교자인 우리는 먼저 자신에게 "설교된" 말씀을 받음으로써 시작한다. 먼저 우리가 선포된 하나님의 말씀을 지성을 통해 들음으로써 양들의 지성을 향해 말씀을 선포할 수 있다. 곧 말씀을 준비하는 우리는 오는 주일에 무슨 말씀을 어떻게 전할까 하는 마음으로 본문을 대하기보다는, 본문이 지금 나에게 뭐라고 말씀하는지에 더 많은 관심을 두어야 한다. 이 또한 "단순성"이라고 할 수 있다. 똑같은 본문에서 하나님이 목사에게 하시는 말씀과 성도에게 하시는 말씀이 따로 있는 것이 아니다. 오직 죄인들에게 하시는 말씀이 있을 뿐이다.

다음으로, 우리는 단순하고 바른 해석학을 통해서 우리 자신에게 설교한다. 본문을 영지주의의 노리개로 삼아 뭉뚱그려 보기보다는, 동사는 동사로, 명사는 명사로 해석하면서 문법적이고 역사적으로 접근해야 한다. "원 저자가 원 독자에게 무엇을 말하려고 했는가"를 가장 우선적으로 물을 때, 우리는 본문을 바르게 따라갈 수 있다. 여기에는 수사학적 미사여구를 위한 여지가 없다. 화려하고 복잡한 것이 들어설 자리가 없다. 그저 "본문이 뭐라고 말하는가"를 물을 뿐이다.

본문을 설교하라

여기서 우리가 주의할 것이 있다. 미묘할지는 몰라도, 지성을 향한 설교와 현학적이고 어려운 설교 사이에는 분명한 차이가 있다. 이 부분에 대해 우리가 혼란스러워하는 것 가운데 하나는, 문법적·역사적 방법이라는 가장 우선적인 부분을 놓치고 있기 때문이다. 즉, 자신의 지적인 능력을 과시하려는 유혹을 받는 목사는 자신이 문학 작품을 주석하고 있다는 사실을 망각해 버릴 수 있다. 고대 문헌을 현대 회중들이 알아듣도록 전달하는 전문성과 미묘함을 인식하여 결국 바울이 편지를 쓰고, 다윗이 시편을 쓰고, 이사야가 예언을 하게 된 것이다. 이들 가운데 누구도 우리에게 현미경 아래 두고 살펴야 하는 생물학적 샘플을 남겨 준 적이 없다. 회중에게 자신의 원어 실력과 논리적 추론의 정확성과 고대 중동에 대한 해박한 지식을 드러내면서 성경 한 구절로 6개월 동안 설교하고 있는 사람이 있다면, 그는 설교에 있어서 가장 우선되고 중요한 일—본문은 다름 아닌 편지요 시편이요 예언이라는 사실—을 잊고 있는 것이다. 우리는 성경 본문을 설교해야 한다.

지성에 호소하는 설교를 할 때 우리는 전투 한가운데 있음을 잊지 말아야 한다. 옛 뱀과 그의 후손들과의 싸움인 것이다. 우리는 자신의 지각을 새롭게 함으로써 싸움을 준비해야 한다. 이 말은 미련한 것을 설교한다는 의미다. 물론 우리 자신의 미련함이 설교의 내용은 아니다. 그러나 우리는 이를 통해 세상 지혜가 실제로는 얼마나 어리석은 것인지 폭로해야 한다.

문법적·역사적인 접근을 할 때 우리가 대면해야 하는 두 가지 큰 어려움이 있다. 하나는 물론 원 독자를 향한 저자의 의도를 이해하는 것이다. 이 말은 아브라함의 자손의 눈으로 성경을 봐야 한다는 뜻이다. 문제는 우리가 1세기의 유대인이 아니라는 데 있다. 두 번째 어려움은, 우리가 21세기의 서구인이라는 사실이다. 우리는 우리 시대 회중의 사고방식과 문화는 잘 알지만, 원 독자의 문화와 사고방식은 제대로 알지 못한다.

그러므로 우리가 가장 먼저 허물어야 할 요새는 바로 우리 자신의 지성이다. 우리의 지성은 제대로 확인도 안된 전제들을 따라 우리의 생각과 행동을 형성하는 경우가 얼마나 많은지 모른다. 이는 우리가 신중하지 못하기 때문이다. 동시에, 지성에 호소하는 설교는 우리 자신의 많은 오류와 어리석음을 겨냥한다. 그것은 이 세대의 "지혜"가 하는 말이 무엇인지 깨닫기 위해 노력함으로써 할 수 있다. 그렇다고 자기가 속한 문화에 흠뻑 젖어 많은 시간과 에너지를 쏟아야 좋은 설교자가 된다는 말은 아니다. 최근에 빌보드 차트 1위가 누군지 알아야 "현실성 있는" 설교를 할 수 있는 것은 아니다. 대중문화가 가진 광범위한 위험성을 알고, 그 대중문화가 어떻게 하나님의 군병들을 얽매이게 하는지 알아야 한다는 뜻이다. 지성에 호소하는 설교는 위와 같은 위험한 잡석과 쓰레기를 우리의 마음에서 제거함으로써, 말씀이 뿌리 내릴 좋은 땅이 되도록 한다. 바꾸어 말하면, 여인의 후손과 뱀의 후손 사이의 엄청난 싸움이 지금도 계속되고 있다는 사실을 기억해야 한다는 말이다. 하나님의 자녀인 우리는 하나님 자신의 영광을 위해 열심히 하나님의 생각을 쫓아가야 하는데, 뱀은 오히려 자신의 영광만을 추구하는 뱀의 생각을 따라가도록 재촉한다.

지성에 호소하는 설교를 하려면, 우리의 설교를 듣는 사람들이 온 지각을 일깨워 말씀을 듣도록 해야 한다. 마음의 습관은 생각의 습관을 통해 형성된다. 이상하게 들리겠지만, 회중이 설교를 들으면서 설교자가 얼마나 정통적인지만을 가늠하고, 지적인 만족만을 추구하고, 자신의 지식을 내세우기 위해 설교 듣는 자리에 나아간다면, 설교를 듣고 있는 것은 그들의 지성이 아니라 그들의 자아다. 단순하고 분명한 설교가 아닌 복잡하고 난해한 설교가 설교자 자신의 만족을 위해 설교하고 있다는 증거이듯이, 평신도가 설교를 복잡하고 까다롭게 분석하는 것은 그의 지각이 일깨우기 위해서가 아니라 자기 자아의 만족을 위해 설교를 듣고 있다는 증거다. 우리는 항상 깨어서 자기만족과 자아를 추구하는 성향을 경계해야 한다.

이런 문제는 건강하고 경건한 마음이 아니라 꽉 막힌 마음이 되게 한다. 회중의 지성에 설교하기 위해 부름 받은 우리는 사람의 마음의 생각이 어떠하면 그 위인도 그러하다는 사실을 기억해야 한다. 여전히 죄에 매여 살고, 하나님의 성령의 새롭게 하심을 받지 못한 마음을 가진 지성은 설교를 제대로 듣지 못한다. 교만한 생각으로 채워진 지성은 마음을 살찌우지 못하고 파리하게 말려 버린다. 회중의 지성을 통해서만 그들의 마음으로 나아갈 수 있다. 그럼에도 불구하고 우리는 어리석게도 그들의 지각에서 멈춰 버린다.

우리의 지각은 예수 그리스도의 영광의 복음으로 새로워져야 한다. 그러한 가장 대표적인 사람이 바로 사도 바울이다. 바울의 서신을 읽어 본 사람 치고 그를 무지한 사람이라고 말할 사람은 아무도 없다. 집중하지 않고 설렁설렁 읽어서는 바울 서신을 제대로 읽을 수 없다. 베드로조차도 바울이 쓴 서신들은 알기 어려운 것이 더러 있다고 했다(벧후 3:16). 그렇다고 바울이 무미건조한 강의를 하는 메마른 선생은 아니었다. 묵직한 그의 신학은 항상 하나님을 향한 송영으로 마무리되었다. 그리스도의 대속을 설명하기 시작한 바울의 입에서는 어느새 송영이 흘러나왔다. 복음의 열매와 우리의 목적에 대한 주석이 어느새 영광의 찬양으로 변했다. 바울은 그 마음과 지성이 긴밀하게 조화된 사람이었다.

다음 장에서는 마음에 호소하는 설교로의 부르심을 다룬다. 나의 부르심은 사람들의 지성을 다루는 것이다. 한 달 중에 첫째와 셋째 주일에는 지성에 호소하는 설교를 하고, 둘째와 넷째 주일에는 마음에 호소하는 설교를 한다. 이는 단순히 두 주, 두 주 서로 형평성을 맞추기 위한 것이 아니다. 마음과 지성은 서로 긴밀하게 연결되어 있기 때문이다. 우리의 궁극적인 목적은 지성이 새롭게 되는 것일 뿐 아니라, 우리의 전인全人이 새롭게 변화되는 것이다. 우리는 지각이 새롭게 일깨워지고, 마음이 뜨겁게 불타오르고, 우리 손이 준비되기를 바란다.

결국, 지성에만 혹은 마음에만 일방적으로 설교하지 않을 때라야 우리가 바라는 바를 이룰 수 있다. 하나님의 말씀만을 설교할 때 우리는 이 두 가지 모두를 할 수 있다. 세상을 변혁하는 힘이 여기서 나온다. 결코 허사로 돌아가는 일은 없다. 사탄의 견고한 진과 그리스도를 아는 지식을 대적하여 높아진 모든 것을 무너뜨린다. 모든 생각을 사로잡아 복종케 하도록 우리를 몰아가는 복이다. 말씀이 우리 마음과 지성에 깊이 뿌리 내린다면 우리는, 이 시대 풍조에 휘둘리는 사람이 되는 대신에 오히려 새롭게 지으심을 입은 사람이 될 것이다.

7장 마음에 하는 설교

싱클레어 퍼거슨

삼중적 투명성이 설교에서 가장 필요하다. 성경을 주석하고, 설교자의 마음이 열리고, 청중의 마음이 열릴 때라야 기록된 하나님의 말씀의 위엄이 명확히 드러나고, 성육신하신 하나님의 말씀이 모든 영광 가운데 분명히 드러날 것이다.

고린도후서 2:14-7:4에 기록된 바울의 "방어적 여록餘錄"[1]만큼 복음 사역자로서 자신의 사역에 대한 통렬하고도 교훈적인 묘사도 없을 것이다. 여기서 바울은 자신을 예수 그리스도의 사도요 새 언약의 일꾼으로 묘사하고 또 한편으로는 방어한다. 기독교 설교자라면 누구나 신약성경의 이 핵심적인 부분에 대한 실제적인 지식을 갖도록 힘써야 한다. 바울은 "그가 또한 우리를 새 언약의 일꾼 되기에 만족하게 하셨으니"라고 단언하는 가운데 이 표현을 사용한다(고후 3:6). 다음 말씀을 통해 바울은 사역의 외부적인 부분에서 사역의 깊은 내적 근원으로 우리를 데려간다.

그러므로 우리가 이 직분을 받아 긍휼하심을 입은 대로 낙심하지 아니하고 이에 숨은 부끄러움의 일을 버리고 속임으로 행하지 아니하며 하나님의 말씀을 혼잡하게 하지 아니하고 오직 진리를 나타냄으로 하나님 앞에서 각 사람의 양심에 대하여 스스로 추천하노라. 만일 우리의 복음이 가리었으면 망하는 자들에게 가리어진 것이라. 그 중에 이 세상의 신이 믿지 아니하는 자들의 마음을 혼미하게 하여 그리스도의 영광의 복음의 광채가 비치지 못하게 함이니 그리스도는 하나님의 형상이니라. 우리가 우리를 전파하는 것이 아니라 오직 그리스도 예수의 주 되신 것과 또 예수를 위하여 우리가 너희의 종 된 것을 전파함이라. 어두운 데에 빛이 비치라 말씀하셨던 그 하나님께서 예수 그리스도의 얼굴에 있는 하나님의 영광을 아는 빛을 우리 마음에 비추셨느니라.

우리가 이 보배를 질그릇에 가졌으니 이는 심히 큰 능력은 하나님께 있고 우리에게 있지 아니함을 알게 하려 함이라. 우리가 사방으로 우겨쌈을 당하여도 싸이지 아니하며 답답한 일을 당하여도 낙심하지 아니하며 박해를 받아도 버린 바 되지 아니하며 거꾸러뜨림을 당하여도 망하지 아니하고 우리가 항상 예수의 죽음을 몸에 짊어짐은 예수의 생명이 또한 우리 몸에 나타나게 하려 함이라. 우리 살아 있는 자가 항상 예수를 위하여 죽음에 넘겨짐은 예수의 생명이 또한 우리 죽을 육체에 나타나게 하려 함이니라. 그런즉 사망은 우리 안에서 역사하고 생명은 너희 안에서 역사하느니라.

기록한 바 내가 믿었으므로 말하였다 한 것같이 우리가 같은 믿음의 마음을 가졌으니 우리도 믿었으므로 또한 말하노라. 주 예수를 다시 살리신 이가 예수와 함께 우리도 다시 살리사 너희와 함께 그 앞에 서게 하실 줄을 아노라. 이는 모든 것이 너희를 위함이니 많은 사람의 감사로 말미암아 은혜가 더하여 넘쳐서 하나님께 영광을 돌리게 하려 함이라.

그러므로 우리가 낙심하지 아니하노니 우리의 겉사람은 낡아지나 우리의 속사람은 날로 새로워지도다. 우리가 잠시 받는 환난의 경한 것이 지극히 크고 영원한 영광의 중한 것을 우리에게 이루게 함이니 우리가 주목하는 것은 보이는 것이 아니요 보이지 않는 것이니 보이는 것은 잠깐이요 보이지 않는 것은 영원함이라(고후 4:1-8).

본 장의 제목은 '마음에 하는 설교'다. 모든 진정한 성경적 설교는 마음에 하는 설교다. 그러므로 마음에 하는 설교에 대한 분명한 이해를 갖는 것이 중요하다.

마음

성경에서 "마음 heart"이라는 단어가 신체 기관을 가리키는 경우는 거의 없다. 인간 존재와 인격의 중심을 가리키는 경우가 대부분으로, 인간의 모든 기능에 방향성과 에너지를 제공하는, 인격 깊은 곳에 자리한 본성을 가리킨다(신 4:9, 마 12:34).

흥미롭게도, "마음"으로 번역되는 히브리어 '렙 leb'과 '레밥 lebab'이 등장하는 858가지의 경우 대부분이 인간을 가리킨다(하나님이나 다른 피조물과 구분하는 의미에서). 구약성경에서 "마음"은 주로 사람을 가리킬 때 사용된다.[2]

오늘날 서구인들은 마음이라고 하면 인간 감정의 중심을 떠올린다(의지적인 사랑보다는 낭만적인 사랑을 말할 때 사용된다). 그러나 히브리어에서 마음은 인간 감정의 중심이라기보다 지적 에너지의 중심으로 이야기된다. 그러므로 마음이라는 단어는 감정(가끔이기는 하지만)은 물론, 양심이나 의지나 지성의 동의어로 자주 사용된다. 마음은 개인의 삶을 특징짓는 근본적인 특징이나 성향을 가리킨다.

이런 의미에서 볼 때, "마음에 말한다" 혹은 "마음에 설교한다"는 것은 감정을 직접적으로 건드린다는 뜻은 아니다. 조나단 에드워즈가 설득력 있게 주장한 것처럼, 어떤 경우에도 지성을 간과해서는 안된다. 오히려 설교라고 할 때 우리는 감정을 포함해 전인全人에 영향을 끼치고 개인의 중심을 감화시키는 것을 의미하며, 특히 지성에 호소하고 교훈하는 것을 뜻한다. 복음을 선포할 때 마음이 새롭게 되고 변화되는 것을 목적으로 하는 우리로서는, 이러한 초점을 갖고 설교하는 것이 너무나 중요하다(롬 12:1-2).

이 사실은 자신과 동료들을 "새 언약의 일꾼"이라 칭하는 바울의 말에서 잘 드러난다(고후 3:6). 새 언약은 새롭게 된 마음을 약속한다. "맑은 물을 너희에게 뿌려서 너희로 정결하게 하되 곧 너희 모든 더러운 것에서와 모든 우상숭배에서 너희를 정결하게 할 것이며……새 마음을 너희에게 주되 너희 육신에서 굳은 마음을 제거하고 부드러운 마음을 줄 것이며"(겔 36:25-26).

어떤 상황에서 누구에게 말씀을 전하더라도, 설교자는 "새 언약의 일꾼"으로서 항상 회중의 마음을 염두에 두어야 한다.

삼중적 투명성

여기서 바울은 신약성경 그 어느 곳보다 상세하게 자신의 설교 사역에 대해 말한다. 여기서 그가 언급하는 핵심 가운데 하나는 마음에 하는 설교를 삼중적 투명성으로 특징지을 수 있다는 것이다.

1. **하나님 앞에서의 투명성**이다. 그는 "우리가 하나님 앞에 알리어졌으니"라고 말한다(고후 5:11).

2. **사랑에서 비롯된 자신이 섬기는 사람들에 대한 투명성**이다. "우리는 여러분에게……우리의 마음을 넓게 열었습니다"(고후 6:11, 새번역).

3. 위의 두 가지 투명성—위로는 하나님을 향한 마음의 투명성과 아래로는 그가 섬기는 사람들을 향한 투명성—과 더불어 필요한 **진리를 향한 투명성**이다. "오직 진리를 나타냄으로the manifestation of the truth"라고 외치는 그의 말에서 이 사실이 잘 드러난다(고후 4:2, KJV).

그러므로 하나님의 목전에서 바울이 아무것도 가리운 것이 없었던 것같이, 설교자의 삶은 회중의 양심과 마음에 거리낌 없이 투명하게 드러나 읽히는 편지여야 한다(고후 3:2). 하지만 이런 특징들은 주석과 적용을 통해 성경 메시지를 펼쳐 보이는 방식과 괴리가 없어야 한다. 고린도 교인들은 바울의 사역에서 이런 특징들을 목도했다. 이는 그의 사역의 능력과 열매를 이해할 수 있는 중요한 부분이다. 오늘날에도 전혀 다르지 않다. 회중의 마음에 동일한 영향을 주는 설교를 하려는 설교자는 반드시 그렇게 해야 한다.

마음에 하는 설교는 단순히 설교 스타일이나 기교의 문제가 아니다. 물론 기교나 스타일도 나름대로 중요하다. 그러나 설교자 자신의 마음에서 일어나는 일이 이보다 더 근본적이고 핵심적이다. 하나님의 말씀을 통해 설교자의 마음은 하나님 앞에 밝히 드러나야 한다. 또한 그가 섬기는 사람들 앞에도 거리낌 없이 드러나야 한다. 이렇게 할 때 하나님 말씀의 진리가 회중에게 밝히 드러나고, 그들의 마음도 위로는 하나님과 아래로는 서로에게 밝히 드러난다.

고린도 교회의 예언과 방언의 문제를 언급하는 고린도전서 14장에서, 바울은 하나님의 말씀이 미치는 영향을 떠올린다. 예언은 항상 "마음을 향해" 말하는 요소를 포함한다(사 40:2).[3] 이러한 설교를 통해서만, 심지어 교회에 처음 온 사람에게조차 "그 마음의 숨은 일들이 드러나게 되므로 엎드리어 하나님께 경배하며 하나님이 참으로 너희 가운데 계신다 전파"하게 된다(고전 14:24-25).

이것이 바로 마음에 하는 설교를 통해 얻는 것으로, 회중이 하나님의 영광과 임재를 자각하고 마음으로 하나님께 엎드리게 된다. 이렇게 함으로써 참된 성경적 설교와 다른 경박한 대체물이 구분된다. 하나님의 말씀에 대해 설교하는 것과 하나님의 말씀을 설교하는 것의 차이가 바로 이것이다.

이 삼중적 투명성이 설교에 있어서 가장 필요하다. 성경을 주석하고, 설교자의 마음이 열리고, 회중의 마음이 열릴 때라야 기록된 하나님의 말씀의 위엄이 명확히 드러나고, 성육신하신 하나님의 말씀이 모든 영광 가운데 분명히 드러날 것이다.

사람은 낮아지고 하나님만 높아짐

이런 설교가 절실히 필요한 때다. 위에 계시는 하나님께 우리의 마음을 열 때다. 그분의 위엄에 엎드리지 않아도 그리스도인으로 살아갈 수 있다고 믿는 실용주의적이고 프로그램화된 시대를 살아가는 설교자들은, 하나같이 이런 비전을 필요로 한다.

성경적 주석을 특징으로 하는 16세기 장 칼뱅의 설교와 오늘날 설교의 극명한 차이가 바로 여기서 드러난다. 수천 편의 설교를 마무리할 때 하는, "자, 다 같이 은혜로우신 우리 하나님의 위엄 앞에 머리를 숙입시다"라는 말에서도 그 차이를 볼 수 있다. 개혁주의 성경 주해는 하나님을 높이고 인간을 낮춘다. 반대로, 많은 현대의 설교들은 하나님마저도 머리를 조아려야 할 정도로 인간을 높인다.

이처럼 마음에 하는 설교의 주된 특징은 바로 낮아짐이다. 존귀하신 하나님의 위엄에 마음으로 엎드리는 것이다. 그렇게 할 때 그리스도인은 진정으로 행복할 수 있다. 바로 여기에, 낮아지는 것이 높아지는 것이라는 은혜의 역설이 있다.

그러나 복음 설교를 통해 사람들이 하나님 앞에서 두려움과 기쁨으로 엎드리는 것을 보고자 한다면, 먼저 설교자인 우리 자신이 하나님 앞에서 그렇게 되어야 한다. 존 오웬의 말은 350년이 지난 지금도 여전히 진리다. "설교자 자신의 영혼에 하는 설교라야 다른 사람에게도 유익하다.……우리 안에 능력으로 머물지 못하는 말씀이 다른 사람에게 능력으로 전해질 리 없다."[4]

마음에 하는 설교에는 전하는 사람이나 형식에 상관없이 항상 다음과 같은 다섯 가지 특징이 있다.

1. **성경을 바르게 사용한다.** 마음에 하는 설교는 우리가 얼마나 성경을 능숙하게 사용할 수 있느냐에 따라 좌우된다. 디모데후서 3:16에 따르면, 모든 성경은 교훈과 책망과 바르게 함과 의로 교육

하기에 유익 *ophelimos*한데, 이는 하나님의 사람으로 온전하게 하며 모든 선한 일을 행할 능력을 갖추게 하려는 것이다.

만일 이 지점에서 성경의 장 구분이 이루어지지 않았다면(지금의 장 구분은 이제 바울이 디모데에게 다른 권면을 하려고 넘어가려는 듯한 인상을 받게 한다), 바울이 계속해서 말하려는 명백한 요점을 이렇게 쉽게 놓치지는 않을 것이다. 디모데후서 4:1-2에서 바울은 앞에서 말한 성경의 효용(가르침, 책망, 바르게 함, 경건한 삶을 독려함)에 대해 계속 이야기하고 그것을 적용한다. 실제로, 그는 디모데에게 "하나님의 감동으로 된 성경을 너의 목회에서 이렇게 사용하라!"라고 말하고 있는 것이다.

종교개혁과 청교도 시대, 조나단 에드워즈와 토머스 보스턴 Thomas Boston의 신학처럼 오래되고 부요한 신학을 사랑하는 사람들은, 설교학 입문을 듣는 신입생들에게 "설교 개요"와 같은 유인물을 나눠 주는 설교학 교수를 미심쩍어 할지도 모른다. 그러나 바울도 디모데에게 자신의 마지막 설교의 개요를 전달하고 있다! 물론 이것이 성경이나 개혁주의 전통에서 볼 수 있는 유일한 설교의 틀은 아니지만,[5] 우리가 기본적으로 설교에 접근할 때 반드시 가지고 있어야 할 기본 틀이다.

이제 우리는 마음에 하는 설교가 네 가지로 표현된다는 것을 알았다. 곧 진리를 가르침, 양심으로 죄를 깨닫게 함, 삶의 회복과 변화,[6] 그리고 섬기는 자로 구비됨이다.[7] 그리스도인으로서 섬기는 삶을 살아 낼 수 있도록 우리를 도와주는 사도들이 말한 근본 구조를 무시해도 될 정도로 우리가 이미 성숙한 삶을 살고 있다고 생각해서는 안된다.

설교는 먼저 가르치는 것을 포함한다. 곧 지성을 새롭게 하고 변혁시키기 위해 교리를 가르치는 것이다. 여기에는 죄를 꾸짖고, 하나님의 용서와 회복을 전하는 것이 포함된다. 칠십인역에 보면, 도성을 새로 세우고 성전을 수리할 때 "바르게 함*epanorthosis*"이라는 표현을 쓴다.[8] 이 표현은 성경 이외의 헬라어 문헌에서도 발견된다. 예를 들면, 고대 의학 교본에서 부러진 뼈를 고친다고 할 때 이 표현을 쓴다. 일반적으로 재건이나 치료, 교정과 회복을 말할 때 사용된다.

여기서 우리는 자연스럽게 사도 바울이 말하는 또 다른 특징으로 나아간다. 죄를 부정하는 것과 그리스도인 신자를 유익하게 하는 것 사이의 탁월한 균형을 통해, "하나님의 사람으로 온전하게 하며 모든 선한 일을 행할 능력을 갖추게 하려"는 것이다. 마음에 하는 설교를 하고자 한다면, 우리의 설교는 항상 (강조점은 설교에 따라 다를 수 있겠지만) 이 네 가지의 진정한 특징을 갖추고 있어야 한다.

마음에 하는 설교는 먼저 지성을 건드리는 설교여야 한다. 마음을 향한 설교를 할 때 우리는 직접적으로 양심을 책망하거나 감정을 정화하지 않는다. 가르치기 위해서는 가장 먼저 납득을 시켜야 한다. 그렇게 하는 가운데 지성을 통해 지식을 얻고, 책망을 받고, 양심이 깨끗해진다. 그러고 나서 삶의 변화를 위해 의지를 건드리고 선한 일을 위해 성도들을 구비시킨다(엡 4:12).

마음을 향해 설교할 때, 지성이 우리 설교의 최종 목표는 아니지만, 우리는 지성을 통해 전인全人에 호소하고 모든 삶의 변화를 이끌어 낼 수 있다.

2. **전인이 자라간다.** 여기서 우리는 균형을 잘 잡아야 한다. 지식과 감정과 의지에 대한 균형 잡힌 접근이 이루어져야 하지만, 그렇지 못하기 십상이다. 내가 직접 겪은 한 가지 예가 이 사실을 강조하는 데 도움이 될 것이다.

몇 년 전에, 어떤 교회에 가서 설교할 기회가 있었다. 공교롭게도, 이 기간에 다른 교회가 그 교회의 목사를 청빙했고, 그는 그 청빙을 받아들였다(물론 이 일과 내가 그곳에서 설교한 것과는 아무 관계도 없다). 그렇게 여러 번 그 교회를 방문하면서 나와 친분을 갖게 된 사람들 가운데 몇 명이, 그 목사가 다른 교회로 임지를 옮기고 나서 (물론 그들은 그 목사에게 아주 헌신적이었다) 시간이 좀 지난 후에, 나에게 자신들의 속마음을 털어놓았다. "지난 몇 년 동안 그분의 목회가 우리 삶에 어떤 영향을 주었는지 곰곰이 생각해 봤는데, 우리가 정말 잘 배우기는 했지만 그만큼 자라지는 못했다는 결론을 내렸습니다."

회중 전체가 잘 배우는 것과 그 속에 있는 개인이 자라는 것은 별개다. 목사가 잘 가르쳐도 그 속에 있는 사람들이 자라지 않을 수 있다. 지적으로는 잘 가르치지만, 회중의 양심과 마음과 정서에까지 영향을 미치고, 새로워진 지각을 통해 의지가 새롭게 되고, 전인이 변화되는 데는 별 신경을 쓰지 못할 수도 있다. 이와는 달리, 디모데에게 그려 보여준 설교의 그림을 통해서, 바울은 어떻게 전인을 자라게 하는 방식으로 마음에 호소하는 설교를 할 수 있을지를 가르치고 있다.

이런 설교가 갖는 주된 특징 가운데 하나는, 우리 안에 슬픔과 애통함을 불러일으키는 정념pathos이다. 이 정념은 단순한 감정도 아니고, 피상적인 표출로 끝나고 말 감정에 호소하는 설교를 말하는 것도 아니다. 오히려 선포되는 복음을 듣는 죄인들이 느끼는 정서에 걸맞는 표현과 말을 함으로써 생겨나고 전달되는 것을 말한다. 이런 방식으로 우리 마음은 우리가 설교하는 인간의 죄와, 하나님의 은혜와 영광에 대한 진리가 얼마나 능력 있는 것인지를 알게 된다.

웨일스의 위대한 설교자 마틴 로이드 존스가 한번은 자신의 설교 사역에서 가장 약점으로 생각하는 것에 대해 자기 비판적인 언급을 한 적이 있다. 그는 자신의 설교에서 가장 부족한 한 가지를, 바로 이 정념이라고 했다. 이 말을 듣고 나는 많은 것을 생각했다.

초기 그리스도인들은 때로 설교를 "정념적pathetic"이라 불렀다. 물론 오늘날 우리는 설교가 현대적 의미에서 "정념적"이라고 해서 그 설교를 들으려고 일부러 쫓아가지는 않는다. 그러나 우리 조상들에게 설교가 정념적이라는 것은, 회중의 마음을 녹이는 설교라는 뜻이었다. 이런 설교는 애통하고 여린 마음에서 나온다. 이런 설교를 하는 설교자는 강단에 오르기 전에 이미 성경의 사중적 틀, 곧 성경의 진리로부터 가르침을 받은 마음과 성경의 거룩함으로부터 책망을 받은 양심, 바르게 하고 치료하고 회복하는 성경의 능력으로 배부른 영혼을 가진 사람이다. 이런 설교자, 이런 하나님의 사람이라야 하나님의 말씀을 자신의 마음으로부터 회중에게 흘려보낼 준비가 된 것이다.

3. **회중의 상태를 이해한다.** 회중이 실제로 어떤 상태에 있는지를 알고 있는 설교자라야 마음에까지 전달되는 설교를 할 수 있다. 대부분의 설교에 관한 책들은 어떤 식으로든 이 점을 강조한다. 설교자는 그리스도의 이름으로, 성경 본문이 말하는 세상에서 회중이 사는 세상으로 온 사람이다.

잘 짜여진 성경적 설교의 숨은 유혹 가운데 하나는, 본문을 연구하고 설명하는 데 너무 심취한 나머지 실제로 그것을 전달하는 일에는 아주 서투를 수 있다는 것이다. 개혁주의 설교자에게서 특징적으로 드러나는 한 가지 맹점은, 오래전에 쓰여진 책들을 너무도 사랑한 나머지—현대 설교와 대비되는 청교도 설교의 깊이를 발견하는 것을 일례로 들 수 있다—당시의 표현과 설교 패턴을 그대로 받아들이는 바람에, 정작 오늘을 살아가는 우리 세대에게는 오히려 모호하고 막연하게 다가갈 수 있다는 것이다.

그러나 과거의 자료들을 제대로 이해하지 못하고서는 마음에까지 깊이 다가가는 설교를 할 수 없다. 그것이 아무리 당대에 의미 있게 받아들여졌다 하더라도 말이다. 설교를 돕는 이런 자료들을 완벽하게 소화해서 자신의 것으로 만들어야만 오늘날에 맞는 표현으로 회중에게 전달할 수 있다. 진리가 남자와 여자와 아이들의 마음을 꿰뚫고 들어가도록 증거한다는 것은 바로 이런 것을 말한다.

그런 의미에서 성경적 강해는, 수백 년 전의 회중에게 하는 것이 아니라 오늘날 예배당에 앉아 있는 사람들을 향한 것이어야 한다. 이것이 바로 설교에 대한 청교도들의 교본이었던 윌리엄 퍼킨스의 책 「설교의 기술」에 나오는 핵심 원리 가운데 하나다. 퍼킨스는 설교자는 자신이 설교하는 회중의 영혼 상태가 어떤지 알아야 하고, 그에 합당하게 설교해야 한다고 말한다.

우리는 항상 다양한 영적 상태에 있는 사람들에게 설교한다. 퍼킨스는 복음 진리로 사람들을 깨닫게 하려면 복음에 걸맞는 일관된 방식으로 성경 본문을 설명하고 적용해야 한다는 사실을 깨달았다. 오직 그럴 때에만, 말씀이 하늘의 의사이신 성령의 예리한 검이 되어 사람들의 마음을 찔러 쪼개고 그들의 병든 영혼을 치료하게 될 것이다. 그러므로 우리가 말씀을 풀어 가는 방식이 결코 설교를 듣는 회중의 성격이나 특징, 성숙도와 상관없이 전달되어서는 안된다.

퍼킨스의 설교 방식을 자기 것으로 완전히 소화할 수만 있다면, 그것은 필연적으로 아주 흥미롭고 가치 있는 설교가 될 것이다. 퍼킨스는 여섯 부류의 청중을 염두에 두고 설교를 작성해야 한다고 말한다.

- 복음을 전혀 알지 못하고 가르치기 어려운 비그리스도인
- 복음을 전혀 알지 못하지만 가르침을 받아들일 만한 비그리스도인
- 복음이 무엇인지는 알지만, 자신의 모습을 돌아보아 구원자를 필요로 할 정도로 낮아지지 못한 사람
- 자신에게 필요한 것은 단지 조금 개선되는 것이 아니라 구원받는 것이며, 오직 그리스도만이 자신을 구원할 수 있다고 믿을 만큼 낮아진 사람
- 가르침이 필요한 참 신자

- 복음을 명확히 알지 못하거나 복음대로 살지 못하여 신앙에서 떨어진 사람

퍼킨스가 인정한 것처럼, 설교자 대부분은 다양한 상태의 사람들로 이루어진 회중을 섬긴다. 일반적으로 설교자들은 한 자리에서 이 여섯 부류의 회중에게 동시에 설교하고 있다는 뜻이기도 하다.9

하지만 이런 "설교의 틀"은 청교도들만의 전유물은 아니다. 우리 주 예수님도 그렇게 하셨다. 적어도 한 번은 우리 주님도 자신의 설교를 듣는 사람들을, 말씀을 받고 그 말씀이 자라는 정도에 따라 씨가 뿌려지는 네 가지 각각 다른 토양—딱딱하게 굳은 길가, 돌짝밭, 가시덤불로 무성한 땅, 좋은 땅—에 비유하셨다(막 4:1-20).

이 비유에 나오는 씨 뿌리는 자, 씨, 땅이라는 렌즈를 통해 예수님의 설교를 관찰하고 분류하고 분석하기 위해서는, 예수님의 사역에 대한 진지한 학문적 연구가 수행되어야 한다. 예수께서 자신의 메시지를 네 가지 영적 상태에 있는 회중에게 각각 어떻게 적용하시는지를 연구하는 것은 설교자에게도 유익할 것이다.

강해설교는 너무나 많은 시간과 노력을 요하기 때문에, 여기에 몰두하다 보면 우리의 설교를 듣는 청중의 영적 상태에 관심을 가질 여력이 없다(관심을 갖더라도 충분한 관심은 갖지 못한다). 그렇다면 우리는 접근을 달리해야 한다.

회중의 마음 상태를 아는 것이 중요하다면, 우리는 각자 자신의 마음을 아는 데서부터 시작해야 한다. 자신의 마음에 말씀을 적용할 수 있다면, 우리는 이내 수술실의 간호사같이 될 것이다. 우리의

주석을 통해 살균된 메스처럼 예리하고 뜨겁게 달구어진 본문이 성령께 건네지고, 성령께서는 영적 수술이 필요한 회중의 수술을 집도하신다.

우리 주 예수께서 하신 설교의 또 다른 특징은, 평범한 사람들이 기쁘게 듣는 설교였다는 것이다(막 12:37). 예수님의 설교에 대한 그들의 태도를 곧 변심할 사람들의 변덕 정도로 치부해서는 안된다. 그들은 이론적이고 권위 있는 다른 사람의 글을 인용하기만 하는 서기관들의 가르침과, 실제적인 성경의 지혜와 마음으로 아는 지식이 묻어나는 예수님의 가르침의 차이를 즉각적이고 본능적으로 알 수 있었다. 서기관과 율법사들은 자신들의 일상의 삶과는 괴리된 방식으로 성경에 대해 말했다. 이와는 정반대로, 예수께서는 성경 안에서 그들의 마음에 직접 말씀하시는 것처럼 보였다.

슬프게도, 우리가 하는 설교의 어떤 부분은 성경이 말하고 하나님께서 말씀하시기보다는 "성경에 대해서" 말하는 것처럼 전해질 때가 많다. 우리가 주님의 종의 마음으로 성경에 다가갈 때 이런 모습이 바뀔 것이다. "주 여호와께서 학자들의 혀를 내게 주사 나로 곤고한 자를 말로 어떻게 도와줄 줄을 알게 하시고 아침마다 깨우치시되 나의 귀를 깨우치사 학자들같이 알아듣게 하시도다. 주 여호와께서 나의 귀를 여셨으므로 내가 거역하지도 아니하며 뒤로 물러가지도 아니하며"(사 50:4-5).

4. 상상력을 사용한다. 우리가 하는 이 일의 참된 성격을 알면 마음에 하는 설교에 큰 도움이 된다. 여기서 중요한 문제는, 어떻게 내가 성령의 역사를 통해 하나님의 말씀을 청중의 마음에 제대로 전할

수 있느냐 하는 것이다.

이런 설교를 성공적으로 잘하여 많은 결실을 거두는 사람은 매우 다양한 은사와 특징들이 있다. 그중에 공통적인 한 가지는, 바로 상상력—하나님의 말씀의 진리와 회중들의 삶의 간극을 이어 주는 창조적 상상력—이다.

창조적 상상력을 극명하게 발휘하여 예화를 사용하는 설교자들이 있다. 조지 윗필드George Whitefield가 예화를 들 때는 그것이 너무도 생생해서, 사람들은 자신들이 실제로 그가 묘사하는 상황에 들어가 있는 것처럼 착각하기 일쑤였다. 이와는 대조적으로, 제네바에 있는 생피에르 교회의 회중들은 장 칼뱅이 사역하는 동안 40분가량의 설교를 일주일에 다섯 편 들었다. 하지만 예화 같은 것은 거의 없었다.

대부분의 우리처럼, 칼뱅에게는 윗필드가 가졌던 상상력(혹은 감동적인 목소리)은 없었지만, 그의 설교는 살아 있었고, 그리스도를 위해 기꺼이 순교를 각오하도록 젊은이들을 불러일으킬 만큼 능력이 있었다. 이는 고대 유대 이스라엘의 삶과 16세기 스위스 제네바의 삶을 이어 주는 설교를 할 만큼 그의 상상력이 뛰어났기 때문이다. 그는 회중의 일상 언어로 진리를 표현하고 적용함으로써 하나님의 말씀을 그들의 일상적인 경험 안으로 끌고 들어갔다.

마찬가지로, 17세기 영국 키더민스터의 일상 언어로 회중의 기억에 시한폭탄처럼 심겨졌던 리처드 백스터의 주일 설교는 주중에 그들의 일상에서 폭발했다.

성령께서는 각기 다른 상황에서 그 상황에 걸맞는 상상력을 사용하시지만, 그것으로 인해 드러나는 결과는 다르지 않다. 그러나 성경 말씀을 회중의 생각에 심어 놓는 상상력만큼은 모든 생동감 있는 강해설교에서 공통적으로 드러난다.

성경이 사용하는 유비들을 통해 우리는 설교를 듣는 청중의 마음과 상황으로 "우리 자신을 투영하는 것"이 얼마나 중요한지를 깨닫는다. 무작위로 몇 가지를 언급해 볼 수 있다. 설교자는 씨 뿌리는 자요, 학생들을 가르치는 선생이요, 자녀의 아비요, 해산하는 어미요, 젖을 물리는 보모요, 양을 치는 목자요, 전투에 참여하는 군병이요, 하나님의 전을 짓는 건축자다.

이 비유들을 보면, 회중의 마음과 양심에 하나님의 말씀을 전하는 데 무엇이 필요한지 알 수 있다. 농부가 하는 일이 무엇인가? 밭을 갈고 씨를 뿌리고 나서 수고의 결실을 거두기까지 기도하는 마음으로 기다리는 것이다. 건축자가 하는 일은 무엇인가? 터를 닦고 건물을 세우는 것이다. 목자가 하는 일은 무엇인가? 양떼를 먹이고 보호하는 것이다. 그렇다면 어떻게 씨를 땅에 뿌릴 것인가? 어떻게 터를 닦고 돌은 어떻게 다듬어야 하는가? 회중을 먹일 음식을 어떻게 준비할 것인가?

이처럼 다양한 방식으로 우리는 설교자가 되는 것이 무엇인지 깨닫는다. 우리가 가진 상상력에 불을 지피고 어떻게 해야 마음을 향해 설교할 수 있을지를 배워 가는 것이다.

5. **그리스도 안에 있는 은혜를 이해한다.** 풍성한 열매를 맺는 마음에 하는 설교를 위한 다섯 번째 열쇠는, 설교자 자신이 은혜의 원리와 실체를 제대로 이해하는 것이다. 그러기 위해서 설교자는 성

경을 알고 능숙하게 사용할 수 있어야 하고, 회중이 처한 실제 상황이 어떠한지 알아야 하며, 자신이 해야 할 일이 무엇인지 인지해야 하는 등 복합적인 이해가 있어야 한다. 그럼에도 불구하고, 은혜의 원리를 이해하지 못한다면 회중의 마음을 움직일 수 없다. 이것은 마치 노래를 부르는 것과 같다. 우리는 이 사실을 설교의 두 가지 측면에 적용해 볼 수 있다.

첫째, 우리가 하는 설교의 내용에 적용된다. 은혜를 전파하는 설교만이 죄악된 마음을 열 수 있다. 직설법이 없는 명령이나 은혜의 사실에 대한 이해가 없는 명령과 율법으로는 굳게 닫힌 마음이 열리지 않는다. 죄를 깨닫게 하는 것은 은혜다. 은혜를 배경으로 율법을 설교하는 것이다. 율법의 은혜를 설교하는 것이다. 저 유명한 존 뉴턴John Newton의 찬송 '어메이징 그레이스Amazing Grace'가 바로 그것을 노래한다.

은혜로 내 마음이 두려움을 알게 되었고,
은혜로 나의 두려움이 사라졌도다.

바울은 고린도 교인들에게 이 사실을 강조한다. "내가 너희 중에서 예수 그리스도와 그가 십자가에 못 박히신 것 외에는 아무것도 알지 아니하기로 작정하였음이라"(고전 2:2). 이러한 헌신이 그의 사역의 중심이었다. 바울의 설교는 그가 "영광의 그리스도의 복음의 광채"라고 부른(고후 4:4) 진리를 선전하는 것(manifestation, *phanerosis*), 곧 "진리를 나타"내는 것이었다(고후 4:2). 설교에서 "주님이신 예수 그리스도"가 진리로 드러날 때, 하나님께서는 다시금 "예수 그리스도의 얼굴에 있는 하나님의 영광을 아는 빛을 우리 마음에 비추"시기 때문이다(고후 4:6).

고대 교부 시대나 종교개혁 시대처럼 연속 강해설교가 다시 일어나고 있는 이 시점에서 우리가 조심해야 할 것이 있다. 성경을 연속으로 강해하기만 하면 저절로 십자가에 달리신 그리스도가 증거될 것이라고 생각해서는 안된다. 꼭 그렇게 되는 것은 아니다. 슬픈 현실이지만, 그리스도를 증거하지 않으면서도 성경을 연속적으로 설교하는 것은 얼마든지 가능하기 때문이다.

더구나, 은혜는 오직 인격을 통해서만 발견될 수 있다는 사실을 잊어버린 채, 은혜를 무슨 사물이나 상품처럼 치부하면서 그리스도와 상관없이 설교할 수도 있다.

십자가에 달리시고 부활하신 그리스도가 바로 성경의 중심이고 은혜의 메시지의 중심이기 때문에, 은혜의 메시지는 반드시 예수 그리스도 그분께만 초점이 맞춰져야 한다. 복음의 은혜를 전하면서 그 은혜를 베푸시는 이와 상관없이 전해서는 안된다. 그러나 많은 설교자들이 사죄와 용서, 우리에게 필요한 능력의 근원을 충분히 설명하기보다는, 죄를 지적하고 심지어 부정하기까지 하거나 "어떻게"라는 물음에 답하면서 실용적인 것들을 다루기가 얼마나 쉬운지 모른다.

안타깝게도, 복음주의자들 가운데는 책을 많이 출간하고 설교도 많이 하고 컨퍼런스와 세미나를 후원하기도 하고 텔레비전과 라디오 프로그램에 출연하면서도, 실제로는 십자가에 달리신 예수 그리스도를 주제로 한 책이나 설교나 방송이나 세미나나 컨퍼런스 등에는 거의 관심이 없는 사람들이 있다. 하나님의 백성에게 우리 주와 구주이신 그리스도의 인격과 사역을 제외하고는 거의 모든 것을 가르치기 위해 온갖 노력을 다하면서 말이다. 이런 사실을 심각하게 받아들여야 한다. 우리의 이 같은 실패는, 장차 지금과 비교할 수 없는 결과를 초래할 것이기 때문이다.

은혜의 원리에 뿌리를 박고 주 예수 그리스도의 인격에 초점을 맞춘, 마음에 하는 참된 설교로 돌아가야 한다. 그럴 때라야 사람들은 우리를 두고 "그 목사님은 강해설교를 잘해", "그 목사님 설교는 실용적이야", "그의 설교를 들으면 찔려"라고 말하는 데서 그치지 않을 수 있다. "그리스도를 말하는 그의 설교가 내 양심을 찌른다. 그는 자신의 모든 지적 능력과 열정을 다해 자신이 사랑하는 구주 예수 그리스도를 생각하고, 그를 위해 살고, 그를 증거하는 것이 분명하다"라고 고백하는 말을 들을 것이다. 마음에까지 다다르는 설교가 바로 이런 것이다! 이런 설교를 경험하고 그 열매를 보면 참된 설교가 무엇인지 알게 될 것이고, 그 열매는 영원까지 이른다는 사실에 고개를 끄덕이게 될 것이다.

둘째, 그리스도 안에 있는 은혜의 원리는 설교 방식에도 적용된다. 죽은 지 165년도 더 지난 오늘도 로버트 머레이 맥체인Robert Murray McCheyne과 같은 이의 일기나 설교를 읽어 보면, 당시에 설교를 직접 들은 사람들의 마음을 사로잡은 능력이 어떠했을지 가히 짐작이 간다. 그의 임종 아침에, 그의 마지막 설교에 대한 감사 편지가 도착했다. 봉해진 채 그의 책상에 놓여진 편지를 맥체인은 읽지 못했다. 그 편지에는 "목사님의 말씀도 말씀이지만 말씀하시는 방식에 감동을 받았습니다"라고 적혀 있었다.[10] 마음에 하는 설교에 있어서, 말씀을 전하는 방식은 말씀만큼이나 중요하다. 설교는 성경의 세계를 오늘날 회중이 사는 세상에 증거하되, 메시지를 전하는 설교자의 태도를 통해서 증거하는 것이기 때문이다.

설교의 신비의 핵심은 설교자의 메시지와 태도가 한 몸을 이루는 데 있다. 설교자인 우리의 마음이 복음에 드러난 하나님의 은혜에 넓게 열림과 동시에 회중에게도 활짝 열릴 때에야 복음의 능력이 드러난다(고후 6:11을 보라). 그런 의미에서 고린도후서 4:5의 바울의 말은 의미심장하다. "우리가 우리를 전파하는 것이 아니라 오직 그리스도 예수의 주 되신 것……을 전파함이라." 내가 예수 그리스도를 선포하는 증거는 내 설교를 통해서라기보다는, 그리스도의 주되심을 인정하는 내 삶과, 예수 그리스도로 말미암아 다른 사람의 종이 되기를 바라고 실제 내 설교에서 반영되는 것을 통해서 드러난다.

결국 마음에 하는 설교는 사람들이 그리스도를 생각하도록 그리스도를 설교할 뿐 아니라, 그들을 그리스도께로 이끄는 것이다. 무엇보다도, 설교가 (필립스 브룩스Phillips Brooks가 정의한 것처럼) "인격을 통해서 진리를 전달하는 것"이라면,[11] 십자가를 증거하는 설교자의 인격에서는 반드시 십자가가 드러나야 한다. 그러므로 우리의 삶은 십자가를 지고, 십자가를 지신 그리스도를 증거하는 삶이어야 하고, "사람들을 권면"하는(고후 5:11) 우리의 설교에서는 십자가에 달리신 그리스도가 드러나야 한다(갈 3:1).

이처럼 그리스도를 증거하는 설교가 우리가 생각하는 것처럼 그리 많지 않다면, 이는 우리가 그리스도를 알아야 하는 만큼 아직 충분히 알지 못했기 때문이다.

그렇다면 무엇보다도 그분을 알고, 부활의 능력을 알고, 그분이 당하신 고난에 동참하기로 결심해야 한다(빌 3:10). 오직 예수 그리스도와 십자가에 달리신 그분만을 알기로 결심해야 한다(고전 2:2). 우리가 사람들의 마음에 설교할 때, 하나님께서 친히 그분의 백성의 마음에 말씀하시도록 그렇게 해야 한다.

8장 권위 있는 설교

돈 키슬러

설교자는 자신에게 있는 권위가 자기 스스로에게서 나는 것이 아니라 그리스도께로부터 받은 권위라는 것을 잊지 말아야 한다. 그리스도만이 모든 권세의 주인이시다. 설교자가 가진 모든 권위는 받은 것이고 빌려 온 것이다. 이런 의미에서 볼 때, 설교자는 그리스도의 권세를 흉내 낼 수 없다. 다만 그리스도의 열심과 담대함을 본받을 뿐이다.

예수님이 설교하시자 사람들이 깜짝 놀랐다는 성경의 기록을 볼 때, 예수님은 탁월한 설교자였을 것이 분명하다. 그렇다면 예수님이 하신 설교의 어떤 부분이 사람들을 그토록 놀라게 했을까? 서기관과 바리새인들과 달리, 예수님의 설교에는 권위가 있었다(마 7:28-29).

오늘날 강단에 무수한 서기관과 바리새인들이 있다는 사실은 정말 두려운 일이다. 그들은 권위 있는 설교를 하지 않고, 사람들도 놀라지 않는다. 재미있어 하기는 해도 놀라지는 않는다. 오늘날 설교자들은 조언은 해도 권위를 가지고 설교하지는 않는다. "오늘 본문에서 하나님은 우리에게 이러저러한 것을 바라시는 것 같습니다"라는 식의 설교를 많이 한다. 그러나 하나님께서 우리에게 주시는 말씀은 조언이나 제안이 아닌 명령이다. 하나님께서는 우리에게 열 가지 조언을 하신 것이 아니라, 열 개의 계명을 주셨다. 어느 코미디언은 자신이 다니는 교회에는 여섯 개의 계명과 네 개의 "최선을 다해야 할 일"이 있다고 했다. 재미있는 이야기일 수는 있겠지만, 성경은 그렇게 말하지 않는다.

예수님의 설교는 권위가 있었다. 왜 그런가? 그분께 권세가 있었기 때문이다. 마찬가지로, 옛날 설교자들의 설교 역시 권위가 있었다. 그들은 "주께서 이렇게 말씀하십니다"라고 설교했다. 오늘날 우리가 이런 설교를 잃어버렸다는 사실이 두렵다. 우리의 설교와 우리의 설교를 듣는 사람들의 삶에서 설교자인 우리의 모습이 그대로 드러나기 때문이다. 그들의 삶에서 목사나 장로는 아무런 권위도 없는 것 같다. 더 두려운 것은, 하나님의 말씀마저도 그들의 삶에서 아무런 권위가 없는 것 같다는 사실이다. 구약의 이스라엘 역시 그들의 삶에서 하나님의 권위를 완전히 상실한 때가 있었다. 그래서 그들은 하나같이 "각기 자기의 소견에 옳은 대로 행하였다"(삿 21:25). 오늘날도 이와 비슷하다. 대부분의 사람들은 성경이나 성경을 통한 바른 설교가 말하는 것과 상관없이 옳고 그름을 결정한다.

강단의 권위에 대한 바울의 생각

바울은 강단의 권위를 굳게 믿었던 사람이다. 디도에게 보내는 편지에서 그는 이렇게 쓴다. "너는 이것을 말하고 권면하며 모든 권위로 책망하여 누구에게서든지 업신여김을 받지 말라"(2:15). 오늘날 대부분의 설교자는 디도가 권위 있게 말하는 것들, 예를 들면, 아내가 남편에게 순종해야 한다는 말은 말할 엄두도 내지 않는다. 디도는 자기 설교를 듣는 사람들에게 제안을 하거나, 그럴듯한 말로 꼬드기거나, 어떤 인상을 주기 위해 애쓰거나 하면 안되었다. 오직 진리의 말씀을 사람들에게 확증해야 했다. 바울이 디도에게 한 이 모든 말은 명령형이다. "권위"로 번역된 말은 사실 "명령"이라는 말로도 해석할 수 있다. 바울은 지금 디도에게 사람들에게 명령하라고 말하고 있는 것이다. 리처드 백스터가 말한 것처럼, 디도는 "사람들의 마음에 진리를 각인시켜야 했다."[1]

바울은 디모데에게도 비슷한 명령을 한다. "하나님 앞과 살아 있는 자와 죽은 자를 심판하실 그리스도 예수 앞에서 그가 나타나실 것과 그의 나라를 두고 엄히 명하노니 너는 말씀을 전파하라. 때를 얻든지 못 얻든지 항상 힘쓰라"(딤후 4:1-2). 디모데는 어떻게 설교해야 했는가? "범사에 오래 참음과 가르침으로 경책하며 경계하며 권하라"(2절). 여기서 "가르침"이라는 말로 번역된 헬라어 디다케 *didache*는, 말 그대로 '가르친다'는 뜻이다. 디모데는 사람들을 인내로 가르쳐야 했다. 그는 다른 무엇보다도 가르치는 일로 부름을 받았다!

예레미야 3:15에서 하나님께서는 설교자의 소명이 무엇인지 정의하신다. "내가 또 내 마음에 합한 목자를 너희에게 주리니." 이 얼마나 대단한 소명인가! 그렇다면 하나님의 마음에 합한 목사란 무슨 뜻인가? 무엇이 인간으로 하여금 이런 대단한 소리를 듣게 하는가? 잘 섬기는 태도인가? 사람들을 잘 다루는 기술인가? 교인들을 자주 심방하는 것인가? 아니다. 이런 것을 가리키는 말이 아니다. 계속해서 하나님께서 이렇게 말씀하신다. "그들이 지식과 명철로 너희를 양육하리라." 하나님의 마음에 합한 목사를 정의하는 말은 바로 이것이다. 하나님의 백성을 지식과 명철로 양육하는 것이다. 다시 말해, 그들에게 교리를 가르치고 그것을 적용하는 것이다.

이것은 또한 그리스도께서 베드로에게 하라고 하신 일이 아닌가? "내 양을 먹이라"(요 21:17).

몇 년 전에, 지금은 폐간된 잡지 *National and International Religion Report*에 미국의 인디언 나바호족에 하나님의 성령의 역사가 있었다는 기사가 실렸다. 그들의 대변인은 누군가 이곳에 설교하러 와서 단 20분만 설교하겠다고 한다면, 그는 당장 쫓겨날 것이라고 말했다. "아무 말씀도 남기지 않고 곧 떠날 거라면, 차라리 오지 않는 게 낫다."

피츠버그에 있는 흑인 교회에 가서 가끔 설교를 하는 한 친구가 있다. 처음 그 교회에 갔을 때 그는 눈이 휘둥그레질 정도로 놀랐다. 1시간 40분이 지난 후에 강단으로 소개되어 올라간 그는, 자신을 초청한 사람에게 얼마나 설교하면 되는지 물었다. "형제님이 모든 말씀을 다 전했다 여길 때까지 하십시오. 우리는 집에 돌아가기 위해 여기 모인 것이 아닙니다!"

바울은 이미 반대를 각오했다. 디모데후서 4:3-4에서 그는 이렇게 기록한다. "때가 이르리니 사람이 바른 교훈을 받지 아니하며 귀가 가려워서 자기의 사욕을 따를 스승을 많이 두고 또 그 귀를 진리에서 돌이켜 허탄한 이야기를 따르리라." 이렇게 말하는 설교자도 있을 것이다. "그게 문제입니다. 저희 교인들은 제 설교에 대해 그런 기대가 없습니다. 제가 그렇게 설교했다가는 난리가 날 겁니다!"

바울은 무엇이라고 하는가? "그러나 너는 모든 일에 신중하여 고난을 받으며 전도자의 일을 하며 네 직무를 다하라"(5절). 바울이 지금 무슨 말을 하는지 알겠는가? 아무리 우리가 섬기는 회중의 성향이 달라져도 우리의 부르심에는 변함이 없다. 회중이 좋아하지 않는다고 해서 메시지가 달라져서는 안된다. 우리는 주님을 기쁘시게 하기 위해 설교하는 것이지, 사람들을 기쁘게 하기 위해 설교하지 않는다! 우리의 부르심은 하나님께로부터 왔다. 중요한 것은 하나님께서 인정하시느냐 하는 것이다. 최종 판단은 하나님께서 하신다. "잘하였도다, 착하고 충성된 종아"(마 25:21).

우리가 권위를 가지고 설교할 수 있는 것은 그리스도께서 그런 권위를 주셨기 때문이다. 이렇게 말씀하시지 않는가? "하늘과 땅의 모든 권세를 내게 주셨으니 그러므로 너희는 가서 모든 민족을 제자로 삼아……내가 너희에게 분부한 모든 것을 가르쳐 지키게 하라"(마 28:18-21). "내가 제안한 모든 것을 가르쳐 지키게 하라"고 하지 않으시고 "내가 분부한 모든 것"이라고 하셨다!

물론 설교자는 자신에게 있는 권위가 자기 스스로에게서 나는 것이 아니라 그리스도께로부터 받은 권위라는 것을 잊지 말아야 한다. 그리스도만이 모든 권세의 주인이시다. 설교자가 가진 모든 권위는 받은 것이고 빌려 온 것이다. 이런 의미에서 볼 때, 설교자는 그리스도의 권세를 흉내 낼 수 없다. 다만 그리스도의 열심과 담대함을 본받을 뿐이다. 바울이 에베소 교인들에게 기도를 부탁하는 것도 바로 이 때문이다(엡 6:19).

사람에게 말씀하시는 하나님

로마서 10장은 우리에게 목자로서의 바울의 마음을 잘 보여준다.

자기 동족을 향한 바울의 갈망은 바로 동족의 구원이다. 자신이 섬기는 무리에 대해 이와 다르게 느끼는 목사가 있다면, 그는 아마도 예수 그리스도의 신실한 목회자가 아닐 것이다. 내가 섬기는 교회에 노회 전도위원회가 방문해서, 복음 전도를 위해 우리 교회에서 하고 있는 사역이 무엇인지 물은 적이 있다. 나는 그 자리에서 우리 교인들 가운데 몇 사람을 구원으로 이끌려고 애쓰고 있다고 했다! 당시 내 말은 농담이 아니었다. 교인들 가운데 많은 이들이 구원에 이르는 것이 내 마음에 간절히 바라는 바다.

바울은 하나님께서 일상적으로 영혼 구원하기를 기뻐하시는 과정이 무엇인지 밝힌다. 13절에서 그는, 누구든지 주의 이름을 부르는 자는 구원을 얻을 것이라고 선언한다. 하지만 바로 이어서 몇 가지 질문을 던진다. "그런즉 그들이 믿지 아니하는 이를 어찌 부르리요. 듣지도 못한 이를 어찌 믿으리요. 전파하는 자가 없이 어찌 들으리요. 보내심을 받지 아니하였으면 어찌 전파하리요"(롬 10:14-15).

바울은 그들이 어떻게 그리스도에 대해 들을 것인지를 묻지 않고, 오히려 설교자가 없이 어떻게 그들이 그리스도에 대해 들을 수 있겠는지를 묻고 있다는 점을 주목하라. 여기서 바울이 무엇을 말하는지 알겠는가? 신실한 설교자가 하나님의 말씀을 바르게 주석할 때, 백성에게 말씀하시고 그분께로 부르시는 분은 하나님이시다! 신실한 목사의 설교를 듣지 않는 것은 곧 하나님의 말씀을 듣지 못하는 것과 다르지 않다!

이는 예수님이 제자들에게 하신 말씀과 정확히 일치한다! "너희 말을 듣는 자는 곧 내 말을 듣는 것이요 너희를 저버리는 자는 곧 나를 저버리는 것이요 나를 저버리는 자는 나 보내신 이를 저버리는 것이라 하시니라"(눅 10:16). 설교자인 우리는 누구도 우리 자신을 업신여기지 못하게 해야 한다. 우리를 업신여기는 것은 그리스도의 말씀을 무시하는 것이기 때문이다. "설교자 없이 어찌 그리스도의 말씀을 들으리요?" 이것이 핵심이다! 신실한 설교자는 하나님의 입이다!

목사는 하나님의 말씀을 전하되, 말씀에 있는 권위와 위엄을 가지고 전해야 한다. 성경을 보면, 하나님의 말씀이 선포될 때 모든 백성은 경외함으로 서서 말씀을 들었다. 그러나 우리는 그렇지 않다. 앉아서 듣는다! 왜 우리는 하나님의 말씀에 대한 경외함으로 서서 말씀을 받는 이 전통을 따르지 않는가?

왜 설교자가 강단에서 마치 자신의 의견을 말하듯 설교하는가? 설교자는 자신의 의견을 말하라고 그 자리에 부름 받은 것이 아니다. 하나님의 마음을 사람들에게 전하는 것이 설교자다. 사람들은 자신들을 치리하는 자가 없는 것을 더 좋아한다. 사람들은 목사가 자신들과 같은 위치에 있는 것을 좋아한다. 목사가 자신의 권위를 성도들과 함께 나누는 것을 좋아하면서도, 목사가 설교하는 것만은 그리 달가워하지 않는다. 설교자가 평소에는 회중과 같이 사는 것은 당연하다. 그러나 일단 강단에 올라서면 그는 전혀 다른 무엇이 되어야 한다. 곧 권세 있는 목소리가 되어야 하는 것이다.

예수님은 설교하실 때 누가 자신의 메시지나 권위를 인정해 주기를 기다리지 않으셨다. 메시지 끝자락이 아닌 처음부터 "진실로 너희에게 이르노니……"라는 말씀으로 시작하셨다. 그가 하신 말씀은 논란의 여지가 없었다.

찔림과 변화를 위한 설교

설교자는 회중에게, 그들이 필요한 것은 설교자가 말한 것을 잘 생각해 보는 것이라는 인상을 줄 때가 많다. "글쎄요, 목사님의 말씀은 많은 것을 생각하게 합니다"라는 말을 얼마나 많이 듣는가? 생각하고 돌이켜 보는 것은 좋은 일이다. 그러나 결국 필요한 것은 행동이다. 하나님께서는 단순히 생각만 하라고 말씀을 주신 것이 아니다. 그 말씀을 순종하라고 주신 것이다. 설교를 듣고 그 설교를 이야깃거리로만 사용하는 사람들이 있다. 「경건한 사람을 위한 기도 A Plea for the Godly」라는 설교집에 수록된 '앎과 행함'이라는 설교에서 토머스 왓슨은 이렇게 말한다. "만일 하나님께서 율법을 주시되 그것을 알고 이야기만 하도록 주셨다면, 하나님은 율법을 앵무새에게 주셨을 것이다!"

설교자는 반드시 회중의 찔림과 변화를 위해 설교해야 한다. 어느 누구도 자신의 삶에서 무엇을 해야 하는지를 깨닫지 못한 채 설교가 끝나서는 안 된다. 설교를 들으면서 "나는 그 일을 하지 않겠다!"고 할 수는 있어도, "도대체 나더러 무엇을 어떻게 하라는 말인지 모르겠다"는 생각이 들도록 해서는 안 된다. 만일 회중이 그렇게 생각한다면, 이는 설교자에게 참으로 부끄러운 일이다!

청교도인 토머스 테일러 Thomas Taylor는 목사들에게 권위를 가지고 설교하라고 주문한다.

하나님의 말씀 설교에는 그에 걸맞는 권위와 위엄이 있어야 한다. 그리스도의 대사들은 그리스도께서 직접 말씀하시는 것처럼 증거해야 한다. 회중에게 아부하는 목회는 이런 권위에 반하는 것이다. 아첨과 듣기 좋은 말로 일관하는 목사에게 진리를 거스르지 않기를 기대하기는 불가능하다.

마찬가지로, 테일러는 권위 있는 설교를 듣는 청중에게는 말씀에 순복하라고 요청한다.

> 목사가 잘 배운 사람이든 못 배운 사람이든, 이런 권위를 거스르는 것은 너무나 두려운 죄다.……말씀을 듣는 자는……자신에게 정말 하기 싫은 일을 요구한다 하더라도 이 권위에 순복하기를 거부하거나 분을 내어서는 안된다.

하나님의 말씀을 설교하라! 대중 심리학의 최신 유행을 따라 설교하려고 하지 말라. 신학적 유행을 따라 설교하지 말라. 다른 사람의 설교를 도적질하는 죄를 짓지 말라. 말씀에 대한 신뢰를 가지고 있을 때만 권위를 가지고 설교할 수 있다. 다른 사람의 설교에 너무 의존하거나 그것을 자꾸 빌려오다 보면, 말씀에 대한 신뢰는 점점 사라질 것이다.

하나님의 말씀을 설교함으로 자신이 말씀을 신뢰하고 있음을 나타내라. 목사가 말씀을 신뢰하지 않는데 어떻게 청중이 말씀을 신뢰하기를 바라는가? 자신들의 지도자가 말씀에서 답을 찾지 않는

데 어떻게 그들이 말씀으로 돌아가겠는가? 권위와 확신으로 말씀을 증거하면, 사람들은 말씀에 대한 큰 확신을 갖게 될 것이다. 바로 그 하나님의 말씀으로, 성경에 있는 본래의 권위로 말씀을 선포할 경건한 설교자를 다시 한 번 불러일으켜 주시기를 기도한다.

9장 전도설교

에릭 알렉산더

그리스도로 말미암아 화해를 이루신 분이 하나님이심에도 불구하고, 우리를 통해서 사람들에게 호소하시는 것을 깨달을 때 이 직분이 갖는 특권을 더 깊이 알게 된다. 그리스도께서 화해를 이루시는 주체였던 것처럼, 우리는 그 화해를 선포하는 주체다.

전도설교를 다룰 때는, 이와 관련된 두 가지 쟁점을 분명히 하는 것이 중요하다고 생각한다.

첫 번째 쟁점은, 하나님의 모든 말씀은 권위가 있으며 구원을 이루기에 충분하다는 근본적인 믿음과 밀접한 관계가 있다. **성경 전체에는 구원하고 거룩하게 하는 능력이 있다.** 그러므로 "전도에 적합한" 본문이라 여기지 않는 성경구절을 설교할 때조차 사람들이 진심으로 돌이키는 것을 보고 놀랄 필요가 없다. 디모데후서 3:16에서, 바울이 성경에 대해 중요하게 언급한 것을 규칙적으로 되새겨 볼 필요가 있다. "모든 성경은 하나님의 감동으로 된 것으로 교훈과 책망과 바르게 함과 의로 교육하기에 유익하니."

내 친구이자 멘토인 애버딘의 윌리엄 스틸William Still 목사에게 들은 이야기를 한 가지 소개하고자 한다. 한 여인이 어느 주일 저녁 예배 전에 그의 목양실로 찾아왔다. 그녀는 함께 살고 있는 자기 조카딸이 꼭 회심했으면 좋겠다고 했다. 그러면서 그녀는 "오늘 저녁에 목사님이 복음을 설교해 주셨으면 좋겠어요!"라는 말을 덧붙이고는 총총히 사라졌다. 스틸 목사는 당시 로마서 9-11장을 연속 설교하고 있었고, 그 말 때문에 설교 본문을 바꿀 마음은 없었다. 그 여인이 스틸 목사의 "유대인에 대한 강의"를 들으면서 화가 나서 씩씩거리고 있을 때, 그녀 곁에서 그 말씀을 듣던 조카딸은 바로 그 본문 설교를 듣고 회심했다.

이 다음에 "전도설교"를 해달라는 요청을 받으면 로마서 9-11장을 펴서 설교하라는 말이 아니다. 하나님께서는 죄인들의 구원을 위해 성경 전체를 사용하기를 기뻐하신다는 사실을 우리는 항상 잊지 말아야 한다.

전도설교를 다룰 때 주의해야 할 두 번째 쟁점은 첫 번째 쟁점과 밀접한 관계가 있다. **구원은 성령 하나님의 역사라는 사실이다.** "전도집회를 잘 구성하고 설교를 통해 성경에서 말하는 몇몇 기본 진리를 강조하면 사람들은 그리스도를 믿게 될 것"이라고 생각하기 쉽다. 구원은 하나님의 역사라는 사실을 기억하는 것은 전도설교를 다룰 때뿐 아니라, 우리의 목회 전 영역에서 너무나 중요하다.

물론 우리 스스로 할 수 있는 일도 많다. 사람들에게 지적으로 호소할 수도 있고, 감정적으로 그들의 마음을 움직일 수도 있으며, 심리학적으로 그들의 마음을 얻을 수도 있다. 그러나 우리가 할 수 없는 한 가지는, 그들을 영적으로 거듭나게 하는 것이다. 이 일은 오직 하나님만이 하실 수 있다.

수년 동안 목회 현장에서 풍성한 열매를 맺은 내 친구 목사가 어떤 학생에게 이런 질문을 받았다. "목사님의 경험에 비추어 볼 때, 가장 탁월하고 효과적인 전도 방식은 무엇입니까?" 잠시 생각을 하다가 내 친구는 이렇게 대답했다. "기도입니다. 믿음으로 드리는 끈

질긴 기도 말입니다."

지금 생각해 보면, 이 대답은 무슨 심오한 신학적 통찰력에서 나온 것이 아니다. 오히려 이 말은 근본적인 진리에서 비롯된 것이다. 만일 하나님만이 구원하신다면, 친구를 구원하기 위해 우리는 누구에게 나아가야 하겠는가? 논리적인 대답은 "하나님"이다! 그런데 종종 다음과 같은 곤란한 질문이 이어지곤 한다. "그렇다면 왜 대부분의 교회와 목회에서 기도가 부수적인 것으로 여겨지나요?" 전도설교에 대해 다시 생각해 볼 필요가 있다.

전도설교의 동기

이제 나는 고린도 교인들에게 쓴 사도 바울의 두 번째 편지를 살펴보려고 한다.

> 우리는 주의 두려우심을 알므로 사람들을 권면하거니와 우리가 하나님 앞에 알리어졌으니 또 너희의 양심에도 알리어지기를 바라노라. 우리가 다시 너희에게 자천하는 것이 아니요 오직 우리로 말미암아 자랑할 기회를 너희에게 주어 마음으로 하지 않고 외모로 자랑하는 자들에게 대답하게 하려 하는 것이라. 우리가 만일 미쳤어도 하나님을 위한 것이요 정신이 온전하여도 너희를 위한 것이니 그리스도의 사랑이 우리를 강권하시는도다. 우리가 생각하건대 한 사람이 모든 사람을 대신하여 죽었은즉 모든 사람이 죽은 것이라. 그가 모든 사람을 대신하여 죽으심은 살아 있는 자들로 하여금 다시는 그

들 자신을 위하여 살지 않고 오직 그들을 대신하여 죽었다가 다시 살아나신 이를 위하여 살게 하려 함이라.

그러므로 우리가 이제부터는 어떤 사람도 육신을 따라 알지 아니하노라. 비록 우리가 그리스도도 육신을 따라 알았으나 이제부터는 그같이 알지 아니하노라. 그런즉 누구든지 그리스도 안에 있으면 새로운 피조물이라. 이전 것은 지나갔으니 보라, 새것이 되었도다. 모든 것이 하나님께로서 났으며 그가 그리스도로 말미암아 우리를 자기와 화목하게 하시고 또 우리에게 화목하게 하는 직분을 주셨으니 곧 하나님께서 그리스도 안에 계시사 세상을 자기와 화목하게 하시며 그들의 죄를 그들에게 돌리지 아니하시고 화목하게 하는 말씀을 우리에게 부탁하셨느니라. 그러므로 우리가 그리스도를 대신하여 사신이 되어 하나님이 우리를 통하여 너희를 권면하시는 것같이 그리스도를 대신하여 간청하노니 너희는 하나님과 화목하라. 하나님이 죄를 알지도 못하신 이를 우리를 대신하여 죄로 삼으신 것은 우리로 하여금 그 안에서 하나님의 의가 되게 하려 하심이라(고후 5:11-21).

고린도후서는 사도 바울의 가장 개인적인 서신이라고 할 수 있다. 이 편지에는, 그가 목회적으로나 개인적으로 얼마나 큰 부담 가운데 있었는지 잘 드러난다. 사람들은 그의 정직성과 복음을 전하는 참된 동기를 의심했으며, 심지어 그가 미쳤다고 생각했다. 그러므로 이 본문의 처음 몇 구절에서 바울이 자신의 온전함을 변호하고, 복음 설교자로서 자신의 동기를 분명히 하는 것은 전혀 놀랄 일이 아니다.

9절에서 바울은 그의 삶과 사역을 방향 짓는 궁극적인 목적을 서술한다. "우리는……주를 기쁘시게 하는 자가 되기를 힘쓰노라." 그러고 나서 11절과 14절에서 그가 복음을 설교하는 동기를 설명한다. 11절에는 하나님을 두려워하기 때문에, 14절에는 그리스도의 사랑 때문이라고 언급한다. 순서대로 살펴보자.

1. **하나님에 대한 두려움.** 하나님을 두려워하는 것은 하나님의 무한하신 위엄에 대한 피조물의 합당한 반응이고, 하나님의 무한하신 거룩에 대해 죄인이 갖는 합당한 정서다. 하나님을 아는 지식이 더해 갈수록, 우리는 하나님의 위대한 영광과 타오르는 순전하심 앞에서 두려워 떨게 된다. 하나님에 대한 경외함이야말로 지혜의 시작이다.

이런 두려움은 심판이 불가피하다는 사실을 아는 데서 시작된다. 고린도후서 5:10에서 바울은, 고린도 교인들이 그리스도의 심판 앞에 서는 것은 물론 자기 자신도 그 앞에 설 것을 말한다. 바울은, 전혀 준비되지 못한 채 혼란 가운데서 위대하고 두려운 이날을 맞이하게 될 불신자들에 대한 큰 부담이 있었다.

그렇다면 하나님에 대한 두려움과 임박한 심판이 바울의 전도에 어떤 영향을 주었는지 살펴보자. 그는 "하나님이 얼마나 두려우신 분인지 아는 우리가 사람들을 겁주자"라고 하지 않았다. 오히려 "하나님을 두려워하는 것이 어떤 것인지 아는 우리가 사람들을 설득하자"라고 말한다. 누가는 바울의 고린도 방문을 언급하면서도 동일한 표현을 쓴다. "안식일마다 바울이 회당에서 강론하고 유대인과 헬라인을 권면하니라persuade"(행 18:4).

바울과 누가가 사용한 단어에는 복음 설교의 아주 중요한 원리가 있다. 죄라고 하는 옛 질서는 욕구를 통해 접근하고 호소하는 반면에(시각과 미각을 통해 동산의 과일로 하와를 미혹했다), 은혜라고 하는 새 질서는 지성을 통해 호소한다(하나님께서는 이사야 1:18에서 "여호와께서 말씀하시되 오라, 우리가 서로 변론하자"고 말씀하신다). 사도행전에서 사도의 설교를 묘사하기 위해 누가가 사용한 표현을 보면 이 원리가 확증된다. 누가는 디다스케인(*didaschein*, '가르치다'), 디알레게스다이(*dialegesthai*, '주장하다'), 파라티데미(*paratithemi*, '증명하다'), 시제테인(*syzetein*, '논쟁하다')과 같은 단어를 사용한다. 사람들이 회심할 때 '설복되다'는 표현을 쓰기도 한다.

그렇다고 해서 사도들의 전도가 단지 지적인 설득만을 추구했다는 뜻은 아니다. 전도의 궁극적인 목적은, 사람들이 믿고 돌이켜 평생을 예수 그리스도의 주 되심 앞에 순복하며 사는 것이다. 그런데 이런 일이 지성을 통해서 일어난다. 존 스토트가 간명하게 말한 것처럼 "사도들의 설교*kerygma*는 견고한 가르침*didache*으로 가득했다."[1]

2. **그리스도의 사랑**. 고린도후서 5:14에서 바울은, 자신의 전도 설교의 두 번째 주된 동기로 나아간다. "그리스도의 사랑이 우리를 강권하시는도다." 의문의 여지없이 여기서 지금 바울이 말하는 것은, 그리스도를 향한 자신의 사랑이 아니라 그들을 향한 그리스도의 사랑이다. 이 사랑이 "선택의 여지없이" 그들을 몰아간다. 이 말은 '쫓아내다'는 의미보다는 '통제하다', '제한하다'는 개념이 강하다.

이 사실에 대해서는, 오크힐 칼리지Oakhill College에서 신약을 강의했던 앨런 스팁스Alan Stibbs 목사로부터 들은 설명이 가장 기억에 남는다. 중국내지선교회의 선교사였던 그는, 우리에게 단번에 동쪽으로 흘러드는 양쯔강에 대해 이야기했다. 강 양쪽에는 바위로 이루어진 높고 견고한 둑이 있어 강물을 세 갈래로 "통제constrain" 했다. 첫째, 바위들이 강물을 아주 깊게 만들었다. 양쪽의 높은 둑으로 인해 물이 흐르면서 강바닥을 깊이 핥고 지나가기 때문이다. 둘째, 양쪽의 높은 둑은 유속을 현저하게 높여 준다. 높은 유속으로 인해 오늘날 수력발전이 가능하다. 셋째, 바위로 이루어진 양쪽 둑은 물길을 인도하고 흘러가는 방향을 분명하게 해준다. 스팁스가 지적한 것처럼, 교회사를 돌아볼 때 오늘날과 같이 깊이와 속도와 방향이 절실하게 필요한 때도 없다. 그리스도의 사랑이 바울을 몰아간 것처럼, 우리도 그리스도의 사랑에 이처럼 이끌려야 한다.

그러나 여기서 우리가 주목해야 할 중요한 사실은, 그리스도의 사랑에 대한 바울의 언급이 전혀 모호하거나 막연하지 않다는 것이다. 14절에서 바울은, 그리스도의 죽음을 통해서 그의 사랑이 아주 독특하게 드러났다고 말하는 것이 분명하다. 그리스도의 죽음을 아주 특별하게 이해하고 있는 것이다. "그리스도의 사랑이 우리를 강권하시는도다. 우리가 생각하건대 한 사람이 모든 사람을 대신하여 죽었은즉." 사도가 이해한 그리스도의 죽음에는 적어도 네 가지 요소가 있다. 첫째, 그리스도의 죽음은 본질적으로 대속의 죽음이다(한 사람이 모든 사람을 위해 죽었다. 곧 모든 사람을 대신해 죽었다). 둘째, 죽음의 성격은 형벌로서의 죽음이다(구약의 제사에서 한 사람의 죄에 대한 심판이 다른 사람에게 전가되는 것을 언급하는 21절을 보라). 셋째, 그의 죽음은 성취에 있어서 효력 있는 죽음이다(14절을 읽어 보라. "그리스도의 사랑이 우리를 강권하시는도다. 우리가 생각하건대 한 사람이 모든 사람을 대신하여 죽었은즉 모든 사람이 죽은 것이라"). 요컨대, 예수님은 효력 있는 대속 제물이었다. 우리를 대신한 그의 죽음이 우리의 구원을 이루었다. 넷째, 그리스도의 죽음은 그 결과에 있어서 혁명적이다(15절을 읽어 보라). 예수 그리스도와의 연합으로 우리는 그의 죽음과 더불어 우리의 지난 삶에 속한 모든 것에 대해 죽고, 그와 더불어 새 생명으로 다시 살아난 것이다. 그러므로 우리는 더 이상 자신을 위해 살지 않고, 우리를 위해 대신 죽으시고 부활하신 그분을 위해 산다. 이것이 바로 17절에서 바울이 "누구든지 그리스도 안에 있으면 새로운 피조물이라"라고 말한 이유다.

화목하게 하는 사역

바울의 전도설교는, 그의 서신을 읽어 본 사람이라면 익숙하다고 여길 몇 가지 비유를 사용하고 있다. 그 비유들은 다양한 삶의 영역에서 비롯된 "그림 언어 picture words"로, 그리스도의 죽으심의 의미를 이해할 수 있도록 돕는다.

가끔 그는 법정에서 사용하는 칭의 justification라는 말을 사용한다. 인간은 심판자이신 하나님 앞에 가면 죄와 정죄 아래 있을 수밖에 없다. 그런 인간을 위해 그리스도께서 자신의 죽음을 통해 이루신 것은, "정죄"를 뒤집고 "이제 그리스도 예수 안에 있는 자에게는 결코 정죄함이 없다"는 사실을 확증하신 것이다(롬 8:1).

때로는 상업적 거래에서 사용하는 용어인 구속redemption이라는 표현을 쓴다. 이 말은 누군가 자기를 위해 값을 지불하고 노예 상태에서 해방시켜 주기를 기다리는 노예를 떠올리게 한다. 자기 피로, 다시 말해, 자신의 죽음으로 우리의 속전을 지불하고 우리를 구속하신 분이 그리스도시다.

고린도후서 5장에서 바울은 우리에게 더 친숙한 비유를 사용한다. 화해의 비유다. 여기에는 이미 하나님과 소외되고 분리된 인간의 개념이 자리하고 있다. 오늘날 이 말은 개인과 가정의 관계, 국가와 국제 사회의 관계, 인종 문제에 널리 사용되고 있다. 이 모든 영역에서 화해가 절실히 요구된다. 그러나 바울은 여기서 궁극적인 소외는 남녀나 사회 계층, 인종 간의 분리가 아닌, 바로 인간과 하나님 사이의 분리라고 말하고 있다. 이것이 바로 인간이 가진 최대의 비참함이다. 우리의 죄악된 본성 때문에 우리는 하나님과 분리되었다.

복음의 기적은 하나님께서 예수 그리스도를 통해 우리 죄를 그리스도께 전가시키시고, 그리스도의 의를 우리 것으로 삼으심으로 우리를 자신과 화목하게 하신 것이다. 이것이 바로 21절에서 바울이 말하고 있는 바다. "하나님이 죄를 알지도 못하신 이를 우리를 대신하여 죄로 삼으신 것은 우리로 하여금 그 안에서 하나님의 의가 되게 하려 하심이라." 이것이 바로 하나님께서 그리스도를 통해 이루신 영광스러운 화해의 역사다. 이것은 하나님의 역사요, 하나님만의 역사다(18절). 템플Temple 대주교는 우리 자신의 구원을 위해 우리가 기여하는 유일한 것은, 구원을 필요하게 만드는 죄뿐이라고 말한 적이 있다.

그러나 18절에서 바울은, 하나님께서 그리스도 안에서 우리에게 주시는 것은 구원의 선물뿐 아니라 세상에 화해의 메시지를 전달하는(19절), 화목하게 하는 직분도 주신다고 말한다. 바울이 우리에게 "그리스도의 대사"라는 고상한 직분을 준 것도 바로 이 때문이다. 그리스도로 말미암아(18절) 화해를 이루신 분이 하나님이심에도 불구하고, 우리를 통해서(20절) 사람들에게 호소하시는 것을 깨달을 때 이 직분이 갖는 특권을 더 깊이 알게 된다. 그리스도께서 화해를 이루시는 주체였던 것처럼, 우리는 그 화해를 선포하는 주체다. "우리가 그리스도를 대신하여 사신이 되어 하나님이 우리를 통하여 너희를 권면하시는 것같이 그리스도를 대신하여 간청하노니 너희는 하나님과 화목하라"(20절). 하나님께서 인간인 우리들로 하여금 이런 역할을 하도록 하신 것은, 온 우주에서 가장 위대한 신비 가운데 하나다. 이 얼마나 놀라운 부르심인가! 이 얼마나 대단한 특권인가!

전도설교의 원리

마지막으로 시대를 초월해서 우리의 전도설교에 지침이 되는 다섯 가지 원리를 살펴보자.

    1. 하나님의 말씀인 성경은 복음 메시지의 실체로서, 유일 무오한 권위를 갖는다.

2. 복음의 주제는, 죄인들의 유일한 구원자이신 예수 그리스도시다(사도행전 4장의 베드로 설교 참조).

3. 구원자이신 그리스도는, 성경 전체가 우리에게 계시하는 바로 그 그리스도시다. 그러므로 우리는 전체 성경 메시지를 통해 죄인들에게 죄를 깨닫게 하고 구원하시는 성령을 발견한다. 이는 엠마오 도상에서 예수께서 친히 정확하게 모범으로 보여주셨다. "이에 모세와 모든 선지자의 글로 시작하여 모든 성경에 쓴 바 자기에 관한 것을 자세히 설명하시니라"(눅 24:27).

4. 성경이 우리를 구원하는 것이 아니라, 그리스도께서 우리를 구원하신다. 그러나 유일한 구원자이신 그리스도는 다름 아닌 성경을 통해 계시된다.

5. 우리가 살펴본 본문을 통해 분명해진 것처럼, 복음 설교에는 두 가지 요소가 있다. 하나는 선포요("하나님께서 그리스도 안에 계시사 세상을 자기와 화목하게 하시며"), 다른 하나는 강권이다("하나님이 우리를 통하여 너희를 권면하시는 것같이"). 존 스토트가 지적한 것처럼, 강권 없는 선포도 없고 선포 없는 강권도 없다.[2]

우려하는 것은, 우리가 선포가 무엇인지 확신한다 하더라도 강권에 대해서는 여전히 분명하지 않을 수 있다는 사실이다. 강권 appeal이라는 말이 세계 곳곳에서 이뤄지는 선교 사역과 관련해서 사용되고 있기 때문일 수도 있다. 그처럼 공식적으로 "나아가는" 것에 대해 우리가 어떻게 생각하든 간에, 이것이 바울이 의미한 바는 아니다. 여기서 바울은, 듣는 이들이 믿고 회개함으로써 예수 그리스도 안에 있는 하나님의 구원하시는 풍성한 은혜를 받도록 마음에 호소하는 것을 말한다. 이런 호소에 귀 기울이려는 마음이 절실해지도록, 듣는 이들을 재촉할 필요가 있다.

성경은 회개와 믿음 모두 하나님의 선물이라는 것을 분명히 한다. 그러나 우리를 대신해서 하나님이 믿고 회개해 주시는 것은 아니다. 하나님께서는 주 예수 그리스도를 믿으라고 간절히 재촉하시고 강권하신다. 결국 믿음을 불러일으킬 주체는 하나님께서 믿을 수 있게 해주신 우리 죄인들이다.

21세기 복음 설교자로 부름 받은 우리는, 내가 알고 있는 한, 이런 호소와 간구를 좀처럼 하지 않는다. 하나님께서 우리 세대에 하나님의 영광에 전념하는 열정과 잃어버린 영혼 구원을 향한 열망을 겸비한 설교자들, 그리스도의 사랑에 이끌려서 성경적이고 그리스도 중심적이며, 성령으로 기름 부음 받은 그리스도의 대사들을 이 시대에 많이 일으켜 주시기를 기도한다.

10장 고난 중에 있는 사람들을 향한 설교

존 파이퍼

고난 중에 드러나는 기쁨은 하나님의 가치를 나타낸다. 그리스도를 순종하는 가운데 기쁨으로 받는 고난과 어려움은, 좋은 날에 우리가 나타내는 모든 신실함보다 그리스도의 탁월함을 더 많이 드러낸다. 설교자가 이 고난과 기쁨으로 설교할 때 사람들은 무한한 보화이신 그리스도를 보게 되며, 이를 통해서 세상 그 무엇보다 그분을 사랑하게 되고 영광에서 영광으로 변하게 된다. 교회와 세상에서 하나님의 영광이 높아지며, 마침내 설교의 위대한 목적이 이루어지는 것이다.

나는 다섯 가지 전제로 이 글을 시작한다. 이 다섯 가지 전제가 없다면, 설교와 고난에 대한 내 주장은 별로 설득력이 없을 것이다.

1. 설교는 성경 강해를 통해 넘치는 기쁨을 전달하는 행위다.
2. 설교는 교회로 모인 사람들 안에서 행해지는 규범적인 사건이다.
3. 설교의 목적은 예수 그리스도를 통한 하나님의 영광이다.
4. 하나님께서는 성도들이 하나님 안에서 가장 만족할 때 가장 큰 영광을 받으신다.
5. 고난은 하나님께서 당신의 영광을 위해 정하신 보편적인 인간 경험이기는 하지만, 한편으로는 고난 때문에 모든 그리스도인의 믿음이 위험하게 되기도 한다.

설교의 목적이 예수 그리스도를 통한 하나님의 영광에 있고, 성도들이 하나님 안에서 가장 만족할 때 하나님께서 가장 큰 영광을 받으시며, 보편적인 인간 경험인 고난이 하나님의 선하심에 대한 신자의 믿음을 위협하고 하나님의 영광으로 인해 누리는 그들의 만족을 위협한다면, 우리의 설교는 반드시 고난 중에도 하나님으로 만족할 수 있도록 매주 성도들을 돕는 것이어야 한다. 성도들이 고난을, 하나님 안에서 만족해야 할 이유 가운데 하나로 여길 수 있도록 도와야 한다. 우리는 사람들이 고난을 단순히 하나님에 대한 그들의 만족을 위협하는 것(실제로 그렇다)으로 여기지 않을 뿐더러, 하나님으로 만족하게 하는 수단(실제로 그렇다)으로 여길 수 있도록 하나님과 그분의 뜻에 대한 비전을 성도의 마음과 생각에 아로새겨야 한다. 우리의 설교를 통해 성도들이 이 타락한 세대에서 고난은 더 이상 놀라운 일이 아니며 피할 수 없지만, 분명한 목적이 있는 것으로 볼 수 있도록 해야 한다.

우리의 문화는 사람들의 마음에 이와는 정반대의 시각이 자리하도록 이끈다. 안락과 안일과 안정의 가치를 극대화하는 문화에서는, 불편과 문제와 어려움과 고통과 고난을 가져올 수 있는 모든 것을 피하는 것이 미덕이다. 즉각적인 만족과 도피적인 쾌락을 추구하는 우리의 본성적 욕구에 이런 문화적 영향이 더해져서, 고통 중에서 누리는 하나님의 영광에 대한 탁월한 만족을 억누른다.

회중의 삶에서 하나님만이 최고의 가치와 최고의 보화와 가장 깊은 만족으로 영광 받으시는 것을 보고자 한다면, 회중에게 고통의 의미를 드러내야 한다. 고통 이면에 자리하고 그 너머에서 다스리시고 그 아래에서 붙드시며, 이미 그전에 예비하신 하나님의 선하심과 능력과 지혜를 볼 수 있도록 최선을 다해야 한다. 타락한 인간의 생각과 마음을 바꾸어서, 하나님으로 인해 고난마저 기뻐하고 그 안에서 즐거워하며 가산을 빼앗겨도 기뻐하되, 종국에는 "죽는 것도 유익이라"고 고백하게 하는 것은 세상에서 가장 어려운 일이다.

설교가 단순한 커뮤니케이션이 아니며, "커뮤니케이션 이론"을 두루 알고 "커뮤니케이션"으로 학위를 받는 것이 설교의 핵심과는 아무 상관이 없는 이유가 바로 여기에 있다. 설교는 불가능한 일을 하는 것이다. 젊은 부자 관원이 만왕의 왕에 대한 사랑으로 자신의 안락한 삶에 대한 애착을 끊고 가진 모든 것을 기쁨으로 팔아 보화를 얻도록 하는 것이다(마 13:44). 예수님은 단순하게 말씀하신다. "사람으로는 할 수 없으나 하나님으로서는 다 하실 수 있느니라"(마 19:26). 설교를 통해 이루고자 하는 것은 인간이 할 수 없는 일이다. 인간의 어떤 기교로도 할 수 없다. 그러나 설교를 통해 하나님은 하실 수 있다.

고난 중에 있는 사람들을 향해 설교할 때처럼 이 사실이 분명하게 드러나는 때도 없다. 어떻게 이 위대한 설교의 목적이 고난 중에 있는 사람들 가운데 이루어지는가?

그리스도께로 나아오는 것은, 세상에서 더 많은 고통을 당할 것이라는 뜻이다. 초신자를 위해 말하면, 신자가 고통당하는 것은 이상한 일도 특별한 일도 아니다. 우리 모두가 고난을 당할 것이다. 반드시 고난을 통과해야 한다. 미국에 사는 대부분의 그리스도인들은, 생각으로나 마음으로 이 사실을 믿고 받을 준비가 되어 있지 않다. 이로 인해서 하나님의 영광과 그리스도의 이름과 교회의 토대와 선교에 대한 강력한 헌신이 위태한 지경에 이르렀다. 고난을 통해 하나님 한분으로 만족하도록 설교가 회중에게 도움을 줄 수 없다면, 하나님께서는 영광을 받지 못하실 것이다. 또한 그리스도의 이름이 존귀함을 받지 못하고, 교회는 세상의 도피처로 전락할 것이며, 순교를 요구하는 예수님의 지상 명령은 이루어질 수 없을 것이다.

구주를 영접하는 사람들에게는 고난이 기다리고 있다. "선생님이여, 어디로 가시든지 저는 따르리이다. 예수께서 이르시되 여우도 굴이 있고 공중의 새도 거처가 있으되 인자는 머리 둘 곳이 없다"(마 8:19-20). "의인은 고난이 많으나"(시 34:19). "종이 주인보다 더 크지 못하다 한 말을 기억하라. 사람들이 나를 박해하였은즉 너희도 박해할 것이요"(요 15:20). "집주인을 바알세불이라 하였거든 하물며 그 집 사람들이랴"(마 10:25). "그리스도도 너희를 위하여 고난을 받으사 너희에게 본을 끼쳐 그 자취를 따라오게 하려 하셨느니라"(벧전 2:21). "너희를 연단하려고 오는 불 시험을 이상한 일 당하는 것같이 이상히 여기지 말고"(벧전 4:12). "우리가 하나님의 나라에 들어가려면 많은 환난을 겪어야 할 것이라"(행 14:22). "아무도 이 여러 환난 중에 흔들리지 않게 하려 함이라. 우리가 이것을 위하여 세움 받은 줄을 너희가 친히 알리라"(살전 3:3). "그리스도와 함께한 상속자니 우리가 그와 함께 영광을 받기 위하여 고난도 함께 받아야 할 것이니라. 생각하건대 현재의 고난은 장차 우리에게 나타날 영광과 비교할 수 없도다"(롬 8:17-18). "무릇 그리스도 예수 안에서 경건하게 살고자 하는 자는 박해를 받으리라"(딤후 3:12). "형제들아, 내가 그리스도 예수 우리 주 안에서 가진 바 너희에 대한 나의 자랑을 두고 단언하노니 나는 날마다 죽노라"(고전 15:31). "만일 그리스도 안에서 우리가 바라는 것이 다만 이 세상의 삶뿐이면 모든 사람 가운데 우리가 더욱 불쌍한 자이리라"(고전 15:19). 하나님의 백성은 고난받는 자들이다. 이는 분명한 사실이다.

고난당할 수밖에 없는 이 땅의 삶이 다 지나면, 마지막 남은 원수인 죽음이 기다린다. "한 번 죽는 것은 사람에게 정해진 것이요 그 후에는 심판이 있으리니"(히 9:27). 하나님의 사랑 안에 있는 자들에게는 죽음이 마지막 남은 고난이 될 것이다. 우리 대부분에게 죽음은 참으로 끔찍한 일이다. 28년을 목회하면서 많은 성도들의 마지막 가는 몇 달, 몇 날, 몇 시간을 함께했다. 죽음을 수월하게 맞이하는 사람은 거의 없었다. 그리스도께서 더디 오시면 지금 이 글을 읽는 모든 사람도 죽을 것이다. 모두가 고난을 지나가야 하고, 모두가 죽음을 맞이해야 한다.

"주께서 그들을 홍수처럼 쓸어 가시나이다. 그들은 잠깐 자는 것 같으며 아침에 돋는 풀 같으니이다. 풀은 아침에 꽃이 피어 자라다가 저녁에는 벤 바 되어 마르나이다. 우리는 주의 노에 소멸되며 주의 분내심에 놀라나이다. 주께서 우리의 죄악을 주의 앞에 놓으시며 우리의 은밀한 죄를 주의 얼굴 빛 가운데 두셨사오니 우리의 모든 날이 주의 분노 중에 지나가며 우리의 평생이 일식간에 다하였나이다. 우리의 연수가 칠십이요 강건하면 팔십이라도 그 연수의 자랑은 수고와 슬픔뿐이요 신속히 가니 우리가 날아가나이다. 누가 주의 노의 능력을 알며 누가 주를 두려워하여야 할 대로 주의 진노를 알리이까. 우리에게 우리 날 계수함을 가르치사 지혜의 마음을 얻게 하소서"(시 90:5-12).

인생은 짧고 그마저도 고난당할 수밖에 없으며 죽음을 피할 수 없다는 사실 앞에서 목회자는 무엇을 해야 하는가? 시편 90편 후반부가 그 답을 준다. 그것은 기도다. "주의 종들을 불쌍히 여기소서. 아침에 주의 인자하심이 우리를 만족하게 하사 우리를 일생 동안 즐겁고 기쁘게 하소서"(13-14절). 수고와 어려움과 고난과 죽음 앞에서, 지혜로운 설교자는 시편기자와 함께 이렇게 외친다. "아침에 주의 인자하심이 우리를 만족하게 하소서." 지혜로운 설교자는 자신과 자신이 섬기는 회중을 위해 이렇게 기도한다. "오 하나님, 하나님의 신실한 사랑으로 항상 만족하게 하사, 부족함이 없게 하소서." 그리고 기도한 바로 그것을 위해 설교한다.

왜 그렇게 해야 하는가? 회중이 가족과 직장과 여가와 취미와 섹스와 돈과 음식과 권력과 명예와 같은 것을 통해 만족을 추구하도록 설교자가 내버려 둔다면, 고난과 죽음이 이 모든 것을 앗아갈 때 그들은 격분하고 낙담하게 될 것이 분명하다. 하나님의 영광과 지혜와 능력과 선하심과 아름다움과 존귀하심은, 불만과 불평과 저주의 안개 속으로 사라질 것이다.

그러나 설교자가 제대로 기도하고(회중이 하나님 한분으로 만족하게 해달라고 기도하고), 설교자가 제대로 설교하고(그들이 고난당할 것이나 하나님은 인간의 위로보다 더 사모할 이이시며, 주의 인자가 생명보다 나음을 보여주는 설교, 시 63:3), 설교자가 제대로 살면서(회중을 위해 당하는 고난을 즐거워하는 삶) 한 교회에서 오래 사역할 수 있다면, 하나님 한분으로만 만족하는 즐거움 때문에 기꺼이 고난도 감수하고 죽는 것도 유익으로 여길 사람들이 많아질 것이다. 이로 인해 하나님께서는 더 큰 영광을 받으실 것이며, 설교의 위대한 목적도 성취될 것이다.

설교자의 고난과 설교

설교의 궁극적인 목표는 예수 그리스도를 통해서 하나님을 영화롭게 하는 것이다. 하나님은 우리가 하나님으로 만족할 때 가장 영광을 받으시는데, 하나님으로 인한 이 만족을 위협하는 것이 고난이다. 고난을 피할 수 없다면, 우리는 회중이 시편기자와 같이 마음에서부터 "주의 인자가 생명보다 나으므로 내 입술이 주를 찬양할 것이라"(시 63:3)라고 고백하면서 바울처럼 "모든 것을 해로 여김은 내 주 그리스도 예수를 아는 지식이 가장 고상하기 때문이라"(빌 3:8)라고 말할 수 있도록, 그들을 돕는 설교를 해야 한다. 설교자는 하나님 안에 견고하고 깊고 흔들리지 않을 만족을 두고 있어야 한다. 그렇게 함으로써, 회중이 고난과 죽음을 맞이해서도 불평하거나 하나님을 저주하지 않을 수 있다. 오히려 "주의 앞에는 충만한 기쁨이 있고 주의 오른쪽에는 영원한 즐거움이 있나이다"(시 16:11)라고 말할 수 있는 사람들을 보고자 하는 열망이 있어야 한다.

그러나 어떻게 사람들을 그처럼 이끄는 설교를 할 수 있는가? 이것이 답이다. 설교자가 먼저 고난을 받고, 그 고난 가운데 기뻐해야 한다. 설교자 자신은 반드시 사역 가운데 어려움을 당할 수밖에 없는데, 설교자는 그 가운데서도 하나님을 기뻐해야 한다.

지금부터 그리스도로 시작해서 사도 바울을 통해 디모데까지 이르는 세 세대에 걸친 설교를 한번 따라가 보자. 예수 그리스도는 고난당하기 위해 세상에 오셨다. 고난당하고 죽기 위해 인간의 몸을 입으셨다(히 2:14). 고난은 그분의 사역의 중심이었다. "인자가 온 것은 섬김을 받으려 함이 아니라 도리어 섬기려 하고 자기 목숨을 많은 사람의 대속물로 주려 함이니라"(막 10:45). "부요하신 이로서 너희를 위하여 가난하게 되심은 그의 가난함으로 말미암아 너희를 부요하게 하려 하심이라"(고후 8:9). "이같이 그리스도가 고난을 받고 제삼일에 죽은 자 가운데서 살아날 것과"(눅 24:46). "인자가 많은 고난을 받고 장로들과 대제사장들과 서기관들에게 버린 바 되어 죽임을 당하고 사흘 만에 살아나야 할 것을 비로소 그들에게 가르치시되"(막 8:31). 예수님이 설교하실 때, 그분의 메시지에는 그분의 고난이 체화되어 있었다. 이렇게 설교한 사람은 그분뿐이다. 그분의 고난으로 구원을 설교하신 것이다.

이런 점에서 그분은 독특하실 뿐 아니라(설교자가 받는 고난이 예수님이 당하신 것과 같은 방식으로 회중의 구원이 이루어지는 것은 아니다), 우리를 불러 동일한 고난에 참여하도록 하신다. 그리스도께서는 설교자의 고난이 그의 사역의 일부가 되게 하시고, 많은 부분에서 설교자가 전하는 메시지의 능력이 되게 하신다. 사람들이 예수님을 따르고자 했을 때, 그분께서 말씀하셨다. "여우도 굴이 있고 공중의 새도 거처가 있으되 인자는 머리 둘 곳이 없다"(마 8:20). 다시 말하면, 예수님은 "정말 나를 따르고자 하느냐? 그렇다면 너희가 어떤 삶으로 부름 받는 것인지 알아야 할 것이다!"라고 말씀하신 것이다. "종이 주인보다 더 크지 못하다 한 말을 기억하라. 사람들이 나를 박해하였은즉 너희도 박해할 것이요"(요 15:20). "집주인을 바알세불이라 하였거든 하물며 그 집 사람들이랴"(마 10:25). "아버지께서 나를 보내신 것같이 나도 너희를 보내노라"(요 20:21). 또한 베드로는 이렇게 말한다. "그리스도도 너희를 위하여 고난을 받으사 너희에게 본을 끼쳐 그 자취를 따라오게 하려 하셨느니라"(벧전 2:21).

부활하신 그리스도께서는 특별히 사도 바울에 대해 이렇게 말씀하셨다. "그가 내 이름을 위하여 얼마나 고난을 받아야 할 것을 내가 그에게 보이리라"(행 9:16). 자신이 당하는 고난이 교회를 위한 그리스도의 남은 고난이라는 사실을 잘 알았던 바울은, 골로새서에서 이렇게 말한다. "나는 이제 너희를 위하여 받는 괴로움을 기뻐하고 그리스도의 남은 고난을 그의 몸 된 교회를 위하여 내 육체에 채우노라"(골 1:24). 그의 고난이 그리스도의 대속의 고난과 같은 가치가 있어서 그리스도의 고난을 채우는 것이 아니다. 우리는 완전한 그리스도의 고난에 아무것도 더할 수 없다. 오히려 그리스도께서 고난당하신 그들을 위해, 그들을 대신하여 고난당하시는 것이다.

바울은 복음 사역을 위해 고난을 당해야 했다. 그리스도께서 당하신 고난의 필연적인 연장이었다. 왜 그런가? 그리스도의 남은 고난을 채우는 것 말고도 다른 몇 가지 이유가 있다. 그의 고백 가운데서 또 다른 해답을 찾아볼 수 있다. "형제들아, 우리가 아시아에서 당한 환난을 너희가 모르기를 원하지 아니하노니 힘에 겹도록 심한 고난을 당하여 살 소망까지 끊어지고 우리는 우리 자신이 사형 선고를 받은 줄 알았으니 이는 우리로 자기를 의지하지 말고 오직 죽은 자를 다시 살리시는 하나님만 의지하게 하심이라"(고후 1:8-9). 이 고난의 목적을 주목하라. "이는 우리로 자기를 의지하지 말고 오직 죽은 자를 다시 살리시는 하나님만 의지하게 하심이라." 이는 사탄의 목적도, 바울의 원수들의 목적도 아니다. 다만 하나님의 목적이 있을 뿐이다. 하나님께서 친히 당신의 사도에게 고난을 정하셔서 오직 하나님만 전적으로 의지하게 하신 것이다. 이 땅에 있는 것들에 대한 소망을 다 잃었고, 이제 남은 소망은 죽은 자를 다시 살리시는 하나님뿐이다. 하나님만이 그의 소망의 전부다. 바울의 고난은 그가 계속해서 자신의 소망과 보화로 하나님만을 의지하게 하기 위한 것이다.

그러나 이것이 하나님께서 바울에게 고난을 정하신 목적의 전부가 아니다. 고린도후서 1:8-9은 (영어 성경을 보면) "for"라는 말로 시작한다. 바울이 당한 고난은 앞에서 언급된 교회를 위함이라는 말이다. 바울은 이것을 몇 가지로 언급한다. 예를 들면, 6절에서 그는 이렇게 말한다. "우리가 환난당하는 것도 너희가 위로와 구원을 받게 하려는 것이요 우리가 위로를 받는 것도 너희가 위로를 받게 하려는 것이니." 그러므로 말씀 사역자로서 바울의 고난은 그가 온전히 하나님만 의지하도록 하기 위함일 뿐만 아니라, 그가 섬기는 사람들에게 그가 받은 동일한 위로와 구원을 주기 위함이다. 바울이 당한 고난은 바로 그들을 위한 것이다.

어떻게 그렇게 될 수 있는가? 어떻게 바울이 당한 고난이 그가 섬기는 사람들에게 하나님만으로 만족하고 위로를 누리는 데 도움이 된단 말인가? 바울은 이렇게 설명한다. "우리가 이 보배〔그리스도의 영광의 복음의 보배〕를 질그릇에 가졌으니 이는 심히 큰 능력은 하나님께 있고 우리에게 있지 아니함을 알게 하려 함이라. 우리가 사방으로 우겨쌈을 당하여도 싸이지 아니하며 답답한 일을 당하여도 낙심하지 아니하며 박해를 받아도 버린 바 되지 아니하며 거꾸러뜨림을 당하여도 망하지 아니하고"(고후 4:7-9). 바꾸어 말하면, 바울에게 일어난 이런 끔찍한 일들은 그의 사역의 능력이 바울 자신에게서 나는 것이 아니라, 하나님의 능력에서 비롯된 것이라는 사실을 보여주기 위한 것이다(7절). 바울의 고난은 "심히 큰" 하나님의 능력을 나타내기 위해 하나님께서 정하신 것이다.

바울은 10절에서 또한 이렇게 말한다. "우리가 항상 예수의 죽음을 몸에 짊어짐은 예수의 생명이 또한 우리 몸에 나타나게 하려 함이라." 다시 말해서, 바울은 예수 그리스도의 생명을 더 분명히 드러내기 위해 그리스도의 고난에 참여한 것이다. 설교 사역의 목적은, 그리스도를 나타내고 세상의 모든 위로와 기쁨보다 그리스도가 더 사모할 만한 분이라는 사실을 보여주는 데 있다. 설교자가 당하는 고난은 그리스도가 그처럼 존귀하고 소중하다는 것을 분명히 하기 위한 것이다. 그는 이렇게 말한다. "고난받는 내 몸에서 그리스도의 존귀하심이 넘치게 나타나도록 하기 위해 나는 날마다 죽노라." 이는 다름 아닌 그의 고난을 통해서 되는 것이다. 바로 이런 방식으로, 사람들은 바울의 고난을 통해 하나님 한분으로만 만족하고 위로를 누리기를 배웠다.

고린도후서 12:9에서 바울은 또 말한다. 그가 주님께 육체의 가시를 제하여 달라고 간구했을 때, 그리스도께서 이렇게 말씀하셨다. "내 은혜가 네게 족하도다. 이는 내 능력이 약한 데서 온전하여

짐이라." 이 말씀에 바울은 이렇게 화답한다. "그러므로 도리어 크게 기뻐함으로 나의 여러 약한 것들에 대하여 자랑하리니 이는 그리스도의 능력이 내게 머물게 하려 함이라. 그러므로 내가 그리스도를 위하여 약한 것들과 능욕과 궁핍과 박해와 곤고를 기뻐하노니 이는 내가 약한 그때에 강함이라"(9-10절). 바울에게 있었던 육체의 가시는 그를 낮추고, 그리스도의 은혜가 넘치도록 넉넉함을 극명하게 드러냈다.

사도가 당한 고난으로 말미암아, 하나님의 능력의 "심히 큰 것"과(고후 4:7) "예수의 생명"이 이긴 것(고후 4:10), "그리스도의 은혜"의 완전함이 드러났다(고후 12:9). 사도 바울의 고난을 통해 사람들은 그것을 알았고, 그리스도를 생명보다 소중히 여기게 되었으며, 이는 곧 급격히 변화된 삶과 하나님의 영광으로 귀결되었다.

바울은 이 역동적인 역사를 고린도후서 3:18에서 설명한다. "우리가 다 수건을 벗은 얼굴로 거울을 보는 것같이 주의 영광을 보매 그와 같은 형상으로 변화하여 영광에서 영광에 이르니." 그리스도의 영광을 봄으로써 그와 같이 된다. 영광 가운데 계시는 그리스도를 볼 때, 우리 마음은 그리스도를 더욱 소중히 여기고 더욱 존귀하게 하며 그리스도를 따라 변해 간다. 모든 것이 변한다. 이것이 바로 설교가 목표하는 바다. 그리고 이것을 위해 설교자는 고난당한다.

이것이 바울이 고린도후서 4:12에서 말한 신비의 의미다. "사망은 우리 안에서 역사하고 생명은 너희 안에서 역사하느니라." 고난, 약함, 환난, 어려움이 바울에게서 사망으로 역사하고, 이를 통해 바울의 가장 뛰어난 사역이, 그가 아닌 그리스도께 속했음이 드러났다. 고난 중에 있는 바울을 통해서 드러난 가장 고귀한 그리스도의 모습은, 그런 바울을 보는 사람들에게 생명으로 역사했다. 생명은 우리의 최고 보화이신 그리스도를 보고 즐거워하는 데서 비롯되기 때문이다.

그리스도께서도 설교하시고 고난당하시기 위해 오셨다. 그분의 고난과 죽음은 그분이 전하신 메시지의 핵심이다. 고난을 체휼하신 그분이 바울에게 나타나셔서, 그가 복음 사역을 위해 얼마나 많은 고난을 당할지를 말씀해 주셨다. 이는 바울의 고난과 죽음이 그의 메시지의 내용이 아니라, 그리스도의 고난과 죽음이 바울이 전할 메시지의 내용이기 때문이다. 그러나 바울의 고난을 통해서 그리스도의 고난이 나타났고, 바울이 위하여 고난당한 사람들이 그것을 목도했다. 바울의 고난을 통해 그리스도의 영광이 온 우주에서 가장 귀한 보화의 가치로 빛났기 때문이다.

바울은 디모데에게 (그리고 우리에게) 무엇이라고 말하는가? 디모데후서 2:10에서 바울은 이렇게 말한다. "내가 택함 받은 자들을 위하여 모든 것을 참음은 그들도 그리스도 예수 안에 있는 구원을 영원한 영광과 함께 받게 하려 함이라." 하나님께서 그를 말씀 사역자로 세우신 것은, 그로 택함 받은 자들을 위해 고난받도록 하기 위함이다.

바울은 디모데에게 동일한 요청을 하는데, 이는 우리에게도 동일하게 적용되는 요청이다. "디모데, 사람들을 제자로 삼아 가르치기 위해서는 가장 큰 대가를 치러야 한다." 디모데후서 2:2-3은 이렇게 말한다. "또 네가 많은 증인 앞에서 내게 들은 바를 충성된 사람들에게 부탁하라. 그들이 또 다른 사람들을 가르칠 수 있으리라. 너는 그리스도 예수의 좋은 병사로 나와 함께 고난을 받으라.""디모데, 네가 받은 말씀을 전할 사람들을 세우고, 그 대가로 '너는 나와 함께 고난을 받으라.'"

설교에 대해서는 무엇이라고 말하는가? 바울은 디모데후서 4:2-5에서 이 문제를 직접 언급한다. "너는 말씀을 전파하라. 때를 얻든지 못 얻든지 항상 힘쓰라. 범사에 오래 참음과 가르침으로 경책하며 경계하며 권하라. 때가 이르리니 사람이 바른 교훈을 받지 아니하며 귀가 가려워서 자기의 사욕을 따를 스승을 많이 두고 또 그 귀를 진리에서 돌이켜 허탄한 이야기를 따르리라. 그러나 너는 모든 일에 신중하여 고난을 받으며 전도자의 일을 하며 네 직무를 다하라.""말씀을 전파하고, 고난을 받으라! 디모데, 말씀을 전파하고, 그 대가로 너는 고난을 견디라."

깊고 견고하여 흔들리지 않는 하나님에 대한 만족으로 고난이나 죽음이 와도 불평하거나 하나님을 원망하는 것이 아니라 온전히 기쁘게 여기며(약1:2), "내게 사는 것이 그리스도니 죽는 것도 유익함이라"(빌 1:21)라고 바울처럼 고백할 수 있는 사람을 세우기 위해 우리는 열정으로 설교해야 한다. 어떻게 그런 일이 가능한가? 나는 설교자가 고난을 받아야 한다고 말했다. 이것이 내가 지금까지 드러내고 싶었던 사실이다. 또한 설교자는 기뻐해야 한다. 목회를 하면서 상심할 수밖에 없지만, 하나님 안에서 기뻐해야 한다.

물론 바울은 우리 모두에게 명령한다. "주 안에서 항상 기뻐하라. 내가 다시 말하노니 기뻐하라"(빌 4:4). "우리가 믿음으로 서 있는 이 은혜에 들어감을 얻었으며 하나님의 영광을 바라고 즐거워하느니라. 다만 이뿐 아니라 우리가 환난 중에도 즐거워하나니"(롬 5:2-3). 말씀 사역을 하면서 자신이 겪은 고난에 대해 바울이 어떻게 말하는지를 주목하는 것은 아주 중요하다. 그는 골로새 교인들에게 단순히 "나는 너희들을 위해 고난을 받았다"고 말하지 않았다. 그는 "나는 이제 너희를 위하여 받는 괴로움을 기뻐하고" 있다고 말한다(골 1:24). 고린도 교인들에게 그저 "나는 내 약함을 자랑한다"고 말하지 않고, "도리어 크게 기뻐함으로 나의 여러 약한 것들에 대하여 자랑하리니"라고 말한다(고후 12:9). 그렇다. 슬픔도 있었고, 때로는 너무 견디기 어려운 고난도 있었다. 그러나 바울은 심지어 이렇게 말한다. "근심하는 자 같으나 항상 기뻐하고"(고후 6:10). 바울이 데살로니가 교인들의 믿음을 칭찬하기 위해 편지를 쓰면서는 이렇게 말한다. "너희는 많은 환난 가운데서 성령의 기쁨으로 말씀을 받아 우리와 주를 본받은 자가 되었으니"(살전 1:6).

고난 가운데 주님을 기뻐하고, 하나님의 영광의 소망으로 기뻐하고, 성령으로 기뻐하는 것을 강조하는 이유는 무엇인가? 설교의 목적이 바로 예수 그리스도를 통해서 하나님을 영화롭게 하는 것이기 때문이다. 우리가 하나님을 가장 기뻐하는 바로 그때, 하나님께서는 가장 큰 영광을 받으신다. 고난은 하나님으로 만족하려는 우리에게 가장 큰 위협이다. 고난당할 때 우리는 불평과 볼멘소리를 하고 비난하며, 심지어 저주하면서 목회를 그만둘 생각도 한다. 그러므로 고난 중에 하나님을 기뻐함으로써 하나님이 더욱 존귀하게 드러나고, 우리가 즐거워하는 것보다 하나님의 영광—모든 만족을 가져다주는 하나님의 영광—이 더 밝게 빛난다. 명랑한 햇빛이 해의 가치를 나타내듯이, 고난 중에 드러나는 기쁨은 하나님의 가치를 나타낸다. 그리스도를 순종하는 가운데 기쁨으로 받는 고난과 어려움은, 좋은 날에 우리가 나타내는 모든 신실함보다 그리스도의 탁월함을 더 많이 드러낸다.

설교자가 이 고난과 기쁨으로 설교할 때 사람들은 무한한 보화이신 그리스도를 보게 되며, 이를 통해서 세상 그 무엇보다 그분을 사랑하게 되고 영광에서 영광으로 변하게 된다. 교회와 세상에서 하나님의 영광이 높아지며, 마침내 설교의 위대한 목적이 이루어지는 것이다.

신자의 고난과 설교

신자는 반드시 고난을 겪게 되어 있다. 이는 그들의 부르심의 일부다. 빌립보서 1:29에서 바울은 빌립보 교회에게 이렇게 말한다. "그리스도를 위하여 너희에게 은혜를 주신 것은 다만 그를 믿을 뿐 아니라 또한 그를 위하여 고난도 받게 하려 하심이라." 고난은 하나님께서 모든 신자에게 주시는 선물이다. 우리는 고난을 위해 부르심을 받았다. "우리가 이것을 위하여 세움 받은 줄을 너희가 친히 알리라"(살전 3:3). 우리는 예수님의 제자들에게 설교하는 것이지, 휴 헤프너(Hugh Hefner, 세계적인 성인 잡지 '플레이보이' 창간인—편집자)의 제자들에게 하는 것이 아니다. "그분은 가시밭 길을 가셨는데, 설령 가능하다 하더라도 우리가 어찌 꽃밭 길을 걸을 수 있겠는가?"[1]

회중의 삶에서 하나님의 영광이 나타나기 위해서는 고난을 불평하는 것이 아니라 고난을 즐거워해야 한다. 성경이 계속해서 다음과 같이 말하는 이유가 여기에 있다. "나로 말미암아 너희를 욕하고 박해하고 거짓으로 너희를 거슬러 모든 악한 말을 할 때에는 너희에게 복이 있나니 기뻐하고 즐거워하라"(마 5:11-12). "우리가 환난 중에도 즐거워하나니 환난은 인내를 낳고"(롬 5:3). "너희가 여러 가지 시험을 당하거든 온전히 기쁘게 여기라"(약 1:2). "오히려 너희가 그리스도의 고난에 참여하는 것으로 즐거워하라"(벧전 4:13). "너희가……너희 소유를 빼앗기는 것도 기쁘게 당한 것은"(히 10:34). "사도들은 그 이름을 위하여 능욕받는 일에 합당한 자로 여기심을 기뻐하면서 공회 앞을 떠나니라"(행 5:41).

삶의 의미에 대해 성경적으로 느끼고 생각하지 않는 한, 고난을 기뻐할 수 있는 사람은 없다. 인간 본성과 현대 문화는 고난 중에 기뻐하는 것을 불가능하게 한다. 고난 중에 기뻐하는 것은 하나님께서 말씀을 통해 인간의 영혼에 행하시는 기적이다. 말씀을 통해 이런 기적을 불러일으키는 하나님의 도구가 되는 것이 바로 설교의 목적이다.

예수께서는 요한복음 말미에서 베드로에게 이렇게 말씀하신다. "네가 젊어서는 스스로 띠 띠고 원하는 곳으로 다녔거니와 늙어서는 네 팔을 벌리리니 남이 네게 띠 띠우고 원하지 아니하는 곳으로 데려가리라. 이 말씀을 하심은 베드로가 어떠한 죽음으로 하나님께 영광을 돌릴 것을 가리키심이러라"(요 21:18-19). 다시 말해, 하나님께서는 우리 각자가 하나님께 영광 돌릴 수 있는 고난과 죽음을 주신다. 하나님을 영화롭게 하는 것이 설교의 목적이기 때문에, 우리는 회중이 그처럼 고난당하고 죽을 수 있도록 설교해야 한다.

그러므로 설교자는 자신의 고난이 설교를 통해 어떻게 고난받는 신자에게 영향을 미치는지 아는 것이 중요하다.

첫째, 하나님께서는 설교자인 우리가 삶의 어려움을 통해 더욱 깨어지고 낮아지고 겸비되게 하셨다. 전적으로 은혜만을 의지하여 사람들의 마음을 사로잡는 더 깊은 설교를 할 수 있도록 하신 것이다. 예수께서 자신의 사역에 대해 이렇게 말씀하셨다. "수고하고 무거운 짐 진 자들아, 다 내게로 오라. 내가 너희를 쉬게 하리라. 나는 마음이 온유하고 겸손하니 나의 멍에를 메고 내게 배우라. 그리하면 너희 마음이 쉼을 얻으리니"(마 11:28-29). 우리 마음이 "온유하고 겸손"하게 되면 사람들이 와서 우리가 어떻게 고난받는지 보고 배울 것이다. 먼저 우리를 온유하고 겸손하게 하시기 위해 고난이 주어지는 것이다. 바울은 말한다. "[우리가] 힘에 겹도록 심한 고난을 당하여 살 소망까지 끊어지고 우리는 우리 자신이 사형 선고를 받은 줄 알았으니 이는 우리로 자기를 의지하지 말고 오직 죽은 자를 다시 살리시는 하나님만 의지하게 하심이라"(고후 1:8-9). 하나님께서는 고난을 통해 우리 스스로 모든 것을 할 수 있다는 허상을 깨뜨리시고, 더 낮아져서 어린아이같이 하나님만 의지하도록 하신다. 우리는 고난을 통해 이런 설교자가 된다.

존 뉴턴은 동료 목사에게 이렇게 썼다.

자네가 주님의 백성에게 흔히 있는 영적인 시험을 당하는 것은 하나님께서 자네를 목사로 부르셨기 때문이네. 자네가 기진한 사람들에게 적절히 말할 수 있도록 말일세. 마찬가지로, 우리는 늘 "내가 없이는 너희가 아무것도 할 수 없느니라"는 중요한 말씀에 끊임없이 귀를 기울여야 하네.[2]

강단에서 진리를 전할 때는 사람을 무서워하지 말고 담대해야 한다. 그러나 강단에서 우리가 갖는 담대함은 상한 마음에서 나오는 담대함이어야 하고, 우리의 용기는 회개하는 겸손한 용기여야 하며, 진리를 위해 싸우는 온유한 선포여야 한다. 만일 우리가 경솔하고 난폭하고 잘난 체하고 영악하다면, 싸우기 좋아하고 쉽게 분 내는 사람은 우리 말을 들을지 몰라도 고난 가운데 있는 사람을 내쫓는 꼴이 될 것이다. 바울은 우리가 낮아지고 위로를 받으면, "우리로 하여금 하나님께 받는 위로로써 모든 환난 중에 있는 자들을 능히 위로하게" 하실 것이라는 사실을 분명히 한다(고후 1:4). 우리가 섬기는 사람들이 우리를 보고 하나님의 긍휼에 찬 위로만을 전적으로 의지하며 살아간다는 것을 느낄 수 있어야 한다.

둘째, 우리가 그리스도를 기뻐함으로 연약함과 고난 중에서 설교하면, 이를 통해 사람들은 그 속에서 그리스도가 존귀히 여김을 받고 자신이 사랑받고 있다는 것을 알게 된다. 하나님께서 그렇게 정하신 것이다. 이를 통해 우리는 오늘날의 문화 속에 자리한 거대한 장애물을 대적한다. 이 시대는 자기중심적인 시대다. 특히 사랑을 비롯해 거의 모든 미덕이 나를 중심으로 재해석된다. 우리가 섬기는 회중 역시 예외 없이, 소중히 여김 받고 존중받는 것을 사랑받는 것이라고 믿는다. 누가 나를 사랑한다고 했을 때 그 사랑의 행위의 종착지와 목적과 이유가 바로 나라고 생각한다.

그러나 하나님께서는 모든 것보다 뛰어난 예수님의 존귀함을 드러내기 위해 설교자에게 고난을 정하셨다. 회중에게 설교할 때 우리는 그리스도를 높이고 소중히 여겨야 하기 때문이다. 만일 회중이 "목사님은 그리스도가 소중합니까, 제가 소중합니까?" 하고 묻는다면 나는 "저에게는 그리스도가 귀합니다. 그분을 더욱더 귀하게 여기는 것이 제 바람입니다. 그런데 제게는 당신이 그리스도를 귀하게 여기는 것 또한 중요합니다"라고 말한다. 인간의 중심에서 자아를 제하는 성령의 놀라운 역사가 없는 한, 사람들이 이런 말에 흡족해 할 리가 없다. 자기중심적인 사랑에 젖어 있는 사람은 참된 그리스도인의 사랑이 무엇인지 알지 못한다. 그리스도인으로서 내가 누구를 사랑한다는 말은 내가 그들을 대단하게 여긴다는 말이 아니라, 그들이 하나님을 즐거워하도록 돕는 것을 의미한다. 이것이 사랑이다. 만일 내 사랑의 최종 목적지가 그들이라면, 나는 마귀의 손에 놀아나는 것이고 그들을 자기중심적인 파멸로 몰아가는 것이다. 그러나 내 사랑의 최종 목적지가 하나님이고 그들이 하나님을 즐거워하도록 돕는 것이라면, 나는 그들을 모든 기쁨의 유일한 원천으로 인도하는 것이다. 그들의 소망과 생명과 기쁨이신 하나님을 향하도록 이끄는 것이 바로 사랑이다.

우리가 설교하는 목적은 회중에게 그들이 귀히 여김을 받는다고 느끼도록 하는 것이 아니라, 그들이 하나님을 귀히 여기도록 돕는 데 있다. 회중 자신들이 귀히 여김을 받을 때뿐 아니라 지속적으로 하나님을 귀히 여기도록 노력할 때, 심지어 그들이 욕을 먹고 놀림과 핍박을 받고 죽임을 당할 때도 하나님께 사랑받고 있다고 느낄 수 있도록 설교해야 한다. 사람으로서는 불가능하지만, 하나님은 하실 수 있다. 성령께서 능력으로 우리 설교에 함께하시면, 사람들은 그리스도가 귀히 여김을 받고 그들이 사랑받고 있다는 것을 알게 될 것이다. 이 두 가지 사실이 결국 하나인 것도 알게 될 것이다. 우리가 하나님 때문에 어떻게 고난을 이겨 나갈 수 있는지, 우리가 그리스도를 얼마나 소중히 여기는지 사람들이 알도록 하나님이 정하셨다.

셋째, 자신의 고난을 통해 설교자는 고난 중에 있는 사람들에게 성경을 통해 전해야 하는 것이 무엇인지를 안다. 마르틴 루터는 자신의 경험이 아니라 성경을 통해서 이 점을 분명히 말한다. 그는 시편 119:67, 71을 인용한다. "고난당하기 전에는 내가 그릇 행하였더니 이제는 주의 말씀을 지키나이다.……고난당한 것이 내게 유익이라. 이로 말미암아 내가 주의 율례들을 배우게 되었나이다." 여기서 루터는 설교자가 성경 본문을 여는 핵심 열쇠를 발견했다. "고난당한 것이 내게 유익이라. 이로 말미암아 내가 주의 율례들을 배우게 되었나이다." 하나님의 말씀에는 우리의 눈물의 렌즈를 통해서만 볼 수 있는 것들이 있다.

그것을 루터는 이렇게 말한다. "저는 여러분이 제대로 신학하는 것이 무엇인지 알기를 바랍니다. 제 자신이 그렇게 했습니다.……여기 세 가지 원리가 있습니다. 시편(119편)이 그 원리를 계속 언급하는데, 바로 기도 Oratio와 묵상 meditatio과 고난 tentatio입니다."[3] 그는 고난을 "시금석"이라고 불렀다. 이 고난을 통해 "우리는 하나님의 말씀이 얼마나 의롭고, 얼마나 참되고, 얼마나 달콤하고, 얼마나 사랑스럽고, 얼마나 강력하고, 얼마나 위로가 넘치는 것인지 알고 깨달을 뿐 아니라 맛보게 됩니다. 그것은 최고의 지혜입니다."[4]

루터 자신이 고난의 가치를 계속해서 경험으로 확증했다. "당신이 하나님의 말씀을 체득해 갈수록 마귀가 당신을 괴롭힐 것이고, 여러 시험을 가져다주는 마귀는 하나님의 말씀을 추구하고 사랑하도록 당신을 가르치는 선생 역할을 할 것입니다.……나 자신도……교황주의자들에게 빚진 게 많습니다. 마귀의 도구가 되어 나를 괴롭히고 억압하고 겁박하는 그들이 없었다면, 나는 좋은 신학자가 되지 못했을 것이고, 내가 이르러야 할 목표에 이르지 못했을 것입니다."[5]

루터는 이것을 신학이라고 한다. 나는 이것을 설교라고 한다. 다시 말해, 시편 119:71은 우리에게 설교자는 고난을 통해 다른 방법으로는 알 수 없는 성경을 깨닫게 되고, 회중에게 무엇을 어떻게 말해야 할지 보여준다고 말하고 있다.

회중에게 해야 할 말로 우리가 첫 번째 배우는 것은 그들이 고난당할 수밖에 없다는 것이다. 우리가 전하는 모든 메시지를 관통하는 주제는, 곧 그들이 병들고 핍박받고 죽는다는 것이다. 회중은 이 사실을 계속해서 되새길 수 있어야 한다. 우리가 살아가는 문화는, 그들을 이 현실로부터 멀어지게 해서 더 이상 그것들을 생각지 못하게 하기 때문이다. 결국 그것들에 대해 전혀 준비하지 못한 사람들은 고난이 닥쳐도 그 고난을 소중히 여기지 못한다. 그러나 고난을 통해 성경이 말하는 바를 깨달은 설교자는, 고난은 모든 성도가 맛보아야 할 삶의 일부—질병, 핍박, 죽음—라는 것을 알고 그렇게 설교한다.

우리는 회중에게 그들이 병들 것이라는 사실을 로마서 8:23을 통해 보일 것이다. "그뿐 아니라 또한 우리 곧 성령의 처음 익은 열매를 받은 우리까지도 속으로 탄식하여 양자 될 것 곧 우리 몸의 속량을 기다리느니라." 병 낫는 것을 위해 기도하라고 가르칠 뿐 아니라 모든 울부짖음과 고통과 눈물이 더 이상 없는, 그리스도의 피로 값 주고 산 최종적이고 온전한 회복이 멀지 않았다고 가르칠 것이다 (계 21:4). 이 세대를 사는 우리는 몸의 구속을 기다리며 탄식한다. 겉사람은 낡아지지만 속사람은 날마다 새로워져 간다(고후 4:16). 회중에게 우리는 이것을 가르치고 병을 신학적으로 이해하도록 가르친다.

또한 우리는 회중에게, 크든 작든 핍박받을 것을 가르친다. "무릇 그리스도 예수 안에서 경건하게 살고자 하는 자는 박해를 받으리라"(딤후 3:12). 물론 우리는 사람들에게 핍박을 당할 때 분노를 사지 않도록 주의하라고 가르친다. 사람들을 불쾌하게 하는 것은 복음과 희생의 진리이지, 성도들의 까탈스런 성품이 아니다. 만물 위에 그리스도를 드높이고 어떤 희생이 따르더라도 사람들을 진리로 사랑하는 것이 목적이다. 그렇게 할 때 어려움이 따라온다. 우리가 설교하는 이유는, 그런 일을 위해 회중을 불러일으키고 준비시키기 위해서다.

우리는 회중에게 그들 모두가 반드시 죽어야 한다고 설교하고,

때가 되었을 때 "죽는 것도 유익이라"고 고백할 수 있도록 돕기 위해 최선의 노력을 다할 것이다. 죽음이 앗아 갈 모든 것보다 그리스도를 더 사랑하도록 회중을 도울 수 있다면, 그들은 세상에서 가장 급진적이고 가장 자유롭고 가장 희생적인 사람들이 될 것이다.

회중에게 결국 그들도 병들고 핍박받고 죽음을 맞을 것이라고 설교할 뿐 아니라, 이 모든 고난은 주권자이신 하나님께서 그들의 유익을 위해 예비하신 것이라고 설교해야 한다. 사탄이 하나님의 백성을 대적하는 주요 계략 가운데 하나가, 마귀가 날뛰도록 허용하시는 하나님의 계획을 성도들이 보지 못하도록 가리우는 것이라는 존 뉴턴의 말은 백번 옳다.[6] 이러한 의도를 숨기지 않고 낱낱이 드러내는 것이 설교다. 이렇게 함으로써 우리는, 회중을 견고히 세우고 고난 가운데서도 기뻐하고 소망을 잃지 않도록 돕는다. 회중에게 우리의 원수들이 비록 악하지만 하나님께서는 그들을 우리의 선을 위해 사용하신다는 진리를 알고 즐거워할 수 있도록 일깨워야 한다(창 50:20).

"하나님의 뜻"이라는 말을 못내 불편해 하는 사람들이 있다. 이 말은 성도의 고난을 하나님께서 실제로 계획하셨고, 그 속에는 하나님의 선한 의도가 있다는 뜻이다. "하나님의 자녀들이 고통당하고 고난받는 것은 하나님의 뜻이 아니라고 믿는다"라고 말한, 한 세대 전의 보수적 자유주의자인 윌리엄 바클레이William Barclay가 이런 많은 사람들의 생각을 대변한다.[7] 오늘날 개방적 유신론(자유의지 신론, open theism)을 주창하는 사람들은 "이 세상에 일어나는 모든 악한 일마다 하나님의 특별한 뜻이 있는 것은 아니다"라고 가르친다.⁸ 또는 이렇게 말한다. "한 사람이 다른 사람을 괴롭게 하는데 거기서 무슨 '하나님의 뜻'을 찾을 수 있겠는가.……그리스도인은 사람들이 일으킨 참사에서도 '하나님 뜻' 운운한다.……그러나 이것은 너무 경건하려다가 생긴 착각이라고 생각한다."⁹

회중에게 이런 식으로 설교해서 성경이 말하는 소망을 손상시켜서는 안된다. 그들이 당하는 모든 고난은, 천부께서 그들을 유익하게 하시려는 훈련임을 회중이 믿는 성경의 소망—이 사실을 깊이 체험할수록 설교자는 이 소망을 가장 분명하게 보고 가장 달콤하게 말할 것이다—이 되게 해야 한다(히 12:11). 고난은 믿음을 연단하는 불이요(벧전 1:7), 인내와 성품과 소망을 제련하는 용광로요(롬 5:3-4), 지극히 크고 영원한 영광의 중한 것을 위한 준비다(고후 4:17). 회중이 믿고 즐거워하고 "주의 인자하심이 생명보다 나으므로"라고 고백한다면(시 63:3), 그것이야말로 그리스도의 존귀하심을 선전하는 것이다. 모든 지혜로운 사람들이 생의 마지막 순간에 맬컴 머거리지Malcolm Muggeridge와 같은 고백을 할 수 있다면, 그것은 우연히 그렇게 된 것이 아니라 하나님의 뜻에 의한 것이다. "구십 평생을 돌아보면, 안전하고 편안할 때가 아니라 어렵고 힘든 때에 내 삶의 진보를 이루었다."¹⁰ 이 같은 사실을 경험할 때 우리는 성경 안에서 이 진리를 더욱 알아가게 되고, 마침내 고난 중에 있는 회중에게 그것을 설교할 수 있다.

설교자의 고난과 회중의 고난을 연결 짓는 마지막 요소로서, 설교자는 자신의 고난을 통해 고난을 다루고 가르치는 때가 중요하다는 사실을 알게 된다. "범사에 기한이 있고…… 울 때가 있고 웃을 때가 있으며 슬퍼할 때가 있고 춤출 때가 있으며…… 안을 때가 있고 안는 일을 멀리할 때가 있으며…… 잠잠할 때가 있고 말할 때가 있으며"(전 3:1, 4-7). 설교는 때가 중요하다. 아직 낮일 때 고난과 하나님의 주권적인 선하심에 관한 진리를 총체적으로 설교하라. 밤이 오고, 자살한 사람의 피가 흥건한 욕조나 싸늘한 시신이 되어 창백하게 누워 있는 한 살배기 아이 곁에서는 아무 말도 할 수 없다. 이때는 말할 때가 아니라 끌어안을 때일 것이다. 고난 중에 있는 성도는, 자신의 고난을 통해서 배운 말하기 힘든 것들을 설교하고, 잠잠해야 할 때 잠잠하는 설교자를 보고 고마운 마음을 가질 것이다.

우리 각자는 자신만의 어둠의 골짜기를 걸으면서 이런 것에 대해 배운다. 우리가 평생 동안 다니는 신학교가 바로 고난이다. 당신이 설교자로 부름 받았다면 부탁드린다. 고난의 신학교를 기꺼이 받아들이라.

11장 목사에게 부치는 말

존 맥아더

우리는 약할 수도 있고 두려워할 수도 있다. 그러나 우리는 우리 자신을 믿지 않고 하나님의 능력을 믿는다. 우리는 아무것도 아니다. "그런즉 심는 이나 물 주는 이는 아무것도 아니로되 오직 자라게 하시는 이는 하나님뿐이니라"(고전 3:7). 하나님이 전부다!

몇년 전에 「뉴웨스트 New West」라는 잡지가 이곳 캘리포니아에서 창간되었는데, 텔레비전과 그리스도인들에 관한 기사를 실었다. 그 잡지에서 한 기자가 쓴 기사의 마지막 한 줄이 잊혀지지 않는다. "개인적으로 예수가 자신의 대리인들보다 훨씬 더 탁월한 것 같다."

그 말이 맞다. 확실히 예수님은 당신의 모든 대리인들보다 훨씬 탁월하시다. 겉만 봐서는 그 속에 있는 가치를 모른다. 이는 예수 그리스도의 복음을 증거하는 참된 설교자와 남은 우리 모두에게 해당되는 말이다. 별 볼일 없는 굴 껍데기에 감추인 진주와 같이, 겉 포장만으로는 그 속에 든 것의 가치를 짐작할 수 없는 경우가 많다.

고린도후서 4장에서 바울이 말하는 바가 바로 이것이다. 사람들이 가끔 나에게 성경이나 내가 쓴 책에 사인을 부탁해 오곤 하는데, 그때마다 나는 내 이름 밑에 "고린도후서 4:5-7"이라고 쓴다. 내 삶과 목회를 정의하는 말씀이기 때문이다. 그 말씀은 이렇다. "우리가 우리를 전파하는 것이 아니라 오직 그리스도 예수의 주 되신 것과 또 예수를 위하여 우리가 너희의 종 된 것을 전파함이라. 어두운데에 빛이 비치라 말씀하셨던 그 하나님께서 예수 그리스도의 얼굴에 있는 하나님의 영광을 아는 빛을 우리 마음에 비추셨느니라. 우리가 이 보배를 질그릇에 가졌으니 이는 심히 큰 능력은 하나님께 있고 우리에게 있지 아니함을 알게 하려 함이라." 여기에는 예수 그리스도의 얼굴에 있는 하나님의 빛나는 영광과, 이 영광스러운 복음을 사람들에게 전하는 연약하고 깨지기 쉬운 투박한 질그릇 사이의 놀라운 대조가 잘 드러나 있다.

이 말씀의 배경을 잠깐 살펴보자. 바울은 고린도 교회를 세우면서 이들이 자신의 마음을 그토록 상하게 할 줄은 몰랐다. 우선, 그들은 칭의를 통해 용서받은 그리스도인이면서도 모든 죄악으로 다시 미끄러져 갔고, 이로 인해 바울의 마음은 무너져 내렸다. 그래서 바울은 그들이 그리스도인이 되기 전에 그들의 삶을 특징지웠던 많은 악을 가리키면서, 그런 삶을 완전히 청산할 것을 촉구하는 첫 번째 편지를 썼다. 바울이 그들의 죄악 때문에 힘들었던 마음의 짐을 덜어 내는 것도 잠시, 이번에는 거짓 교사들이 마귀의 교훈을 가지고 교회로 들어왔다. 바울은 이런 거짓 교사들을 위선적인 거짓말쟁이라고 불렀다. 이들이 고린도 교회에 발을 들여놓고 가장 먼저 한 일은 자신들의 지위를 높이는 것이었다. 바울을 짓밟고 자신들이 높아지려고 했다. 이들은 선생으로서의 인정과 신뢰가 필요했다. 그것을 얻기 위해 이들은, 교인들의 영적 아비인 바울에 대해 사람들이 가지고 있는 신뢰를 무너뜨려야만 했다. 그러므로 이들은 바울을 인정사정없이 계속해서 공격했던 것이다. 이들은 바울의 신뢰성과 순수성과 사도직과 그의 메시지에 흠집을 낼 요량으로 바울을 여러 달 동안 공격했다. 이 일로 망연자실해진 바울은 방문차 고린도로 다시 돌아갔다. 잘못된 일들을 바로잡고 고린도 교인들의 마음을 다시 자신에게로 돌리려는(자기 자신을 위해서가 아니라, 진리를 위해서) 노력의 일환으로 고린도 교회에 갔을 때, 회중 가운데 한 사람이 일어나 바울의 면전에서 그를 향해 격렬한 비난을 퍼부었다. 그러나 바울을 변호하는 사람은 아무도 없었다. 급기야 바울은 너무나 충격을 받은 채 그 자리를 떠났다. 그러고 나서 바울은 다음과 같은 메시지가 포함된 또 다른 편지(신약성경에는 포함되어 있지 않았다)를 디도의 손에 들려 보냈다. "나를 저버리지 말라. 너희가 나를 저버린다면, 그것은 곧 진리를 저버리는 것이다."

디도는 좋은 소식을 안고 돌아왔다. 고린도 교인들이 긍정적으로 반응한 것이다. 그러나 바울은 여전히 그곳에 거짓 교사들이 있다는 것을 알았고, 이들의 변덕을 잘 아는 바울로서는 교회의 장래를 우려하지 않을 수 없었다. 그래서 쓴 편지가 바로 고린도후서다. 바울 같은 사람이 그런 편지를 쓴다는 것이 여간 어렵지 않았을 것이다. 왜냐하면 이 편지에서 바울은 자신을 진리를 가르치는 교사로, 예수 그리스도의 사도로, 하나님의 사자로 변호하고 있기 때문이다. 하지만 바울은 자신이 아무것도 아니라는 것을 잘 알고 있었다. 이렇게 쓰여진 고린도후서는 곤경에 처한 한 사람이 쓴 걸작이 되었다. 고린도후서 4:5-7에서, 우리는 어떻게 바울이 그렇게 했는지를 엿볼 수 있다.

끊임없는 공격

거짓 사도들은 바울 사도를 비방하느라 여념이 없었다. 그들은 지어낼 수 있는 모든 비방을 퍼부었다. 이에 바울은 자신을 변호하기 시작한다. "그러므로 우리가 이 직분을 받아 긍휼하심을 입은 대로 낙심하지 아니하고"(고후 4:1). 이는 그가 고린도 교회에 보낸 첫 번째 편지에서 한 말과 같다. "내가 나 된 것은 하나님의 은혜로 된 것이니"(고전 15:10). 바울은 자신의 사역과 구원 모두가 전적인 하나님의 은혜임을, 자신은 거기에 조금도 합당하지 않은 사람임을 떠올린다. 대적들의 악의적인 공격에 직면한 그에게 이런 자각은 큰 힘이 되었다.

계속해서 바울은, 그와 그의 동역자들은 사람들이 보지 않는 데서도 거리끼는 일을 전혀 하지 않았다고 말한다(고후 4:2). 거짓 교사들이 고린도 교인들에게, 바울을 제대로 알면 그가 얼마나 위선적이고 속이는 자인지 알게 될 것이라고 말한 것이 분명하다. 사람들 앞에서는 경건하고 거룩한 체하지만, 개인적으로는 얼마나 추잡한 사람인지 모른다고 말했다. 악독하고 근거 없는 비난이 계속되었고, 이로 인해 고린도 교인들이 바울에게서 배운 내용조차 위태롭게 되었던 것이다.

그래서 바울은 자신이 "부끄러움의 일"은 하지 않았다고 말한 것이다(고후 4:2). 바울은 자신을 향하여 꿍꿍이가 있는 사기꾼이라고 하는 비난에 대해 직접적이지만 단순하게 이렇게 대답했다. 고린도후서 2:17에서 "혼잡하게 하는peddling"이라고 번역된 단어에는 '돈이라면 무엇이든 하는'이란 의미가 담겨 있다. 이런 비난에 대해 바울은 "나는 그런 협잡꾼이 아니다!"라고 대답한다. 또한 이들은 바울이 말씀을 혼잡하게 했다고 비난했으나, 바울은 자신과 동역자들이 진리만 전한 것은 사람들의 양심이 다 안다고 말하면서 이 비난 역시 정면으로 부정했다. 바울이 임의로 자신을 변호하고 있는 것처럼 들린다면, 지금 바울은 이 거짓 교사들이 퍼뜨린 거짓 비난에 대해 하나하나 답하고 있다는 사실을 기억하라. 바울은 지금 자신 때문에 이런 변론을 하는 것이 아니다. 오직 복음을 변호하기 위해서다. 만일 이런 거짓 교사들의 비난이 받아들여진다면, 고린도에서 복음의 발판이 사라질 것이기 때문이다.

 바울의 성격과 신학을 비난하는 것으로는 성이 안 찼던지, 거짓 교사들은 개인적인 인신공격까지 서슴지 않았다. 바울을 고린도에서 완전히 매장시키려는 것이었다. 바울의 글과 소문은 그럴듯하지만 막상 대해 보면 약하기 짝이 없고 말하는 것도 별것 아니라고 비방했다(고후 10:10). 볼품도 없고, 상종할 사람이 못 된다는 것이었다. 이것은 정말 치명적이다! 사람들은 보통 잘생긴 사람의 경우, 설령 말이 좀 어눌해도 잘 봐준다. 좀 못생겼어도 말을 잘하면 그 역시 나쁘지는 않다고 생각한다. 하지만 볼품도 없는 데다가 말도 제대로 못하면, 그것은 정말 낭패다! 이런 공격에 대해 바울이 대답을 안할 수 없었다는 사실 자체가, 사람들로 하여금 그런 비난이 괜히 나온 것은 아닐 거라고 생각하게 만들었다. 심지어 이런 비난을 듣고 어떤 사람들은 바울을 아주 흉측하게 생긴 돈만 아는 형편없는 사람으로까지 상상했다. 실제로 당시 바울은 나이 들고, 심한 고생으로 몸이 많이 상한 상태였다. 그러나 바울이 어떤 신체적 장애를 가지고 있었다 하더라도, 대적자들이 그것을 대놓고 비난하는 것은 아주 끔찍하고 비열한 짓이었다.

고린도전서 1장의 바울의 말을 들어 보면, 바울이 철학이나 사람들의 지혜 같은 것을 사용할 줄 몰라서 십자가에 대해 똑같은 소리만 되풀이한다는 비난을 받았음을 짐작해 볼 수 있다. 확실히 바울은 (비록 바울 자신은 진정한 학자였지만) 자신의 학식이나 개인적인 매력, 카리스마, 지식을 사용해서 자신의 가르침을 사람들에게 어필할 마음이 없었다. 그런 바울에 대해 대적자들은 이런 말로 그를 비난했다. "바울은 기본적인 자질이 안되어 있다. 인격적으로도 그렇고, 이 시대에 맞게 소통할 수 있는 철학적인 소양도 없다."

그의 약점이 무엇이든 간에—외모든, 개인적인 매력이든, 언변이든—바울은 자신의 약함을 잘 알고 있었다. 그의 대답을 주목하자. "투박한 질그릇과 같은 나에게서 무엇을 기대하는가?" 바울은 그들의 비난을 인정하면서 이렇게 말했다. "당신들 말이 맞다. 당신들 말대로 나는 연약하고 무능력하다. 당신들이 말하지 않아도 그것은 분명한 사실이다. 나 자신을 변명하고 싶은 마음은 추호도 없다." 모든 고귀한 사역자들이 그랬던 것처럼, 그 역시 온갖 수치를 당하고 있었다. 사람들로부터 인격적으로 온갖 억울하고 거짓된 비난을 받고 있음에도 불구하고, 그런 비난으로부터 자신을 변호하는 것은 고통만 더할 뿐이라는 것을 알았다. 왜냐하면 실제로 자신은 아무것도 아니라는 것을 알고 있었기 때문이다. 오직 그에게는 새 언약만이 전부였다.

선포하는 영광스러운 메시지와, 그 메시지를 전하는 도구인 투박한 질그릇은 명백한 대조를 이룬다. 5-6절은 마치 우리가 하나님의 영광이 임한 성막의 지성소에 있기라도 한 것처럼, 선명하게 다가온다. 시내 산에서 하나님의 영광을 대면하는 모세와 함께 있는 것 같고, 변화산에서 영광의 구름에 휩싸여 잠시 육신의 장막을 벗은 예수님의 모습을 보고 넋이 나간 베드로와 야고보와 요한 곁에 있는 것 같고, 이사야 6장의 묘사처럼 성전에서 하나님의 영광을 보고 땅에 엎드려 죽은 자같이 되어 자신의 죄와 무가치함을 고백하는 이사야와 함께 있는 것 같고, 하나님의 환상을 보고 혼절한 에스겔이 있던 자리에 함께 있는 것 같고, 요한계시록 1장에서 영광을 받으시는 하나님의 아들의 모습에 엎드려 죽은 자같이 된 요한과 함께 있는 것 같다. 바울은 새 언약과 더불어 하나님께서 그리스도 안에서 죄인들을 구원하시는 빛나고 영광스러운 실체를 본다. 그는 예수 그리스도의 얼굴에서 계시된 빛나는 하나님의 영광, 곧 영광스러운 새 언약의 계시를 본다. 그러고 나서 그는 7절에서 "우리가 이 보배를 질그릇에 가졌으니"라고 말한다. 불완전하고, 연약하고, 평범한 그였기에 대적들의 평가가 그른 것은 아니었다. 그러나 진흙 옹기와 같은 그 자신에게 하나님께서 그토록 고귀한 보화를 두셨다는 사실에 놀라움을 금할 수 없었다.

디모데전서 1:12에서 바울은 이렇게 쓴다. "나를 능하게 하신 그리스도 예수 우리 주께 내가 감사함은 나를 충성되이 여겨 내게 직분을 맡기심이니." 바울은 하나님의 은혜에 소스라치게 놀랐다! 60대의 노령으로 생의 마지막에 다다랐을 때, 그는 그리스도 앞에서 행한 자신의 삶을 이렇게 기억한다. "내가 전에는 비방자요 박해자요 폭행자였으나 도리어 긍휼을 입은 것은…… 우리 주의 은혜가…… 넘치도록 풍성하였도다. 미쁘다, 모든 사람이 받을 만한 이 말이여. 그리스도 예수께서 죄인을 구원하시려고 세상에 임하셨다 하였도다. 죄인 중에 내가 괴수니라"(딤전 1:13-15). 내가 죄인 중에 괴수였다고 말하지 않고, "죄인 중에 괴수니라" 하는 그의 진술에 주목하라. 그는 자신의 삶에서 한 번도 하나님의 은혜를 배제하지 않았다.

하나님은 질그릇을 쓰신다

설교자는 사람이다. 그것이 전부다. 사람은 완전하지 않다. 그렇기 때문에 목회에서도 완전하기를 바랄 수 없다. 하나님께서 보잘것없는 악기나 힘없는 목소리를 사용하실 수 없다면, 음악도 만드실 수 없었을 것이다. 아브라함은 표리부동한 사람이었지만, 하나님의 벗이 되었고 믿음의 사람이 되었다. 모세는 말이 어눌하고 성미가 급했지만, 하나님으로부터 율법을 받아 백성에게 전달하고 그들을 하나님께로 이끌 지도자로 선택되었다. 다윗은 간음과 음모와 살인을 범했고 남편과 아버지로서 불성실한 사람이었지만, 회개하고 하나님 마음에 합한 자로 여김을 받았다. 그는 또한 역사상 가장 위대한 시편기자였다. 우리는 여전히 이 "이스라엘의 시편기자"가 지은 노래를 부른다. 엘리야는 자기 목숨을 거두어 달라고 기도하고 이세벨을 피해 도망하던 사람이었지만, 동시에 아합과 모든 바알 선지자들을 물리쳤고 호렙 산에서 하나님의 세미한 음성을 듣던 사람이었다. 하나님의 보좌를 본 환상에서 이사야는 "나는 입술이 부정한 자요 입술이 부정한 백성 중에 거하는, 하나님께 아무짝에도 쓸모없는 사람입니다"라고 고백했다. 그러나 하나님 앞에서 정결하게 된 후에는 "내가 여기 있나이다. 나를 보내소서"라고 고백했고, 하나님께서는 그에게 "가라"고 말씀하셨다. 베드로는 또 다른 질그릇이었다. 열두 제자를 대변하는 리더였지만, 맹세와 저주까지 하며 자신의 주님을 부인했고, 심지어 주님을 나무라기까지 했다. 이런 불순종에도 불구하고 예수님의 긍휼로 회복된 베드로는, 성령의 능력으로 오순절에 권능의 말씀을 증거했고 하나님께 쓰임 받아 초대 교회를 시작했다. 사도 요한은 자기 무리와 같이 다니지 않는 사람이 예수의 이름으로 귀신을 쫓아내자 이를 금하여 예수께 칭찬받으려 한 사람이다. 또한 그의 형제 야고보와 함께 하늘로부터 불이 내려 사마리아 고을을 살라 버리기를 바랐고, 자기 어머니를 보내어 하늘나라가 임할 때 요직을 맡겨 달라고 부탁했다. 그러나 요한은 예수님의 사랑받는 제자요, 사랑의 사도가 되었다. 성육신의 신비에 대해서 그만큼 깊이 이해한 사도도 없었다.

공통된 패턴이 보이는가?

바울도 이와 다르지 않다. 부당한 공격과 거짓 고소를 당했다. 사람들은 그를 윽박지르고 폭행했다. 신체적인 공격도 많이 받았다. 고린도후서 11장에서, 그는 그가 감내한 신체적 어려움이 어떤 것이었는지 보여준다. 그는 유대인들에게 사십에서 하나 감한 매를 다섯 번이나 맞았고, 이방인들에게서 세 번이나 몽둥이찜질을 당하고, 한 번은 돌팔매질을 당했다. 거짓 교사들은 비난을 쏟아냈고, 유대주의자들은 끊임없이 그를 감시하면서 그를 제거할 음모를 꾸몄다. "나는 날마다 죽노라"(고전 15:31)라고 했던 그의 말은 전혀 과장이 아니었다. 무슨 신비한 영적 체험을 일컫는 말도 아니었다. "아침에 일어날 때마다 오늘 죽을 수도 있는 현실을 준비한다"는 말이다.

바울이 당한 대부분의 고난은 그가 정말 사랑하는 사람들에게서 비롯되었다. 고린도 교인들에게 그는 이렇게까지 말했다. "어떻게 너희는 내가 더 사랑할수록, 나를 덜 사랑할 수 있단 말인가? 이해할 수가 없다." 그러나 그는 이런 취급을 당하는 것이 마땅하다는 것을 알고 있었다. 이런 취급을 당할수록 더욱더 하나님만 의지하게 될 것도 알고 있었다. 그는 말한다. "내가 약한 그때에 강함이라"(고후 12:10).

그 같은 비난과 대접에 대해 항상 그가 한 말은 "네가 옳다, 네가 옳다, 네가 옳다. 내가 부족해서 그런 것이다"였다. 그는 그의 연약함을 비난하는 거짓 교사들과 설전을 벌이지 않았다. 오히려 그들의 비판을 받아들였다. 그러나 그런 연약함이 무슨 허물은 아니다. 오히려 그가 진정한 사도라는 증거였다. 우리에게 고린도후서 4장은 겸손한 사람에게 주는 헌사다. 바울은 인간적인 재능이나 기술이나 성취를 가지고 자신을 변호하지 않았다. 그저 모든 비난을 받아들이고, 가장 탁월한 기준에 비추어 항상 자신을 평가했다.

바울은 말한다. "우리가 이 보배를 질그릇에 가졌으니 이는 심히 큰 능력은 하나님께 있고 우리에게 있지 아니함을 알게 하려 함이라"(7절). 하나님께서는 값진 보화를 질그릇에 두신다. 이는 능력이 어디로부터 오는지 누구나 알게 하기 위함이다!

예수 그리스도의 인격에서 계시된 영원한 하나님의 영광과, 고린도후서 3장에 묘사된 새 언약의 탁월함과, 그리스도의 빛나는 영광에 비추어 볼 때 설교자는 아무것도 아니다! 고린도후서 10장에서 바울은 이렇게 말한다. "나를 다른 설교자들과 비교하지 않는다. 나는 그저 '우리는 지금 목회라는 보화를 지녔다'고 말할 뿐이다." 이 목회는 바로 "하나님의 형상이신 그리스도의 영광의 복음"이다(고후 4:4). 복음이 보화다. 죄인을 구속하시려고 성육하신 그리스도 하나님의 위대한 이야기인 복음이 바로 빛나는 보화다. 새 언약을 말하는 고린도후서 3장에서 바울이 드러내는 것이 바로 이 보화다. 이 보화가 곧 진리라고 말한다. 구원의 좋은 소식을 가져오신 그리스도가 하나님이시라는 것이 진리다. 질그릇에 보화를 두신 것이다.

질그릇은 흙을 구워 만든다. 평범하고, 깨어지기 쉽고, 항상 새로운 것으로 바꿀 수밖에 없는 별로 값어치 없는 것이 질그릇이다. 떨어뜨리면 더 이상 사용하지 못한다. 질그릇은 그저 질그릇일 뿐이다. 하찮아도 아주 요긴한 것이 또한 질그릇이다. 고대 사회에서 질그릇은 몇 가지 용도가 있었다. 때로는 사해사본과 같은 아주 중요한 것을 질그릇에 넣어 두기도 했고, 그보다 조금 덜 중요한 것을 담아 땅에 묻는 데 쓰기도 했다. 그러나 대부분의 가정에서는 쓰레기나 오물 같은 것을 담기 위해 질그릇을 사용했다.

디모데후서 2:20에서도 "질그릇"이라는 단어가 사용되는데, 앞서 말한 사실을 잘 보여준다. "큰 집에는 금그릇과 은그릇뿐 아니라

나무그릇과 질그릇도 있어 귀하게 쓰는 것도 있고 천하게 쓰는 것도 있나니." 나무그릇이나 질그릇은 더럽고 부정한 것들이나 오물을 담는 데 사용했다. 이런 그릇은 그 자체로는 가치가 없지만, 무엇을 담느냐에 따라 가치가 달라진다. 21절에서 바울은 누구든지 이런 그릇에 귀한 것을 담으려는 사람은 먼저 그 그릇을 깨끗이 해야 한다고 말한다. 다른 내용물로 인해 이미 더러워졌기 때문이다.

이제 우리는 고린도후서 4장을 좀 더 잘 이해할 수 있다. 바울은 말한다. "이 쓰레기통, 오물통과 같은 우리가 보화를 가졌다." 바꾸어 말하면, 가장 천하고 더러운 것을 담는 여느 다른 그릇들과 다를 바 없는 우리가, 우리 스스로는 아무 가치도 없고 사람들 앞에 내놓지도 못할 그릇인 우리가 목회의 자리에 있다는 말이다. 우리는 그저 그런 그릇일 뿐이기 때문에, 우리 속에 담긴 보화가 우리의 가치를 결정한다. 이것이 바로 우리 주께서 능력 있고 뛰어난 많은 사람들을 놔두고서, 지극히 평범하고 천한 우리를 택하신 이유다. 이것이 바로 영적인 섬김의 핵심이다.

사람들은 바울을 "허약하고, 볼품없고, 말도 어눌하고, 똑똑하지도 않고, 철학적이지도 못하고, 문화적인 소양도 없는 자"라고 비난했다.

이런 비난에 바울은 "나도 안다. 나는 그저 질그릇일 뿐이다. 하지만 나는 보화를 가졌다!"라고 대답한다.

신약성경은 이집트의 천재가 쓴 것이 아니다. 그리스나 로마나 이스라엘의 천재가 쓰지도 않았다. 그 당시 탁월한 학자들은 이집트에 모여 있었다. 고대 알렉산드리아의 엄청난 도서관에서 연구에

여념이 없었다. 가장 탁월한 철학자들은 아테네에 있었고, 가장 늠름한 지도자들은 로마에 있었고, 종교의 천재들은 이스라엘의 성전에 모여 있었다. 그러나 하나님께서는 그들을 사용하지 않으셨다! 질그릇을 사용하셨다. 역사가인 헤로도토스, 철학자인 소크라테스, 의학의 아버지인 히포크라테스, 기하학자인 유클리드, 기계학의 아버지인 아르키메데스, 천문학자인 히파르코스, 달변가인 키케로, 시인인 베르길리우스와 같은 사람들을 지나치셨다. 왜인가? 질그릇이 하나님의 목적에 더 잘 부합하기 때문이다. 사람들이 보기에 (자신들이 보기에도) 이런 탁월한 사람들은 귀한 그릇들이다. 하지만 뛰어난 자신의 모습에 만족하는 사람은 복음의 가치를 보지 못한다. 그러므로 하나님께서는 농부, 어부, 냄새나는 사람, 세리와 같은 질그릇을 택하셔서 우리가 복음이라 부르는 귀중한 보화를 선포하고 기록하게 하셨다.

지금도 하나님은 질그릇을 쓰신다

하나님은 여전히 그렇게 하신다. 오늘날도 엘리트들은 지나치신다. 마음이 완고하고, 다른 사람의 말을 무시하고, 자긍하는 식자들을 간과하신다. 대학이나 신학교의 상아탑이나, 교회의 감독실과 높은 자리에 앉아 있는 사람이 아닌, 겸손한 사람을 찾으셔서 구원하는 진리의 보화를 맡기신다.

어떻게 우리 같은 별 볼일 없는 사람이 저런 탁월한 사람들보다 하나님의 뜻에 더 부합하다고 할 수 있겠는가? "우리가 우리를 전파하는 것이 아니기" 때문이다(고후 4:5). 우리는 메시지가 아니다. 내가 섬기는 교회는 하나님께 복을 받았다. 하나님께서 당신의 진리에 복 주시기 때문이다. 나 때문이 아니다. 바울이 "내가 약한 그때에 강함이라"라고 고백할 때, 그 말은 그가 분명한 생각이 없는 사람이라는 뜻이 아니다. 규모도 없고, 게으르고, 무책임하고, 열심히 일하지도 못할 사람이라는 뜻이 아니다. 그가 "약하다"고 할 때의 뜻은, "나 자신을 주장하지 않는다. 내가 하나님의 일에 방해가 되지 않을 때라야 하나님의 능력이 분명히 드러난다"는 뜻이다.

하나님께서 능력 있게 사용하시기를 바란다면, 하나님의 뜻 앞에서 자신을 주장하지 말라. 자신을 쓰레기통으로 여기는 법을 배우라. 베드로의 말을 빌려 말하자면, "겸손으로 허리를 동이라"(벧전 5:5). 이는 목회자인 우리 자신에 관한 것도 아니요, 우리의 인격에 관한 것도 아니요, 오직 하나님의 말씀에 관한 것이다. 하나님께는 지적으로 뛰어난 사람이 필요한 것이 아니요, 위대한 사람이 필요한 것도 아니다. 멋지고 유명한 사람이 필요한 것도 아니다. 능력은 사람에게 있는 것이 아니라 말씀에서 나온다! 하나님께서는 질그릇에 보화를 두셔서 "심히 큰 능력은 하나님께 있고 우리에게 있지 아니함을 알게 하려" 하신다(고후 4:7).

바울의 성공을 인간적으로 설명해 보려 한다면, 단 한 가지 답도 찾을 수 없을 것이다. 가끔 나에게 "저는 바울의 성공 비결을 찾아보려고 성경을 연구하고 있습니다"라고 말하는 사람들이 있다. 바울의 사역이 그렇게 성공적이었던 이유가 무엇인가? 그가 진리를 설교했기 때문이다. 진리에 능력이 있다. 혹은 "목사님 교회가 그렇게 잘되는 비결이 뭔지 잠시 방문하고 싶습니다" 하고 말하는 사람들도 있다. 교회를 교회 되게 하는 것이 무엇인가? 하나님의 진리다. 하나님의 진리와 하나님의 능력이다. 심히 큰 능력은 진리를 들은 사람의 영혼에 역사하시는 하나님의 초월적인 능력이다. 기껏해야 우리 설교자들은 질그릇일 뿐이다! 우리 스스로에게서는 아무것도 나올 것이 없다. 바울은 그것을 잘 알았다. 그가 "내가 너희 가운데 거할 때에 약하고 두려워하고 심히 떨었노라"라고 말한 것도 바로 이 때문이다(고전 2:3).

우리는 약할 수도 있고 두려워할 수도 있다. 그러나 우리는 우리 자신을 믿지 않고 하나님의 능력을 믿는다. 우리는 아무것도 아니다. 바울이 다른 곳에서 말한 바와 같다. "그런즉 심는 이나 물 주는 이는 아무것도 아니로되 오직 자라게 하시는 이는 하나님뿐이니라"(고전 3:7). 하나님이 전부다!

몇 년 전에 제임스 데니 James Denney가 이렇게 썼다. "바울의 사역을 보고, 바울과 같은 설교자를 본 사람 치고 바울 자신에게서 해답을 찾기를 기대하는 사람은 아무도 없을 것이다. 볼품없고, 말도 어눌하고, 강요하거나 사람을 구워삶을 줄도 모르는 땅딸막한 유대인이 그런 용기의 원천, 변혁의 이유일 리 없다. 오직 하나님께만 그 답이 있다." 1911년에 A. T. 로버트슨 Robertson은 자신의 책 「목회의 영광 The Glory of the Ministry」에서 데니의 말을 인용했다. "세상에는 언제나 너무 영악해서 하나님께서 사용하실 수 없는 사람들이 있었다. 이런 사람들은 하나님의 일을 할 수 없다. 그들이 자긍심에 빠져 있기 때문이다. 하나님의 역사는 한 번도 이런 사람들을 통해 이루어진 적이 없고, 그것은 지금도 마찬가지다. 능력은 인간의 천재성이나 영리함이나 기술이나 재주에서 나오는 것이 아니다. 복음의 능력은 복음에 있다." 목사인 우리들은 약하고, 빼어난 것도 없고, 단순하고, 깨어지기 쉽고, 고결하지도 못하여 쓰레기나 담아 두었다가 버릴 수밖에 없는 질그릇에 불과하지만, 대신에 우리는 하나님의 영광을 회중에게 전달한다.

놀라운 것은, 이 연약함이 복음에 치명적인 해가 되지 않는다는 것이다. 감사하게도 복음은 우리에게서 비롯되는 것이 아니다. 중요한 것은, 질그릇을 사용하시는 하나님의 방법이 복음의 핵심이라는 사실이다. 이를 통해 능력이 어디로부터 오는지 너무나 분명히 드러나기 때문이다. 우리는 무익한 종에 불과하지만, 하나님께서 우리에게 복음이라는 보화를 주셨다. 이 얼마나 더할 나위 없는 특권인가!

주

1장 설교의 우선성

1. Martin Luther, "On The Councils and the Church," in Luther's *Works*[LW], ed. Jaroslav Pelikan(vols. 1-30) and Helmut T. Lehmann(vols. 31-55), vol. 41, *Church and Ministry III*, ed. Eric W. Gritsch, trans. Charles M. Jacobs and Eric W. Gritsch(Philadelphia : Fortress Press, 1966), p. 150.
2. Herbert H. Farmer, *The Servant of the Word*(London : Nisbet and Co., 1941).
3. Ibid., p. 86.

2장 설교의 어리석음

1. Robert Bratcher, *The Baptist Courier*, April 2, 1981.

3장 강해설교

1. *Westminster Confession of Faith*(Glasgow : Free Presbyterian Publications, 1994), p. 379. (「웨스트민스터 신앙고백」 생명의 말씀사)
2. William Perkins, *The Art of Prophesying*(Edinburgh : Banner of Truth Trust, 1996), p. 9.
3. James Denney, *The Expositor's Bible*, New Edition, *The Second Epistle to the Corinthians*(London : Hodder & Stoughton, 1916), p. 97. 윌리엄 틴데일

(William Tyndale)은 이 구절을 다음과 같이 번역한다. "우리는 하나님 말씀의 질을 떨어뜨리고 변개하는 이들과는 다르다."

4. 신약성경에서 단 한 번 나오는 단어로(*hapax legomenon*), W. F. Arndt와 F. W. Gingrich는 오쏘토메오(*orthotomeo*)를 "진리의 말씀을 바른길로 인도하다"라고 해석한다. Arndt and Gingrich, *A Greek-English Lexicon of the New Testament and Other Early Christian Literature*, 4th ed.(Chicago: The University of Chicago Press, [1957] 1974), p. 584.

5. 앨릭 모티어가 쓴, 해던 로빈슨(Haddon Robinson)의 다음 책 영국판 서문을 보라. *Expository Preaching: Principles and Practice*(Leicester: Inter-Varsity Press, 1980), vi.

6. John Calvin, *Calvin's New Testament Commentaries: The Second Epistle of Paul to the Corinthians, and the Epistles to Timothy, Titus and Philemon*, trans. T. A. Small, eds. David W. Torrance and Thomas F. Torrance(Grand Rapids: Eerdmans, 1991), p. 330.

7. Calvin, *Sermons on Deuteronomy*, facsimile edition of 1583(Edinburgh: Banner of Truth Trust, 1987), p. 292, Column 1. 이 설교는 신명기에 대한 49번째 설교다. 본 인용글에서는 엘리자베스 시대의 철자를 현대에 맞게 고쳐서 실었다. 다음 책을 참조하라. T. H. L. Parker, *Calvin's Preaching*(Louisville, Ky.: Westminster/John Knox Press, 1992), p. 81.

8. *The Institutes of the Christian Religion*, ed. John T. McNeill, trans. Ford Lewis Battles(Philadelphia: The Westminster Press, 1975), 4.8.6. 다른 예를 위해서는 다음을 보라. David L. Puckett, *John Calvin's Exegesis of the Old Testament*(Louisvill, Ky.: Westminster Press/John Knox, 1995), p. 26-27. (「기독교강요」)

9. Calvin, *Institutes of the Christian Religion*, I.8.2.

10. Theodore Beza, *The Life of John Calvin*, ed. Gary Sanseri(reprint of Calvin Translation Society, 1844, ed. and trans. Henry Beveridge) (Milwaukee, Ore.: Back Home Industries, 1996), p. 100. (「존 칼빈의 생애와 신앙」 목회자료사)

11. 6세기에 살았던 크리소스토무스는 "황금의 입(*chrysostomos*, golden-mouthed)" 이라는 별명으로 유명하다.

12. Parker, *Calvin's Preaching*, p. 60.

13. Bryan Chapell, *Christ-Centered Preaching: Redeeming the Expository Sermon*(Grand Rapids: Baker, 1994). (「그리스도 중심의 설교」 은성) 채플은

1992년에 설교 예화에 관한 책을 썼고, 지금은 개정판이 나왔다. *Using Illustrations to Preach with Power*(Wheaton, Ill.: Crossway, [1992] 2001).

14. Chapell, *Christ-Centered Preaching*, p. 129. 잘 알려진 로빈슨의 정의도 여전히 큰 영향을 미치고 있다. "문맥 속에서 이루어진 역사적·문법적·문학적 본문연구를 통해 도출된 성경 이해를 먼저 성령께서 설교자의 인격과 경험을 통해 설교자 본인에게 적용하시고, 그리고 회중들에게 적용하시는 것이 강해설교다" (Haddon Robinson, *Biblical Preaching: The Development and Delivery of Expository Messages* 2nd ed.[Grand Rapids: Baker, (1980) 2001], p. 21). (「강해설교: 강해설교의 원리와 실제」 기독교문서선교회) 19세기의 윌리엄 테일러는 강해설교를 다음과 같이 단순하게 정의했다. "강해설교는 강단에서 행해지는 성경 정경에 대한 일관된 해석과 실제적 적용으로 이루어진 담론이다"(*The Ministry of the Word*[Grand Rapids: Baker, 1975], 155). 개인적으로 나는 앨런 스팁스(Alan M. Stibbs)가 자신의 소책자 *Expounding God's Word* (London: Inter-Varsity Press, [1960] 1970)에서 내린 강해설교에 대한 정의가 가장 마음에 든다. 그는 이렇게 말한다. "설교자가 하는 일은 선택한 본문을 면밀하게 연구하여 본문이 말하는 바를 정확하게 진술하는 것이다. 설교를 통해 표현되는 생각과 원리는 명백하게 하나님의 기록된 말씀에서 비롯된 것이어야 하고, 단순히 인간 설교자의 의견이나 열정이 아닌 말씀의 권위를 가지고 증거해야 한다"(p. 17).

15. '설교 작성 지침(Hints on Writing Sermons)'에 나온 말이다. *Let Wisdom Judge*, ed. Arthur Pollard(London: Inter-Varsity Press, 1959), p. 22. 여기에다 그는 이 사실을 기억하고 "끊임없이 적용"하는 것이 가장 좋은 길이라고 덧붙인다.

16. John MacArthur, Jr. and the Master's Seminary Faculty, *Rediscovering Expository Preaching*, ed. Richard L. Mayhue and Robert L. Thomas(Dallas: Word, 1992), p. 23. (「강해설교의 재발견」 생명의 말씀사)

17. Ibid., p. 29.

18. D. Martyn Lloyd-Jones, *Preaching and Preachers*(Grand Rapids: Zondervan, 1971). (「설교와 설교자」 복 있는 사람)

19. Ibid., pp. 66-67.

20. Boice, *Romans: An Expositional Commentary*(Grand Rapids: Baker, 1995).

21. Boice, *The Gospel of John: An Expositional Commentary*(Grand Rapids: Zondervan, 1985). (「주석적 요한복음 강해」 크리스챤다이제스트)

22. Boice, *Genesis: An Expositional Commentary*(Grand Rapids: Baker, 1988).
23. Boice, *The Psalms: An Expositional Commentary*(Grand Rapids: Baker, 1994).
24. Boice, *The Minor Prophets: An Expositional Commentary*(Grand Rapids: Zondervan, 1983).
25. Boice, *Acts: An Expositional Commentary*(Grand Rapids: Baker, 1997).
26. Boice, *Ephesians: An Expositional Commentary*(Grand Rapids: Baker, 1997).
27. Boice, *Philippians: An Expositional Commentary*(Grand Rapids: Baker, 2000).
28. John Owen, *The Works of John Owen*, ed. William H. Gould, 16 vols.(London: Banner of Truth Trust, 1972). 라틴어로 된 그의 *Biblical Theology*(Morgan, Pa.: Soli Deo Gloria, 1994)가 최근에 영어로 번역되어서 나왔고, 일곱 권으로 된 히브리서 주석이 있다. *An Exposition of the Epistle to the Hebrews*(Grand Rapids: Baker, 1980).
29. 이 설교들은 최근 Dust and Ashes Publications와 Reformed Heritage Books(2001)에서 공동으로 출판되었고, 그 설교들의 무한한 가치에 대해 내가 쓴 추천사가 들어 있다. (「성도와 하나님과의 교제: 현대인을 위한 청교도 신앙 연구」 생명의 말씀사)
30. 1970년에 로마서 3:20-4:25을 설교한 첫 번째 책이 출간되었고, 계속해서 나머지 열한 권이 출간되었다. Banner of Truth Trust에서 출판했다.
31. 로이드 존스의 "설교"를 따라 하려는 많은 사람들이, 그의 설교는 대부분 주일이 아닌 금요일 저녁에 행해졌다는 사실을 간과한다. 청중 자체가 달랐다. 금요일 밤의 청중은 "그 의사"의 설교 스타일을 열렬하게 좋아하는 사람들로 이루어졌다. 금요일 설교를 듣기 위해 매주 장거리를 마다하지 않은 사람들도 있었다. 그의 로마서 설교가 지금까지 행해진 설교 중 가장 탁월한 설교로 이루어진 것은 사실이지만, 그를 따라 할 만큼 은사를 가진 사람들이 얼마나 될까 하는 것은 또 다른 문제다.
32. J. C. Ryle, *The Upper Room*(London: Banner of Truth Trust, [1888] 1970), p. 42. 다음 책을 참조하라. J. I. Packer, *Faithfulness and Holiness: The Witness of J. C. Ryle*(Wheaton, Ill.: Crossway, 2002), p. 62.
33. 전집 세트는 Pilgrim Publications(Pasadena, Texas)에서 1977년에 출간되었다.
34. 예를 들면, 오직 찰스 스펄전만이 누가복음 15:4에 있는 "찾아내기까지"라는 한

구절만 가지고 설교할 수 있다! 1877년 6월 28일 목요일 저녁에 행한 이 설교는 그의 설교 전집 제49권에서 찾을 수 있다.

35. Sidney Greidanus, *The Modern Preacher and the Ancient Text*(Grand Rapids and Leicester: Eerdmans and Inter-Varsity Press, 1996). (「성경 해석과 성경적 설교」여수룬)
36. 조직신학을 비판하자는 것이 아니다. 신학교에서 조직신학을 가르치는 사람으로서 벌코프의 책을 필독서로 여긴다. Louis Berkhof, *Systematic Theology*(Edinburgh: Banner of Truth Trust, [1939] 1971). (「조직신학」크리스챤다이제스트)
37. Donald Macleod, "Preaching and Systematic Theology," in *The Preacher and Preaching: Reviving the Art in the Twentieth Century*(Phillipsburg, N.J.: Presbyterian & Reformed, 1986), pp. 246-274, and J. I. Packer, "The Preacher as Theologian," in *When God's Voice Is Heard: Essays on Preaching Presented to Dick Lucas*, ed. Christopher Green and David Jackman(Leicester: Inter-Varsity Press, 1995), pp. 79-96. Sinclair B. Ferguson's essay, "The Preacher as Theologian," in *The Practical Preacher: Practical Wisdom for the Pastor-Preacher*(Fern, Ross-shire: Christian Focus, 2002), pp. 103-115.
38. John R. W. Stott, *Between Two Worlds: The Challenge of Preaching Today*(Grand Rapids: Eerdmans, [1982] 1994).
39. Westminster Confession of Faith, I.7.
40. 오래되긴 했지만, 존 브로더스(John A. Brodus)가 쓴 설교학에 대한 책은 여전히 아주 중요하다. *A Treatise on the Preparation and Delivery of Sermons*, 2nd ed.(London: James Nisbet & Co., 1871). 이 책 299-318쪽에서 강해설교에 대한 아주 유용한 언급을 한다.
41. J. W. Alexander, *Thoughts on Preaching*(Edinburgh: Banner of Truth Trust, [1864] 1975), p. 237.
42. Taylor, *The Ministry of the Word*, p. 161.
43. Part I of the trilogy *The Lord of the Rings* by J. R. R. Tolkien. (「반지의 제왕」씨앗을뿌리는사람)
44. 다음 책을 참조하라. Sinclair B. Ferguson, "Exegesis," in *The Preacher and Preaching*, ed. Samuel T. Logan, Jr.(Phillipsburg, N.J.: Presbyterian & Reformed, 1986), p. 210.
45. R. L. Dabney, Lectures on Sacred Rhetoric(Edinburgh: Banner of Truth Trust,

1870), p. 81. 이 책은 지금 다음과 같은 제목으로 출간되고 있다. *Evangelical Eloquence: A Course of Lectures on Preaching*(Edinburgh: Banner of Truth Trust, 1999).
46. "Rehabilitating Discipleship: An Interview with John Stott," in *Prism*, July-August 1995. *John Stott: A Biography. The Later Years*, by Timothy Dudley-Smith(Downers Grove, Ill.: InterVarsity, 2001), p. 335.
47. Alexander, *Thoughts on Preaching*, pp. 234-235.
48. 대브니는 다시 탁월하게 말한다. "강해설교는 주제설교를 할 경우 항상 많은 반감을 불러일으킬 수밖에 없는 유혹이나 의무, 껄끄러운 교리, 책망과 같은 미묘한 주제들을 감정을 상하게 하지 않으면서도 회중에게 소개할 수 있는 좋은 방법이다. 단편적인 설교를 하는 사람은 주일 예배 때 일부다처제나 이혼, 순결에 반대되는 여러 다른 죄들을 논의하는 것이 얼마나 어렵고 미묘한지 알게 될 것이다" (*Lectures on Sacred Rhetoric*, pp. 83-84).
49. 이 부분에 대해서도 대브니의 말은 매우 적절하다. "강해설교를 통해 자연스럽게 회중들의 관심은 계속 유지되고, 이를 통해 강해설교는 본문에 따라 주제를 용이하게 계속해서 바꿔 갈 수 있다. 한 가지 추상적인 생각에 오래도록 머물러 있는 것처럼 회중들에게 지루한 것은 없다" (Ibid., p. 87).
50. 나는 간혹 설교 개요를, 산산조각 나도록 딱딱한 표면을 "두드려야" 하는 오렌지 모양의 초콜릿 제품에 비유한다.
51. Stott, *The Preacher's Portrait*(Grand Rapids: Eerdmans, 1961), pp. 30-31. (「설교자란 무엇인가」 IVP)
52. J. I. Packer, "David Martyn Lloyd-Jones," in *Collected Shorter Writings of J. I. Packer*(Carlisle, U.K.: Paternoster, 1999), 4:85.

4장 체험적 설교

1. Paul Helm, "Christian Experience," *Banner of Truth*, No. 139(April 1975): 6.
2. Robert Burns, introduction to *Works of Thomas Halyburton*(London: Thomas Tegg, 1835), xiv-xv.
3. Iain Murray, *Revival and Revivalism*(Edinburgh: Banner of Truth Trust, 1994), pp. 321-322. (「부흥과 부흥주의」 부흥과개혁사)
4. William Perkins, *Works of William Perkins*(London: John Legatt, 1613), 2:762.

5. Robert Murray McCheyne, *Memoir and Remains of Robert Murray McCheyne*(Edinburgh and London; Oliphant Anderson & Ferrier, 1984), p. 357.
6. Gardiner Spring, *The Power of the Pulpit*(repr. Edinburgh: Banner of Truth Trust, 1986), p. 154.
7. John Owen, *The Works of John Owen*, ed. William H. Goold(repr. Edinburgh: Banner of Truth Trust, 1976), 8:57.
8. Daniel Webber, "Sanctifying the Inner Life," in *Aspects of Sanctification, 1981 Westminster Conference Papers*(Hertford-shire: Evangelical Press, 1982), pp. 44-45.
9. John Flavel, *The Works of John Flavel*(repr. London: Banner of Truth Trust, 1968), 5:424.
10. Owen, *The Works of John Owen*, 3:385-86.
11. Flavel, *The Works of John Flavel*, 5:423.
12. Jeremy Taylor, cited by Andrew A. Bonar in McCheyne, *Memoir and Remains of Robert Murray McCheyne*, p.52. (「로버트 맥체인 회고록」 부흥과 개혁사)
13. *The Works of the Reverend and Faithfull Servant of Jesus Christ, M. Richard Greenham*, ed. H[enry] H[olland](London: Felix Kingston for Robert Dexter, 1599), p. 390.
14. John Bunyan, *Prayer*(repr. Edinburgh: Banner of Truth Trust, 1999), 23ff. (「기도」 브니엘)
15. Maurice Roberts, "Visible Saints: The Puritans as a Godly People," in *Aspects of Sanctification, 1981 Westminster Conference Papers*, 1-2.
16. 어떻게 성례를 합당하게 누릴지에 대해서는 웨스트민스터 대요리문답 제161-175문을 보라.
17. Joel R. Beeke, *Assurance of Faith: Calvin, English Puritanism, and the Dutch Second Reformation*(New York: Peter Lang, 1991), pp. 407-408.
18. Donald S. Whitney, *Spiritual Disciplines for the Christian Life*(Colorado Spirings: NavPress, 1991), pp. 196-210. (「영적 훈련」 네비게이토)
19. J. I. Packer, *A Quest for Godliness: The Puritan Vision of the Christian Life*(Weaton, Ill: Crossway Books, 1990), p. 239. (「청교도 사상」 기독교문서선교회); Errol Hulse, "Sanctifying the Lord's Day: Reformed and Puritan

Attitudes," in *Aspects of Sanctification, 1981 Westminster Conference Papers*, pp. 78-102.
20. Beeke, *The Quest for Full Assurance: The Legacy of Calvin and His Sucessors*(Edinburgh: Banner of Truth Trust, 1999), p. 125, 130, 146.
21. Beeke, *Puritan Evangeiism: A Biblical Approach*(Grand Rapids: Reformation Heritage Books, 1999), pp. 15-16.

5장 가르치는 설교자

1. Roland H. Bainton, *Here I Stand: A Life of Martin Luther*(Nashville: Abingdon, 1950), p. 144. 베인턴은 "하나님, 제가 여기 있나이다. 저는 다른 말을 할 수 없습니다"는 루터의 말이 그 자리에서는 기록되지 않았지만, 루터의 진술을 담은 초판본에 등장한다고 적고 있다. (「마르틴 루터의 생애」 생명의 말씀사)
2. Ewald M. Plass, *What Luther Says*(St. Louis: Concordia, 1959).
3. Martin Luther, *The Bondage of the Will*(Grand Rapids: Fleming H. Revell, 1957), p. 67.
4. Ibid.
5. Jonathan Edwards, *A Jonathan Edwards Reader*, ed. John E. Smith, Harry S. Stout, Kenneth P. Minkema(New Haven, Conn.: Yale University Press, 2003), p. 97. (「조나단 에드워즈 대표 설교 선집」 부흥과개혁사)
6. Ibid.
7. Ibid., p. 98.

7장 마음에 하는 설교

1. 폴 바넷이 이 표현을 썼다. Paul Barnett, *The Second Epistle to the Corinthians* (Grand Rapids: Eerdmans, 1997), p. 210.
2. H. W. Wolff, *Anthropology of the Old Testament*, trans. M. Kohl(London: SCM Press, 1974), pp. 40-55.
3. "마음에 닿도록 말하며"(사 40:2)는 문자적으로 "마음에 말하고"라는 뜻이다(창 34:3, 호 2:14 참조).
4. John Owen, *The True Nature of a Gospel Church, in The Works of John Owen*, ed. W. H. Goold(Edinburgh, 1853), 16:76. Banner of Truth Trust에서

다시 나오고 있다.
5. 여기서 나는 씨 뿌리는 자와 네 가지 땅에 관한 비유(막 4:1-20)에 드러난 우리 주님의 "grid"와 영국의 초기 청교도인 윌리엄 퍼킨스가 떠오른다. *The Art of Prophesying*(Latin 1592, English 1606).
6. 헬라어는 *Epanorthosis*로 "바르게 함"이라는 뜻이고, '회복'이라는 적극적인 의미를 함축한다.
7. 헬라어는 *Exertismenos*로 말씀 사역의 목적을 말하는 에베소서 4:12의 단어와, 그물을 씻어서 손질하는 제자들을 묘사하는 마가복음 1:19의 단어가 같은 어근(*artizo*)을 갖는다.
8. Ceslas Spicq, *Theological Lexicon of the New Testament*, trans. and ed. James D. Ernest(Peabody, Mass.: Hendrickson, 1994), 2:30-31.
9. Perkins, *The Art of Prophesying*, in The Works of William Perkins(London, 1617), 2:665-668. 현대판으로 편집된 책은 다음을 보라. *The Art of Prophesying*, ed. S. B. Ferguson(Edinburgh: Banner of Truth Trust, 1996), pp. 56-63.
10. Alexander Smellie, *Robert Murray McCheyne*(London: National Council of Free Evangelical Churches, 1913), pp. 203-204. (「로버트 맥체인」 지평서원)
11. Phillips Brooks, *Lectures on Preaching*(London, n. d., first published in London in 1877), p. 5.

8장 권위 있는 설교

1. Richard Baxter, *The Reformed Pastor*, abridged edition(1829: repr. Edinburgh, Banner of Truth Trust, 1974), p. 70. (「참 목자상」 생명의 말씀사)

9장 전도설교

1. John R. W. Stott, *The Preacher's Portrait*(London: Tyndale Press, 1961), p. 49. (「설교자란 무엇인가」 IVP)
2. Ibid., pp. 48-50.

10장 고난 중에 있는 사람들을 향한 설교

1. John Newton, *The Works of John Newton*(Edinburgh: Banner of Truth

Trust, 1985), 1:230.
2. Ibid., 1:255.
3. Ewald M. Plass, *What Luther Says*(St. Louis: Concordia, 1959), 3:1359.
4. Ibid., 1360.
5. Ibid.
6. Newton, *The Works of John Newton*, 1:233.
7. William Barclay, *A Spiritual Autobiography*(Grand Rapids: Eerdmans, 1975), p. 44.
8. John Sanders, *The God Who Risks: A Theology of Providence*(Downers Grove, Ill.: Inter-Varsity Press, 1998), p. 262.
9. Greg Boyd, *Letters from a Skeptic: A Son Wrestles with His Father's Questions about Christianity*(Colorado Springs, Colo.: Chariot Victor, 1994), pp. 46-47. (「어느 무신론자의 편지」 미션월드라이브러리)
10. Fred Smith, "Mentored by the Prince of Preachers," *Leadership*(Summer 1992), p. 54.

지은이 소개

앨버트 몰러 R. Albert Mohler Jr.
남부 신학교 Southern Seminary에서 목회학 석사와 박사학위를 받았고, 현재 루이빌에 있는 남침례신학교 Southern Baptist Theological Seminary 학장으로 섬기고 있다. 저서로는 「말씀하시는 하나님」(부흥과개혁사) 등이 있다.

제임스 몽고메리 보이스 James Montgomery Boice, 1938-2000
프린스턴 신학교에서 석사학위를, 바젤 대학에서 박사학위를 받고, 유서 깊은 필라델피아 제10장로교회에서 32년간 목사로 섬겼다. 2000년 6월 하나님의 부르심을 받는 순간까지 개혁 신앙의 탁월한 대변인으로 말씀을 전했다. 저서로는 「개혁주의 핵심」(부흥과개혁사), 「산상수훈 강해」, 「요한복음 강해 시리즈」(크리스챤다이제스트) 등 수많은 강해집과 개혁 신앙에 대한 책들을 남겼다.

데렉 토머스 Derek W. H. Thomas
개혁주의 신학교 Reformed Theological Seminary에서 석사학위를, 웨일스 대학에서 박사학위를 받았다. 1996년 미국으로 오기 전까지 북아일랜드의 벨파스트에서 17년간 목회를 했다. 현재 미시시피 주 잭슨에 있는 개혁주의 신학교에서 조직신학 및 실천신학 교수로 가르치고 있다.

조엘 비키 Joel R. Beeke
필라델피아에 있는 웨스트민스터 신학교에서 박사학위를 받았다. 청교도 개혁주의 신학교 Puritan Reformed Theological Seminary 학장이자 설교학 및 조직신학을 가르치는 교수이며, 화란개혁교회 목사로 섬기고 있다. 저서로는 「청교도를 만나다」, 「개혁주의 청교도 영성」(부흥과개혁사), 「칼빈주의」(지평서원) 등이 있다.

R. C. 스프라울 R. C. Sproul
피츠버그 신학교에서 석사학위를, 암스테르담 자유대학에서 박사학위를 받았다. 플로리다 주 올란도에 있는 리고니어 미니스트리 Ligonier Ministries의 설립자이자 대표이다. 플로리다 주 샌포드에 있는 세인트 앤드류 채플 St. Andrew's Chapel에서 목회하고 있다. 저서로는 「하나님의 거룩하심」, 「구원의 의미」(생명의 말씀사) 등이 있다.

R. C. 스프라울 Jr. R. C. Sproul Jr.

개혁주의 신학교Reformed Theological Seminary에서 목회학 박사학위를 받았다. 사우스웨스트 버지니아에 있는 하이랜즈 연구소Highlands Study Center의 설립자이자 대표이다. 1996년에 자신이 개척한 세인트 피터 장로교회St. Peter Presbyterian Church의 목사로 섬기고 있다.

싱클레어 퍼거슨 Sinclair B. Ferguson

스코틀랜드 애버딘 대학에서 박사학위를 포함한 세 개의 학위과정을 마치고, 스코틀랜드 교회 소속 목사로 글래스고에 있는 세인트 조지 트론 교회St. George's Tron Church에서 오랫동안 사역했다. 현재는 사우스캐롤라이나 주 콜롬비아에 있는 제일장로교회의 수석목사이며, 달라스 소재 웨스트민스터 신학교의 조직신학 수석객원교수로 섬기고 있다. 「성령」(IVP), 「성화란 무엇인가」(부흥과개혁사) 등의 저서가 있다.

돈 키슬러 Don Kistler

루터 라이스 신학교Luther Rice Seminary에서 목회학 석사학위를, 윗필드 신학교Whitefield Theological Seminary에서 박사학위를 받았다. 다년간 성경교사와 저술가와 편집자로 섬겼고, 수많은 청교도 저작을 출판한 솔리 데오 글로리아 출판사를 설립했으며, 지금은 노샘프턴 프레스 출판사를 이끌고 있다. 저서로는 「청교도 작품을 읽어야 하는 10가지 이유」(부흥과개혁사) 등이 있다.

에릭 알렉산더 Eric J. Alexander

스코틀랜드 글래스고 대학에서 신학을 공부했고, 세인트 조지 트론 교회에서 20년간 목사로 설교를 맡았다. 영국 UCCF의 대표를 역임했고, OMF 스코틀랜드 지부의 대표로 섬겼다.

존 파이퍼 John Piper

풀러 신학교에서 신학을 공부했고, 뮌헨 대학에서 박사학위를 받았다. 베델 대학에서 6년 동안 학생들을 가르치다가, 1980년부터 미네소타 주 미니애폴리스에 위치한 베들레헴 침례교회의 담임목사로 섬기고 있다. 저서로는 「하나님을 기뻐하라」(생명의 말씀사), 「열방을 향해 가라」(좋은씨앗), 「하나님의 영광을 위한 하나님의 열심」(부흥과개혁사), 「하나님이 복음이다」(IVP) 등이 있다.

존 맥아더 John MacArthur

탈봇 신학교에서 신학 석사와 박사학위를 받았고, 캘리포니아 주 선벨리에 있는 그레이스 커뮤니티 교회Grace Community Church에서 목사와 교사로 40여 년 동안 섬겼다. 현재는 매스터 신학교 및 신학대학원The Master's College and Seminary 학장으로 있다. 저서로는 「강해설교의 재발견」(생명의 말씀사), 「참된 무릎꿇음」(살림) 외 신약주석 시리즈와 강해설교 시리즈가 있다.